标杆精益系列图书

精益生产实践之旅

赵　勇　编著

机 械 工 业 出 版 社

本书以一家制造企业为例，介绍其推行精益及精益体系建立的过程。书中共设置了9个情景，涵盖了企业在实施精益的过程中所能遇到的各种情况。9个情景均是作者的真实经历和亲身感受，所应用的精益工具和方法也都在实践中得到了检验。阅读本书，相信读者对企业如何实现精益会有更为深刻的理解。

本书覆盖精益生产的各个方面，内容全面，实用性强，可帮助企业管理人员拓宽管理思路，也能够很好地满足企业精益管理人员的实际需求。

图书在版编目（CIP）数据

精益生产实践之旅/赵勇编著. —北京：机械工业出版社，2017.3（2022.5重印）

（标杆精益系列图书）

ISBN 978-7-111-56145-3

Ⅰ.①精…　Ⅱ.①赵…　Ⅲ.①精益生产-生产管理　Ⅳ.①F273

中国版本图书馆CIP数据核字（2017）第033635号

机械工业出版社（北京市百万庄大街22号　邮政编码100037）
策划编辑：孔　劲　责任编辑：孔　劲　刘本明　责任校对：张　力
封面设计：张　静　责任印制：常天培
固安县铭成印刷有限公司印刷
2022年5月第1版第7次印刷
169mm×239mm · 13印张 · 254千字
标准书号：ISBN 978-7-111-56145-3
定价：49.00元

凡购本书，如有缺页、倒页、脱页，由本社发行部调换

电话服务	网络服务
服务咨询热线：010-88361066	机 工 官 网：www.cmpbook.com
读者购书热线：010-68326294	机 工 官 博：weibo.com/cmp1952
010-88379203	金 书 网：www.golden-book.com
封面无防伪标均为盗版	教育服务网：www.cmpedu.com

序

本书作者赵勇是“益友会”胶东分会的副会长，长期在青岛的一家外资企业从事生产运营和精益推行工作。我向来对战斗在一线的精益工作者表示尊重，所以当益友会会长郭光宇先生向我这个益友会名誉会长提及要为此书写序时，我欣然同意。

精益生产在最近的20年里被越来越多的人所熟知，“精益”已经成为制造业乃至服务业提升管理水平的必由之路。许多企业通过精益获得了巨大的收益，这充分体现了精益生产、精益模式之价值所在。

直至目前，每年仍然会有大量有关精益的著作和文章面世，或者对精益理论进行进一步的研究、阐述，或者表达对精益的实践感受，林林总总、不胜枚举。《精益生产实践之旅》一书就是其中一本值得推荐的好书。阅读这本书，会给我们带来眼前一亮和为之一振的感觉，我个人认为这是由于以下几个原因：

一、本书记录了作者多年推行精益的实践经验。所谓“言之易，行之难”，作者能够将自己在工作中实施精益的真实体会和过程进行记录和总结，这是非常难能可贵的。借着书中所描述的情景，我们可以看到在精益推行过程中，大家需要面对的彷徨、困惑和迷思，也更能看到通过坚持而逐渐带来的欣喜和豁然开朗，所谓“柳暗花明”就是对其恰当的表达吧。

二、通过对情景当中所提出问题的解决，作者以理论描述和实践应用相结合的方式对精益工具进行了深入介绍。书中对精益工具的总结既简明扼要，又抓住了精益生产的精髓，读者可以将其当作随时翻阅的参考手册。比如，精益实施路标、常用精益工具概览、绘制将来价值流图的八点原则、拉动系统中库存策略的确定、PFEP、EPEI的计算原则以及问题解决的十步法等等。

三、丰田模式中持续改进、现地现物、尊重人性等思想性、系统性的原则几乎贯穿全书。特别是情景8，专门就如何建立持续改进的文化提出了具体的实践方法，比如分层审核、通过精益提案和精益改善实现全员参与、非生产性部门价值流的应用等等。这些方法并非像通常那样仅仅是简单的感性描述，而是具有良好的可操作性，对如何维持精益的有效性和持续性等问题做出了很好的回答。另外通过精益体系评价表，结合情景1的精益实施路标，为读者从整体上认识精益、评价精益的实施程度提供了值得借鉴和参考的范例及方法。

随着物联网、大数据、智能制造以及智慧工厂等概念的提出，很多中国的企业狭隘地认为，目前最重要的就是引进更多的机器人以及诸如 ME5、AP5 等先进的软件，推行不推行精益已经并不重要，这其实是非常危险的。我们知道，日本人经过 50 多年的时间创造了丰田生产模式，从而成就了丰田这样伟大的公司；美国工业之所以能够站在世界的巅峰也同样建立在上百年工业工程发展的坚实基础之上；我们也知道，提出工业 4.0 的德国，目前主体还是基于“工匠精神”，其制造的产品以精细、可靠、高质量而闻名世界。除了他们强大的技术创新能力以外，也把精益作为至关重要的管理方法而列入构成未来智能工厂的四大基础模块之中。

作者在跨国公司里实践精益多年，用《精益生产实践之旅》记录了自己所经历的精益实践过程，也再一次证明，即使是知名的跨国公司，也并没有离开精益而另辟蹊径，而是踏踏实实、坚持不懈地推行精益。“不登高山不知天之高也；不临深渊，不知地之厚也。”对中国企业而言，同样必须将精益作为走向未来中国制造 2025 的台阶和必由之路，稳扎稳打地做好基础的管理工作，培养真正的工匠精神。只有这样，才能让中国成为名副其实的制造强国。

本书作为益友会组织出版的“标杆精益系列图书”的第一本，相信能够为全国的益友带来不一样的精益体验，邀请您踏上精益的实践之旅，让精益流行起来！

中国机械工程学会工业工程分会常务副理事长

中国管理科学与工程学会副理事长

工业工程与管理研究会理事长

齐二石教授

于天津大学

前言

在互联网飞速发展的今天，制造业和其他所有行业一样，正经历着巨大的变化。德国率先提出了“工业 4.0 ”发展战略，随之而来的“智慧工厂”“智能制造”等主题迅速成为制造业发展的方向。在这样的背景之下，很多人认为 20 世纪初期由丰田公司所提出的精益生产早已经过时了，但是，真正熟悉和实践精益的人们都知道这是一种误解。到目前为止，很多公司，其中包括知名的跨国公司，仍然把精益作为他们制胜战略的重要组成部分，因为精益已经成为制造业乃至服务业发展的管理基石。

与发达国家相比，我国的制造业管理水平仍然存在很大差距。丰田生产方式给丰田、日本乃至全世界的企业所带来的巨大竞争力和收益是毋庸置疑的。我们现在需要做的，就是踏踏实实练好基本功，如此才能为未来的智慧工厂奠定坚实基础。因为，并不是发明了计算器和计算机，学生就不需要练习 1+1 的基础数学运算了；大家一定也承认，用鞭子来赶汽车是荒谬之举……

不仅如此，我们也知道精益已经远超出精益工具本身，而成为一种管理模式和管理思想。无论是过去、现在还是将来，这种消除价值创造过程中所有浪费、追求完美的精益思想是永不过时的。在 2015 年年末，中央提出 2016 年经济工作的五大任务中，“去产能”和“去库存”被明确写在其中，就是因为我们目前许多行业的产能过剩，库存太大，超过实际的市场即客户需求，造成资源的严重浪费。这些浪费不仅仅是指原材料的浪费，还包括存储、物流、人力、管理等各个环节有形和无形的巨大浪费。

精益生产的支柱之一“Just In Time”即“准时化生产”，其含义就是“刚刚好”，也就是在生产者或客户恰好需要的时候可以得到正好数量的供应，时间不早不晚，数量不多不少。60 年前，丰田生产模式的创始人之一大野耐一先生说：“在业务中没有比过度生产更浪费资源的了。”库存浪费是 7 大浪费之首，库存是“万恶之源”，因为它会掩盖许多问题，让人失去解决问题的动力和急迫性。准时化生产所追求的是最低甚至“零”库存的状态，而这种状态的实现是基于客户的实际需求，而非生产者自己的一厢情愿。准时化生产的最终目的其实就是消除库存浪费，与我国政府 2015 年提出的“去产能”和“去库存”概念不谋而合。本书在情景 4 中虽然介绍的是如何通过看板实施拉动，但其中涉及的关于超市、基于物料分类的库存策略、为每个产品作计划（Plan for Every Part）以及拉动系统等精益方法不仅对单个企业本身库存的管理有帮助，在大数据的背景之下，也会为整个行业去库存任务的具体实施提供相应的思路和借鉴。

笔者在跨国公司工作的最近 10 年时间里，以质量经理以及价值流经理的角色，亲身经历并主导了公司在中国本土建立精益体系的整个过程，目睹了生产现场管理水平和业务绩效指标的显著改善，也看到了推行精益所带给大家思想上的改变，而这种改变表现在不断增强的团队凝聚力、彼此尊重的合作氛围、问题解决能力和持续改进精神等各个方面。

精益所涉及的数学知识并不复杂，不过实践精益并不容易，因为当逐渐学会使用精益的基本工具并继续深入下去的时候，就开始认识到改变人们的思想和行为才是最难的，这也是大多数企业难以最终成功导入精益模式的根本原因。

理解精益的思想和内涵非常重要，掌握精益工具的应用技巧是开启精益之旅的第一步，所以本书重点通过与情景案例相结合的方式来介绍精益推行中所使用的常用工具，这就是把这本书命名为《精益生产实践之旅》的原因。在阅读本书时，当读者看到精益工具在案例中的应用时，可能会认为应该还有更好的方法来解决这些问题或者有不同的观点，这都是非常正常的，恰恰符合精益所倡导的思想。

本书共有 9 个情景，每个情景以情节的特点进行命名，由此引出具有启发性的问题或者说明本情景的重点纲要，然后展开对精益工具应用的具体介绍。这样安排是为了让读者知道本情景要解决的问题，能够抓住重点，有的放矢地进行学习。

全书紧扣“精益就是消除一切不增值活动”这一中心，使读者从了解和认识浪费开始，逐步学会应用精益工具消除浪费。本书的情景 1~4、情景 6 和情景 8 都明确提到了各种浪费，并且情景 1 和情景 8 遥相呼应，层次上逐步递进，既包括大家熟悉的生产流程中的浪费，又涵盖非生产区域和办公室中存在的浪费以及解决方法，使读者对精益的了解更加全面和深入。需要提及的是，因为非生产区域和办公室的精益活动与服务行业的特点相类似，所以其中提到的精益方法，也适用于医疗、金融、教育、餐饮、旅游乃至政府部门等服务业。

另外，在每个情景的后面均有要点梳理，概括了该情景所涵盖的主要内容和知识点，方便读者总结和学习。

由于本书涉及的精益知识点比较多，为了让读者更加清晰地了解本书的脉络并便于学习，总结成内容概要，见表 1。

表 1　内容概要

情景	要解决的问题	精益工具及知识点	要　　点
情景 1	• 如何认识浪费和消除浪费？ • 推行精益生产的过程是什么？ • 在推行精益的各个阶段，企业在精益活动和组织特点方面有何特征？	• 7 大浪费 • 5W2H+ECRS 法 • 精益实施路标 • 精益组织成熟度方格	认知精益

（续）

情景	要解决的问题	精益工具及知识点	要　　点
情景 2	• 如何使用价值流图开启消除浪费之旅？ • 什么是价值流图？ • 如何绘制当前价值流图和将来价值流图	• 价值流图的定义和分类 • 产品家族分类和产品家族矩阵图 • 绘制现在价值流图的要点 • 绘制和应用将来价值流图的 8 点原则 • 价值流跟踪中心	通过价值流图开启精益之旅
情景 3	• 如何识别操作者操作过程的明显浪费，确定工作要素，并通过快速改善消除浪费？ • 如何对工作要素进行时间观测？ • 如何进行单元化生产线设计？ • 如何基于流动的原则进行工序合并以及对人、机联合作业的生产线进行改善？ • 如何实现必需生产批量工序的连续流动？	• 节拍时间（TT）和周期时间（CT） • 时间观察和快速改善（Quick Kaizen） • 作业平衡图（BOC） • 单元化生产设计原则 • 产品和过程准备（2P） • 标准化作业 • 人、机联合作业 • 必需生产批量工序连续流的实现原则 • 车间整体布局优化方法	“流动”消除过程中的浪费
情景 4	• 为什么说“库存浪费”是最大的浪费？ • 为什么需要拉动？ • 在哪里拉动？ • 哪些产品要建立超市？ • 如何计算超市的数量？ • 看板拉动系统是如何实施和运作的？ • 如何管理超市？	• “Just In Time”的含义和目的 • 价值流中的超市 • ABC/XYZ 方法确定物料的库存策略 • 超市的组成：周期库存、缓冲库存、安全库存、临时库存 • 通过为每个产品制订计划（PFEP）确定超市数量及看板数量 • 看板的分类 • 节拍工序的均衡化生产 • 拉动上游工序 • 加工工序生产间隔时间（EPEI） • 超市管理 • 看板拉动的目视化管理	“拉动”就是“去库存”
情景 5	• 在推行精益的过程中，实施流动或者拉动并不代表就一帆风顺，一定会面临许多问题，那么，如何解决问题呢？ • 如何正确对待问题？ • 如何培养团队解决问题的能力？	• 问题的分类 • 解决问题十步法 • A3 报告 • A3 报告和 8D 报告的区别 • 精益问题解决方法和六西格玛方法的结合	如何解决问题
情景 6	• 什么是 TPM？ • 如何通过 TPM 保证设备的良好状态？ • 如何建立“零损失”的 TPM 目标？	• TPM 屋 • 基于八大支柱实施 TPM • TPM 中的“零损失”目标 • 没有时间进行 TPM 怎么办？	通过 TPM 实现零损失

（续）

情景	要解决的问题	精益工具及知识点	要　点
情景 7	• 什么是目视化管理？ • 目视化管理的意义是什么？ • 目视化管理有哪些？ • 如何保证目视化管理的有效性？	• 5S • TPM 之目视化 • 安灯系统 • 绩效管理目视化 • 早会的目视化 • 一天分成每小时生产（DBH）方式	目视化使管理变得简单
情景 8	• 如何维护好已经建立的精益系统？ • 如何才能创造持续改进的文化？ • 如何将精益推行到非生产区域？ • 什么是非生产过程和办公室的浪费？ • 如何将精益扩展到供应商？ • 如何建立有效的精益系统并通过精益评估发现改善机会？	• 分层审核制度 • 精益改善提案 • 精益改善小组 • 非生产过程和办公室的浪费 • 非生产过程的价值流图 • 绩效指标异常和正常的管理 • 扩展价值流 • 精益绩效评估	建立持续改进的文化
情景 9	• 什么是工业 4.0？ • 工业 4.0 下精益扮演什么角色？ • 本土企业在工业 4.0 下的精益之路是什么？	• 工业 4.0 的概念 • 工业 4.0 构造屋 • 从经典精益理论看工业 4.0 • 本土化企业在工业 4.0 下的精益之路	工业 4.0 下的精益之路

本书以一家机械加工企业（Bright Future，简称 BF 公司）为背景，介绍其推行精益生产以及整个公司精益体系建立的过程。这正是笔者在公司推行精益时的真实经历和亲身感受，所应用的精益工具和方法也都得到了真正的实践并取得了切实的效果。BF 公司推行精益三年来所收到的实际效果见表 2。

表 2　BF 公司绩效指标对比

指　　标	之　　前	之　　后	提升比例
安全	• 只关心安全事故发生的次数 • 没有关注与员工有关的人机工程学风险	• 建立岗位安全风险评估机制 • 安全管理以事故预防为主 • 评估岗位人机工程学风险，制订改善措施	• 100%的岗位人机工程学风险评估 • 针对人机工程学风险评级高的岗位，100%制订措施 • 安全生产 1000 天
质量	退货 PPM：470	退货 PPM：56	88%
准时交货率	92%	97%	5%
生产效率	26 秒/件	18 秒/件	30%
存货周转天数	72 天	33 天	54%

在写作本书前言时，笔者特意查阅了国内几家行业内知名上市企业第二季度的财务报表，重点关注它们的存货周转天数，见表3。

表3　国内行业内知名上市企业的库存天数列表

行　业	库存周转天数	行　业	库存周转天数
工程机械公司一	>700天	钢铁公司一	>100天
工程机械公司二	>200天	钢铁公司二	>100天
电器公司一	>80天	水泥公司一	>90天
电器公司二	>100天	水泥公司二	>90天

相对于发达国家的知名公司，我国大多数企业的库存水平无疑是偏高的，造成整个行业的过剩库存，这也是国家提出“去库存”的原因，因此，精益之路对我们来说恰逢其时，也任重而道远。

在过去的10年时间里，写精益的书籍已经很多，要么以写精益思想为主，要么以介绍精益工具为主，而本书将精益思想、工具和具体实践相结合，希望能够对热爱精益的人们有所启发和帮助。

在本书的编写过程中，感谢妻子和女儿对我的支持和鼓励。在本书的出版过程中，感谢标杆精益益友会会长、广东精益管理研究院院长郭光宇先生的推荐。

由于本人水平有限，书中难免有疏漏之处，敬请广大读者指正。

编　者

目录

情景1

BF公司生产部经理的一天——认知精益

周一早上，生产部经理吕新上班了。尽管周末只休息了一天，吕新还是显得神采奕奕。刚在自己的座位上坐下，计算机还没有打开，电话铃响了，是组装车间的班长小吴打来的。小吴告诉吕新，有一批紧急出货的产品BB-A1因为质量问题被检验员隔离了。吕新立刻紧张起来，这可是总经理在上周五就特别关注的一批发往印度的货，要求周一必须装船。原计划上周五就可以完工，由于一台包装设备出现了故障，周五没有完成，所以周六安排生产部加班。吕新认为周一发货绝对万无一失，谁知却出现了质量问题。

吕新立刻放下电话，冲向车间，到了车间发现BB-A1产品已经从组装线被移到了不合格区。经过询问，吕新了解到，上周五质量部在下班时刚刚下发了一份关于BB-A1质量检验的新标准，原因是质量部制定了一份年度产品提升计划，其中一项就是要改善BB-A系列产品的内孔的表面粗糙度，提高产品外观质量，增加产品竞争力，因此，质量部就对该产品加严控制。

几个小时过去了，吕新最终与质量部达成一致，鉴于BB-A1符合之前产品的质量检验标准，所以可以让步放行。处理完这批货以后，吕新紧急安排加工车间对BB-A1产品的加工工艺进行调整，并重新返工了比订单多生产出来的50件产品。表面粗糙度问题解决了，但是加工的效率却降低了30%。吕新把问题记下，准备之后向总经理反映一下效率降低的问题。

刚刚解决了BB-A1产品的问题，生产加工部的领班小潘又找到吕新，说刚来的一批FZ12的毛坯需要紧急使用，由于检验区已经堆满了待检验的产品，没有地方放置到货材料，所以质量部拒绝检验，现在这批急需的毛坯还放在靠近物料仓库门口物流公司送货的车上。而且由于没有原材料可以使用，有4台设备已经停机。吕新立即打电话找到采购经理，决定暂时将毛坯卸在原材料仓库门口，然后他又找到质量部，协调检验员对该批棒料在物流部门口就地检验。

处理完毛坯检验问题之后，吕新忽然想起前几天计划员小吕曾提到FZ12的毛坯有很多库存需要处理，现在怎么又成了紧急缺货了呢？吕新立即打电话给计划员小吕落实，小吕说FZ12的毛坯确实有不少，但是由于仓库管理人员没有遵循“先进先出”的原则，放置时间太长，这些毛坯严重锈蚀，如果不经过除锈，暂时无法使用。

下午一点左右，吕新终于处理完生产中的异常情况。此时，到了参加“生产调度会”的时间，生产调度会的主要议题是检查上周交单、本周订单、生产异常以及设备异常等情况。会议进行了两个多小时，很多问题还是悬而未决，因为大部分的问题已经是过去时了，需要进一步落实具体情况后才能给出处理意见。要不是下午三点钟还有精益培训，原本计划两个小时的会议可能还会继续下去。

不过参加精益培训的时候，吕新感觉轻松了不少，这也是吕新最开心的时候，因为他感觉自从一个月以前参加了精益生产方面的培训之后，似乎找到了很多问题的答案。

在紧张的工作中，吕新度过了“忙碌而充实”的一天……

认识“浪费”

1. 七大浪费

吕新的故事，也是每天发生在许许多多管理者身上的故事，许多人习以为常，并没有感觉到工作中所存在的巨大浪费，甚至还感觉只有这样的忙碌才让人更有成就感。

浪费是指一切不增值的活动。精益生产就是不断消除生产过程中存在的浪费，以最小投入实现最大产出。推而广之，凡是组织中的浪费，都是要被“精益”的对象。表1-1简单概括了七大浪费的类型以及案例中涉及的浪费。

表1-1 精益生产中的七大浪费

名称	定义	案例中的浪费	扩展思考
搬运浪费	不增值，不是以生产为目的的物料移动	1）BB-A1的产品从装配线被移到不合格区 2）FZ12的毛坯临时放到原材料仓库门口，后续再进行搬运	1）库存浪费与搬运浪费相互联系。由于存在大量的库存，物料不得不被经常移动 2）部门化生产方式、布局的不合理造成搬运的浪费

（续）

名称	定义	案例中的浪费	扩展思考
库存浪费	超过客户或者下游工序的需要，包括原材料、在制品以及成品	FZ12 的毛坯有很多库存，没有遵循“先进先出”的原则，造成锈蚀	1）由于业务周期的波动，许多企业在淡季生产大量库存，其理由是：与其让设备、人员空闲，还不如准备一些库存 2）精益的观点：过量的库存会将问题掩盖，是七大浪费之首
动作浪费	不增值的“人或机器”的多余动作	—	1）没有经验的管理者容易忽略动作的浪费 2）动作的浪费包括拿取、传递、保持、走动等。在工业工程中将人体的动作分为 17 个微动作单元，简称动素，并通过动作研究来减少浪费、提高效率以及减轻员工疲劳 3）对于设备同样存在动作浪费
等待浪费	人或机器没有工作负荷，没有产出	1）上周五由于设备停机没有完成订单 2）没有毛坯可以使用，有四台设备已经停机	不仅包括因缺料、停机等物料流动方面的原因造成的等待浪费，而且还包括因信息流原因造成的浪费，比如等待指示和命令
过度加工浪费	不必要的工序或没有增值的多余加工	过度要求 BB-A1 产品的内孔的表面粗糙度	1）不了解客户真实需要，过度的外观修饰 2）通过对工序的省略、合并、重排或简化来消除过度加工的浪费
过量生产浪费	生产超过客户或下游工序所需要的产品	BB-A1 的产品比订单多生产了 50 件	1）生产者不考虑下游工序的需求，过早、过量生产出当前不需要的产品 2）生产不均衡、布局不合理是造成过量生产的重要原因 3）计件工资是过量生产的制度原因
产品缺陷浪费	质量不符合要求而产生的返工、返修以及报废等	FZ12 的毛坯锈蚀严重，不能使用	不言而喻的浪费

除了以上所列举的“七大浪费”以外，还有观点认为应将人才潜力没有得到发挥列入浪费，作为第八种浪费。除此以外，如果你仔细观察组织中的活动，还可以列出其他很多管理上的浪费，这些浪费往往是造成生产浪费的管理和制度原因。在上面的案例中，吕新为解决各种异常情况所进行的“沟通”“协调”等活动都是管理上的浪费。

许多跨国公司、大型企业因经济低迷要求严格控制成本，但是却在世界各地举行区域性的战略、专题会议，高层管理人员飞来飞去，穿梭于机场、会议室以及酒店之间；要求精益生产的改善，但是因财务控制、管理控制等原因，让工厂把货发到几百甚至上千公里以外的利润控制中心，然后又把货发回到离生产制造工厂只有几公里路程的客户手里；要求工人提高效率，但是设置了各种庞杂的职能部门而增加了无数沟通、协调以及冲突解决等的管理成本。类似浪费举不胜举。

2. 使用“5W2H+ECRS 法”发现和消除浪费

5W2H 和 ECRS 都是基本的 IE 工具。

5W2H 虽然是简单的核查表，但已经成为一种常见的思考方法。通过使用 5W 和 2H 的提问方式，不断对现有流程、模式、结构进行观察、审视和发出挑战，找到问题和改善点；ECRS 又叫“改善八字诀”或者“四巧”，是消除（Elimination）、合并（Combination）、重排（Rearrangement）和简化（Simplification）四个英文单词首字母的缩写，它是优化生产布局、改善生产线平衡、提高生产效率的基本方法。运用 5W2H 法提出问题，再使用 ECRS 找出优化措施，二者结合就是“5W2H+ECRS 法”。

5W2H+ECRS 法是发现浪费和消除浪费简单而有效的方法，通过应用此方法可以培养自己对现有流程不断批评、挑战和持续改善的习惯。表 1-2 是简单的 5W2H+ECRS 法的问题清单。

表 1-2　5W2H+ECRS 法的问题清单

5W2H	问　题	ECRS
什么事情（What）？——主体和对象	1）要做的是什么？ 2）最大的浪费是什么？ 3）急需改善的是什么？	组织、流程、会议可以消除吗？
为什么（Why）？——原因和目的	1）为什么设置这样的组织结构？ 2）为什么这样的流程是必要的？ 3）为什么设置这样的会议？ 4）为什么需要这样的审批？	组织、流程、会议、审批可以消除、合并、重排和简化吗？
在哪儿（Where）？——地点和位置	1）在哪儿做这项工作？ 2）从哪儿开始？ 3）哪儿是瓶颈？ 4）哪儿最合适？	在哪儿可以消除、合并、重排和简化？
何时（When）？——时间	1）什么时候应该开始？ 2）什么时候是合适的时间？ 3）需要在这个时间同时进行吗？	1）可以消除、合并、重排和简化吗？ 2）何时可以消除、合并、重排和简化？
谁（Who）？——责任人	1）谁来做这项工作？ 2）需要这么多人吗？ 3）谁有更好的潜力？	可以消除、合并、重排和简化？
如何（How）？——方法	1）如何来做这项工作？ 2）这是最好的方法吗？ 3）怎样改变可以更顺畅？	如何消除、合并、重排和简化？
多少（How much）？——影响和花费	1）消除、合并、重排和简化需要花费的成本是多少？ 2）消除、合并、重排和简化带来的收益是多少？	

注：在进行消除、合并、重排和简化的过程中，要注意过程改变对安全、质量的影响。

应用5W2H+ECRS法，BF公司在推行精益初期就获得了不少收益。例如，加工工序使用的许多工装、夹具，都是放在距离生产线较远的专门的仓库里进行管理，员工每次领用需要办理相关手续。之后吕新组织大家通过5W2H+ECRS法对现有的流程进行挑战和改善，最终将这些工装、夹具放在加工工序的生产现场，消除了员工在领用过程中的走动、机器等待等浪费。具体的改进过程见表1-3。

表1-3 应用5W2H+ECRS法改善工装、夹具管理范例表

<table>
<tr><th>5W2H</th><th>问题</th><th>ECRS</th></tr>
<tr><td>什么事情(What)？——主体和对象</td><td>1)要做的是什么？到仓库领用工装、夹具
2)最大的浪费是什么？走动、搬运以及人和机器等待的浪费</td><td rowspan="6">(消除)专门的工装、夹具仓库
把工装夹具存放在生产现场(重排)
(简化)采购件入库的确认手续</td></tr>
<tr><td>为什么(Why)？——原因和目的</td><td>为什么这样的流程是必要的？当初的目的是防止丢失和损坏</td></tr>
<tr><td>在哪儿(Where)？——地点和位置</td><td>哪儿最合适？考虑将工装放在生产现场</td></tr>
<tr><td>何时(When)？——时间</td><td>1)什么时候应该开始？制订好相应的管理流程之后
2)什么时候是合适的时间？员工得到新流程培训之后</td></tr>
<tr><td>谁(Who)？——责任人</td><td>谁来做这项工作？生产部门、仓库</td></tr>
<tr><td>如何(How)？——方法</td><td>1)如何来做这项工作？制订相应流程，规划生产现场区域
2)这是最好的方法吗？第一步把工装、夹具从仓库里移出来放在生产现场；第二步再考虑放置在设备旁边</td></tr>
<tr><td>多少(How much)？——影响和花费</td><td colspan="2">1)消除、合并、重排和简化需要花费的成本是多少？制作现场工装夹具放置架的费用
2)消除、合并、重排和简化带来的收益是多少？按照所有员工计算：减少等待时间180分钟/班；减少行走距离1880米/班</td></tr>
</table>

5W2H+ECRS法不仅适用于在生产过程中寻找浪费，同样也适用于非生产环节。例如，在组织结构优化方面，消除不必要的部门（例如，一定历史时期所设立的部门）和不必要的副职；通过简化流程而简化部门职责；通过部门合并而消除工作重叠等。总之，要设置与精益生产体系相匹配的组织架构，因为庞大和多重的组织架构只能带来更加复杂的流程，阻碍“信息流”的正常流动，造成浪费。

精益生产的工具有哪些？

“5W2H+ECRS法”应用让吕新立刻对精益产生了浓厚的兴趣，所以，吕新对接下来的精益课程和活动非常期待。他和两名生产工程师作为种子选手，参加由

H. U 咨询公司举办的所有精益课程。不过随着对精益的深入了解和学习，吕新感觉精益博大精深，包含的内容很多，他也一直思考着这几个问题：

1）精益课程介绍了许多知识，但是到底如何应用这些知识？这么多的知识，它们之间的联系是什么？

2）感觉精益生产的内容很多，需要展开的工作也很多，对于 BF 公司来说，精益推行到底要经历哪些过程？

3）精益生产推行到什么程度算成功？

吕新的问题其实是许多人所思考的问题，精益生产包含许多内容，虽然参加很多培训，但是真正实施的时候又无从下手。在这一章里，我们和吕新一起先来认知精益。

图 1-1 所示的精益屋直观地展示了丰田生产体系的基本构成。

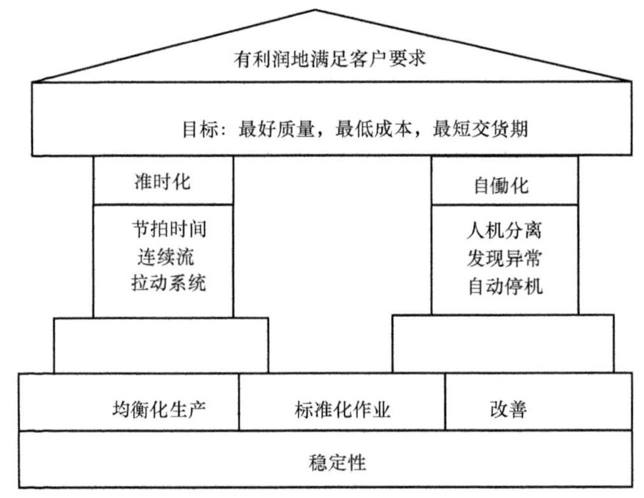

图 1-1　精益屋

屋顶：通过建立精益体系，有利润地满足客户的要求。

屋脊：以最好质量、最低成本和最短交货期来使客户满意。

两大支柱：一是准时化生产（Just In Time），简称 JIT，是指在必要的时间内生产出必要数量的合格产品；

二是自働化（Jidoka），是指人机分离，即当出现不合格品时机器可以自动停止，或者出现问题时通过安灯系统进行报警，使问题得以快速解决。

地基：均衡化生产、标准化作业和改善等。

看似简单的精益屋，包含的内容却很广泛。在参加精益培训的过程中，吕新不断请教负责培训的肖老师，并且阅读了不少精益工具方面的书籍，但仍然感觉不是非常清晰。

“培训和阅读书籍的时候似乎理解了，但在实际应用中又感觉并没有真正明白。”吕新说。

“这很正常，学习精益除了参加课堂培训和阅读书籍以外，重要的是实践，就像学习游泳一样，需要下水才能够学会。”肖老师说，“当然，先对精益工具进行完整的理论学习，了解基本概念是第一步，也是非常重要的一步。现在让我们来看一下这张简单的精益工具一览表，这是我多年来学习精益以及带领企业推行精益的实践过程中对精益工具的理解和总结。”

说着，肖老师把印刷好的常用精益工具一览表（见表1-4）拿出来，挂在了墙上。

表1-4　常用精益工具一览表

精益工具	描　　述
节拍时间	客户需求的量化体现 节拍时间=可利用时间/客户需求 节拍时间是均衡化生产的依据
价值流图	通过对形成产品价值整个过程的信息流、物料流进行分析，识别其中的增值和不增值活动 价值流的应用步骤：绘制当前价值流图，识别其中浪费，绘制将来价值流图，制定措施以达到将来价值流图的目标 价值流图是动态的而非静态的，需要定期更新
流动	以尽可能的最小量在整个价值流间进行移动 · 流动的理想状态是单件流 · 不能实现单件流，则以尽可能小的量实现工序间的以“先进先出”的方式进行无间断流动 · 信息是单点的，不是多点的 · 移动中有反复和重叠就会阻碍流动 宏观的流动是指从客户到内部价值流再到供应商，整个范围信息和物料的流动 微观的流动是指信息和物料在内部价值流内的流动
拉动	由下一工序的消耗来给前一工序触发生产或者物料补充信号的方式，其特点是基于客户实际需求进行生产或者物料补充 拉动的生产方式：补充拉动、顺序拉动以及混合式拉动 · 补充拉动：客户需求消耗超市产品，触发信号给上一工序，进行生产补充物料，节拍控制工序通常为最靠近客户的工序 · 顺序拉动：客户需求触发生产，物料按照流动原则进行移动，即最小批量和先进先出 · 混合式拉动：补充拉动和顺序拉动的混式生产 拉动中的库存仍然属于浪费，但是是受控的库存
快速换型	为实现小批量生产，使产品之间换型时的设备停机时间最小化的系统化方法 · 换型时间分为机内时间和机外时间，机内时间决定了实际的换型时间 · 换型时间的长短决定是否建立超市以及超市数量 SMED（Single Minute Exchange of Die）是指快速换型，换型的时间在10分钟以内

（续）

精益工具	描　　述
自动化	实现人、机分离，当问题或缺陷发生时，生产过程可以自动停止 员工发现异常可以通过安灯系统停机报警，使问题得到迅速解决 自动化的目的不是提高效率，而是保证品质 设备的自动化程度不是越高越好
防错	防止错误发生的方法。通过防错，帮助操作者在工作中避免错误的发生，如防止零件错装、反装、漏装等
全员生产力维护	全员生产力维护（Total Productivity Maintenance，TPM）是通过全员参与的方式，减少设备停机、换型、速度损失、废品和返工实现稳定的生产效率
5S	工作现场的改善方法，是目视管理和精益生产的基础 · 5S：整理、整顿、清扫、清洁、素养 · 加上“安全”被称为 6S 或者 5S+安全 理论简单，却最难坚持 成功实施的秘诀：恒久坚持、永不放弃
标准化作业	为每个操作者建立准确的操作程序，包括三个要素： · 满足客户的节拍时间 · 工作要素 · 工序间的标准库存 标准化作业是衡量改进的基础 标准化作业不仅包括生产活动的标准化作业，还包括非生产活动的标准化作业 标准化作业是动态的
问题解决	通过结构性方法解决问题的方法，包括：确定问题、分析问题、纠正措施等。通常使用 A3 纸将解决问题的报告进行整理 解决问题的技能和方法很重要，但更重要的是对待问题的态度、现地现物的习惯以及团队合作的精神
目视化管理	对工具、零件、生产活动以及绩效指标等进行清晰的可视化展示，使得任何人在现场都可以立即了解生产系统的运行状态 目视化管理的重要作用就是要显示现场正常和不正常的状态，通常使用的方式有：安灯（Andon）系统；用红、绿色显示异常或正常情况；信息板或电子显示屏等 简单有效，同时又反映管理者管理能力的现场证据

肖老师解释说：“当然，上面的精益工具一览表只是对精益工具的简单概括，不能包含精益体系的全部内容。对于工具的应用，需要特别说明几点：

1）在自动化的基础上实现准时化，这是精益生产的支柱。准时化的特征就是按照生产节拍进行均衡化生产，其他与之相联系的环节，包括原材料、生产过程以及成品发货等都要与这个节拍相匹配，才能够最大程度地减少浪费。

2）精益的成功不是因为个别精益工具的应用，而是需要通过建立一个完整的精益系统来实现，同时需要企业的精益理念和企业文化来保证。

3）所有工具的目的都是减少浪费，不要让精益工具流于形式，甚至让精益工具本身变成另外一种浪费，要经常使用 5W2H 法进行提问：应用这些工具真的带来改善和收益了吗？

4）工具仅仅提供了一种方法，并没有固定的模式，每个企业需要根据自身特点去不断实践和训练，绝不能死搬硬套。

5）没有学不会的精益工具，只有坚持不下去的企业，所以，想成功推行精益，需要管理者用战略眼光、信心、决心、勇气、坚持和智慧建立起背后的支撑文化。”

精益实施路标

在 BF 公司，第一期对管理层精益工具的培训经过两周时间快要结束了。在最后一天，肖老师回答了最初吕新提出的问题：究竟精益推行要经历哪些过程？精益生产推行到什么程度算成功？

1. 精益推行的历程

精益推行的过程，是颠覆企业传统观念和模式的过程，所以，在实施的初期，一定是企业的“一把手”工程，“领导作用”非常关键。在这个阶段改善的驱动力是自上而下的推动，因为可能仅仅不到 5%的人会支持这场变革，20%的人会强烈反对，剩下 75%的人只是被动跟随；但是企业要想真正把精益推行成功，这种自上而下的推动方式并非长效机制，需要同时建立自下而上改善的精益文化：学习型组织、被充分授权的团队自发进行改善、精益思想深入人心、消除浪费成为思维习惯等。

图 1-2 所示的精益实施路标简单直观地展示了精益推行的历程。

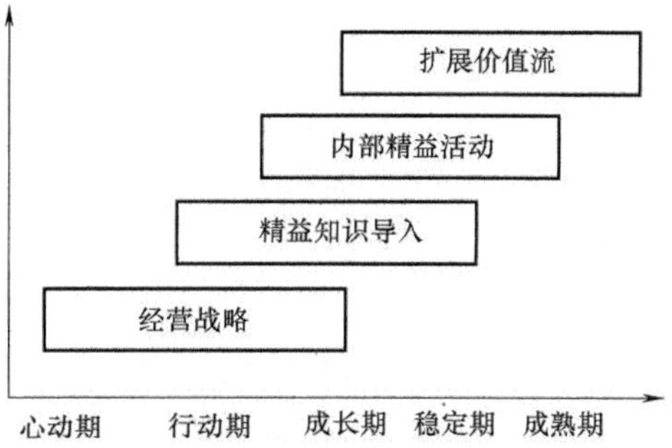

扩展价值流
内部精益活动
精益知识导入
经营战略
心动期 行动期 成长期 稳定期 成熟期

图 1-2 精益实施路标

2. 精益文化与经营战略

毋庸置疑，丰田公司的成功来源于其创造的精益生产模式，但是其内涵已经远远超过精益生产本身而演变为丰田精益思想和精益文化，这样的精益思想和文化正是丰田公司经营战略的基石和制胜法宝。

谈到经营战略，需要提到平衡计分卡（Balanced Score Card，BSC），它是企业的战略管理体系，是将企业战略目标逐层分解为各种具体绩效考核指标体系，从而为企业战略目标的完成建立可靠的执行基础。

平衡计分卡包括财务绩效、客户、内部流程和学习与成长四个维度。经营战略就是围绕这四个维度进行展开，其目的是使企业平衡发展而非仅仅关注过去以财务为导向的一个方面。

平衡计分卡在20世纪90年代初由卡普兰和诺顿提出之后，很快成为全球通用的战略管理方法。无论是在企业远景和经营战略制定方面，还是对战略进行展开的执行层面，平衡计分卡都与丰田模式所蕴含的文化内涵不谋而合。图1-3简单展示了它们之间的相互联系。

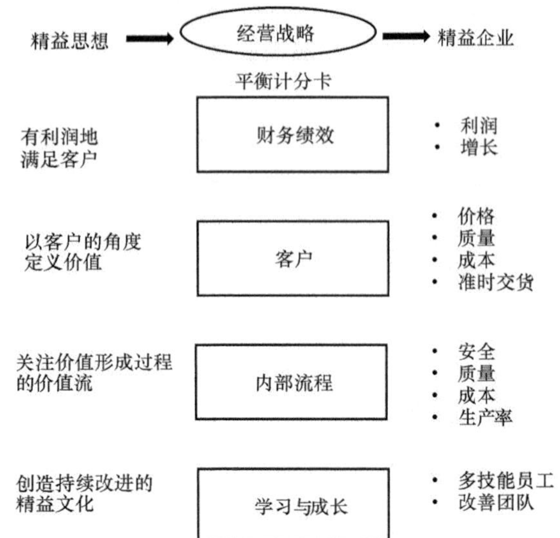

图1-3 精益实施模式和经营战略关系图

所有计划导入精益的企业，可以借助丰田模式来重新思考和定位自己的远景、方针和经营战略，然后使用平衡计分卡的方法来管理具体的执行和实施层面。

3. 导入精益知识

企业的经营战略确定之后，接下来进入导入精益知识的具体操作阶段。对于精益知识导入的过程，重点说明几点：

1）精益知识的导入并非朝夕之功，而是需要进行多次和反复的培训。

2）培训需要全员参与，从高层、中层到基层逐级进行针对性的培训。

3）采取理论和实践相结合的培训方式，例如，走出去参观、请进来培训等，但最重要的是现场实践。

4）不仅是精益知识的培训，更是精益文化、理念的培训。

5）建立内部培训师制度。

4. 内部精益活动

尽管许多公司组织了很多精益知识的培训，但是最后却收效甚微，主要原因是缺少实践。因此，要想收到真正的培训效果，必须让学习者在实践中学习和领会精益的精髓，这就进入精益实施路标的下一重要阶段——内部精益活动。

内部精益活动分为两种：一种是局部改善性的精益活动，这些活动往往是集中在某个小区域进行某个专题的改善活动，其特点是改善迅速、时间短、收效快，但对整个运营系统的影响较小；另一种是系统性的精益运营导入方式，其特点是不仅包括以价值流分析为基础的精益生产模式，而且还包括其他非生产的辅助职能部门的精益管理模式。当然，这些活动并非马上全面铺开，需要选择试点开始。通常的做法是，先从较为简单的价值流开始，这样能够在较短的时间收到显著的成绩，更容易激励士气，避免挫败感，然后再推而广之。精益工具和知识本身并不复杂，但需要的是“实践”和“反复实践”“坚持”和“持续坚持”。

5. 扩展价值流

当精益体系在内部逐渐成熟之后，就要尝试将其扩展到供应商乃至客户的整个上、下游价值链当中。例如，和客户一起改善，使需求更加均衡；和供应商一起改善，使交货周期更短、质量更稳定、原材料库存更低等。

精益组织成熟度方格

实施精益永无止境，其推行过程决不可能是一帆风顺的。要想成为精益企业，需要分步骤、分阶段地逐步推进。

下面的精益成熟度方格（见表1-5）总结了企业在推行精益过程中所经历的5个阶段：心动期、行动期、成长期、稳定期和成熟期。各个阶段需要的时间因企业而异：有的企业在10年前就开始了解和接触精益，但10年后仍然没有踏上精益之旅；有的企业虽然开始行动，组织了很多培训，但最终止于培训，始终没有进入精益的实质性阶段；还有的企业，在经历了成长阶段的3~5年之后，虽然按照价值流的方式进行了生产流程的调整并导入了一些精益基本工具，但终究因没有建立可

表1-5 精益组织成熟度方格

类别 \ 阶段	心动期	行动期	成长期	稳定期	成熟期
精益活动	1）大概了解精益生产的一些基本概念，没有系统的理论知识 2）企业几乎没有精益方面的活动 3）有改进的想法，但并未付诸实施 4）只有少数人参加或接触过精益的培训	1）管理人员开始系统接受有关精益知识的培训 2）考虑从战略上确定精益的推行计划 3）初步了解浪费的概念，并认识到改善的重要性和紧迫性 4）开始尝试应用精益工具，但未感觉到实际的效果 5）对精益工具的理解和应用不够深入，团队成员之间有较多的不一致和争论	1）从一个价值流开始实施精益：绘制价值流图，尝试流动和拉动的精益生产模式 2）建立了简单有效的精益财务绩效评估指标，逐渐看到精益所带来的收益 3）建立并使用精益评估体系评价精益的实施状况，找出差距，并制定改善计划，持续推进精益进程 4）精益的活动主要集中于生产领域	1）管理人员熟练掌握精益工具 2）所有员工都接受了关于浪费的培训 3）80%的员工接受了问题解决技能的培训 4）80%以上的产品系列绘制了现在和将来价值流图 5）精益被推广到非生产部门 6）精益被扩展到客户和供应商 7）流动和拉动被建立，生产过程流畅、稳定，关键绩效指标被大幅改善 8）改善的文化逐渐形成	1）精益变成企业的思维和文化 2）公司有许多的精益改善团队或者QCC圈，利用精益工具进行改善活动，100%的员工参与改善活动 3）通过扩展价值流，使组织和供应商以及客户形成良好的战略合作伙伴关系，实现整个价值链的精益 4）六西格玛品质

（续）

阶段 类别	心动期	行动期	成长期	稳定期	成熟期
组织特点	1）传统部门式的组织结构。管理层处在控制地位 2）改善活动是由管理层主导的自上而下进行推动的活动 3）员工的活动以领导"指示"为主 4）没有专门的精益推动组织或部门	1）传统部门式的组织结构，但是管理层开始考虑对部门式的结构进行改变 2）管理层处在控制地位 3）改善活动虽然是以管理层为主导，但是员工的想法开始作为决策的依据 4）设立精益部门，并协助管理层来推动精益生产	1）传统部门式的组织结构逐渐被打破，开始以产品族来划分价值流和部门设置 2）管理层的控制地位逐渐弱化，协调部门间工作减少 3）设立精益部门，并协助管理层来推动精益生产	1）以产品族来划分价值流，以价值最大化的模式来设置部门 2）员工可以做出适当的决策，但是需要咨询管理层 3）管理层处在提供资源和参与的地位 4）各部门主动进行精益改善，精益部门进行参与和指导	1）整个公司致力于精益战略的全面实施，不断进行精益资源开发并不断向外扩展 2）管理层充分授权，改善活动是自下而上的拉动模式 3）员工可自行制订方向，并在未批准的情况下（在一定界限内）采取行动 4）管理层与员工的关系是委托和联络的关系
员工授权程度	非常低	较低	中	较高	非常高

靠的流程和持续改进的文化，失去了前进的基础和动力而就此止步不前。正常的情况下，从决定开始推行精益到成为精益企业，要历经至少5年。在这5年当中，除了具体精益活动的开展以外，重要的是改变企业的理念和文化。当然，所谓的5年仍然只是对精益体系的了解而已，许多公司在几十年中致力于精益体系的持续建立和完善并取得了卓越的绩效。

精益所倡导的理念包括：长期经营、团队合作、互相尊重、持续改进等。我们可能难以复制丰田所有的管理模式，但是，作为精益精髓的基本理念是必须倡导的，我们要在推行精益的过程中，使之潜移默化成为企业的基本价值取向。

企业在推行精益时，从心动期到成熟期的这5个阶段，除了精益活动内容的不同以外，其根本区别在于企业在组织行为、授权、员工成长和企业文化方面的不同。

要点梳理

1. 精益的核心是消除浪费。这些浪费不仅存在于生产过程，而且也存在于组织的非生产过程中。精益的目的就是努力和这些浪费做斗争并消除之。

2. "5W2H +ECRS 法"是发现浪费和消除浪费简单而有效的方法，其中

“5W2H”用来提问，“ECRS”提供解决思路。通过这个简单的组合方法，培养自己对现有流程不断批评、挑战和持续改善的习惯。

3. 精益工具有很多，“精益工具一览表”对精益工具进行了简单概括和解释，并列出了其应用的要点。

4. 精益成功实施的关键点：精益工具的系统应用+企业的精益文化。特别注意不要让精益工具本身成为表面形式而变成另外的一种浪费。

5. “精益实施路标”说明组织推行精益所经历的几个阶段：经营战略、精益知识导入、内部精益活动和扩展价值流。

6. “精益组织成熟度方格”概括了组织在推行精益过程所经历的5个阶段：心动期、行动期、成长期、稳定期和成熟期。5个阶段的根本区别是企业在组织行为、授权、员工成长和企业文化等方面的不同。

情景2

价值流图绘制风波——通过价值流图开启精益之旅

这一天，吕新敲开了总经理办公室的门，他准备和总经理谈一谈在精益推行中所遇到的问题，因为在最近的精益活动中，许多工作进展得并不顺利。按照精益推行计划，吕新准备组织各部门人员进行价值流图的讨论和绘制，并提前两天发出了活动邀请。本来定好大家周四下午一点在生产现场集合后观察整个生产过程，可是到了时间，除了自己部门的几个人员以外，其他部门都说临时有事，不能参加。吕新只好和自己部门的几个工程师一起观察现场，然后带着记录的过程数据，回到会议室讨论并绘制当前的价值流图。因为没有其他部门人员参加，也就没有继续讨论将来价值流图和行动措施。

总经理正在和咨询公司的肖老师讨论问题，看到吕新来了，就让他坐下，吕新将自己的问题和总经理做了汇报。总经理听完了吕新的讲述，说："你来

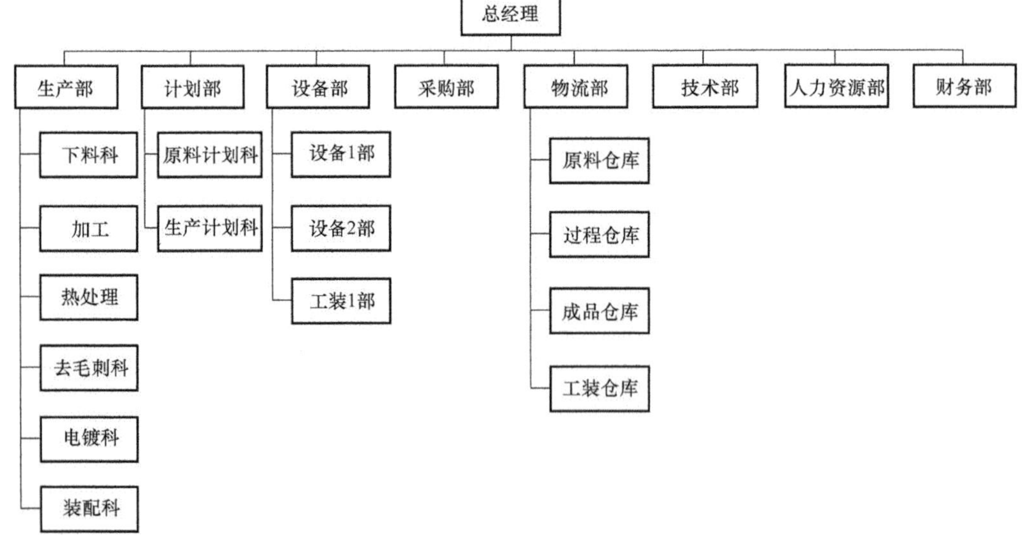

图 2-1　目前的组织架构图

得正好，我正准备找你谈谈关于最近公司组织架构调整的计划”。说着打开电脑，向吕新展示目前和将来的组织架构图（见图 2-1、图 2-2）。

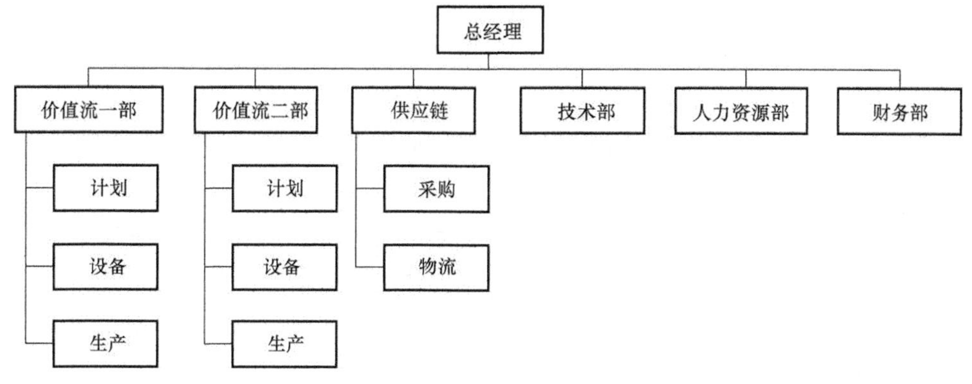

图 2-2 将来的组织架构图

总经理对吕新说：“为了更好地推行精益，我们需要调整目前的组织架构。正如咨询公司的肖老师所说，要按照产品家族来设置价值流部门，由价值流部门负责产品价值的形成整个过程，实现物流和信息流的无障碍流动。这就需要打破原来由单个部门负责单个工序的模式，消除部门之间的界限。不过我们又不能将原来的架构马上全部推翻，需要从一个价值流开始。等到第一个价值流运转成熟，大家看到取得的效果之后，再扩展到另外的价值流。刚刚展示的将来组织架构图，是我们大约一年以后的架构设置规划。现在，我们先成立价值流一部，由你来担任价值流经理，主要负责 BB-A 系列产品的生产。价值流不是只单纯负责生产，而是把生产计划、设备维修的职能也纳入其中，这样部分相关人员会调入价值流部门。同时，过程中的工装管理、在制品库存也会随着精益活动的开展，逐渐由物流部转入价值流部。”

吕新听了总经理一番话，沉默了好一阵子。他觉得整个架构调整计划有点出人意料，总经理这次的动作似乎有点大。尤其是将工装仓库、在制品仓库转移到价值流部的调整，吕新非常不理解。这物料管理可是涉及钱的问题，过去是专人专管，进出库手续严格，每道工序的在制品都需要入库、出库的。肖老师看到吕新一脸茫然，笑着说：“吕经理，没关系的，以后你会明白的。”

最终，吕新接受了总经理的调整建议和价值流部门经理职位。

价值流部门的主要职责是：

1）负责组织绘制当前价值流图和将来价值流图，并为实现将来价值流图组织团队制定措施并定期进行跟踪。

2）通过应用连续流动、拉动等精益工具实现整个价值流产品从原物料到成品入库的管理。

3）制定标准化作业以保持过程作业的高度标准化。

4）根据客户需求变化，提出设备投入需求，并负责设备的维修及 TPM 活动。

5）创造价值流部门解决问题的文化，并定期组织会议对相关任务和措施进行追踪。

6）负责价值流部门安全、质量、准时交货、生产效率、库存及利润等指标，并使用 PDCA 的方法，对各项指标进行持续改进。

几天后，公司架构和部门职责调整完毕，吕新重新组织大家开始价值流图的绘制工作。

从价值流图识别浪费

1. 价值流和价值流图的定义

价值流是产品在形成过程中，随着信息和物流在工序间的移动而形成的价值流动过程。

价值流图是反映价值流中物料流和信息流整个过程状态的工具。

2. 价值流图的作用

在通常的制造业，过程流程图已经被绝大多数人所熟悉。在推行精益的过程中，价值流图也要成为被熟练应用的工具。通过价值流图，可以宏观上了解整个价值流的形成过程，观察过程中存在的浪费。现在将价值的流动做一个比喻：山上有一个泉眼，不断涌流，最后形成水流，向山下流动。每经过干燥之地，水就会消耗一部分，有时经过大的山石，水流会分叉向不同的干地流去。这样水流在行进过程中不断被消耗，当到达山底的时候，水流已经变得非常小。价值流动的过程就是如此，那些干燥之地和山石正是过程中造成浪费的根源，将价值变得越来越小。永远记得，客户不会关心你究竟设置了多少部门、花了多长时间进行内部信息沟通、准备多少库存完成需要的产品，他们只为产品本身看到的有价值的部分付钱。所以，我们要尽量使过程的产品在工序间顺畅流动，减少中间不必要的环节。

3. 价值流图的分类（见表 2-1）

价值流图在生产制造领域方面的应用已经为许多人所熟悉，现在也正逐渐在非生产性的辅助职能部门以及其他服务领域被推广和应用。通过价值流图这种简单的工具，我们可以非常直观地看到管理流程中的浪费，对其进行消除。无论是生产型的价值流图还是非生产型的价值流图，都要首先通过“当前价值流图”识别目前的状态，再通过“将来价值流图”描绘出未来要达到的状态，然后找出两者之间的

表 2-1 价值流图的分类

价值流图的分类	价值流图的状态		关注点
生产型的价值流图	当前价值流图	将来价值流图	物料流和信息流
非生产型的价值流图	当前价值流图	将来价值流图	信息流
扩展价值流图	当前价值流图	将来价值流图	生产型价值流中的物料流和信息流 连接上、下游不同组织间的信息流

差距，并制定行动措施来逐渐缩小它们之间的差距。

价值流图的作用：

1）作为精益改善的通用语言在成员间进行交流。

2）展示整体信息流和物料流相结合的关系。

3）帮助看到过程流动中的障碍。

4）识别过程中的浪费。

5）发现改善点。

6）描绘未来要达成的精益目标和计划。

产品家族和产品家族矩阵

确定产品家族是绘制价值流图的基础。产品家族是指经过相似加工工序和共同设备的一组产品系列。确定产品家族一般是从价值流的终端客户返回内部客户，然后再到内部的加工工序。例如，一组物料，可能经过几个相同的工序，但是在离客户最近的组装工序，被不同的组装单元组装成不同客户应用的不同产品。我们可以根据客户的不同，分别定义不同的产品家族。

产品家族矩阵是通过矩阵的方式区分产品家族的图表。表 2-2 是 BF 公司产品家族分类矩阵，纵列是按照不同客户确定的 8 条生产线，矩阵顶端横列是生产过程步骤。

表 2-2 公司产品按照工序的家族分类矩阵

产品 \ 工序	切断	加工	去毛刺	热处理	表面处理	组装
BB-A 系列		√	√		√	√
BB-B 系列		√	√		√	√
BB-C 系列		√	√		√	√
BB-D 系列	√	√	√		√	√
BB-E 系列	√	√	√		√	√
HB-A 系列		√		√	√	√
HB-B 系列		√		√	√	√
HB-C 系列		√		√	√	√

完成产品家族矩阵之后，将工序的生产制造周期时间填到所经过的工序上，然后计算总的工序生产周期时间。如果总的工序生产周期时间超过 30%，即使工序步骤相似，也需要考虑决定形成另外的产品家族。

BB-A 系列和 BB-B/BB-C 系列工序尽管工艺步骤相同，但由于加工周期时间的差异较大，所以将 BB-A 系列作为单独的一个产品家族，见表 2-3。

表 2-3　BF 公司产品增加工序周期时间后的家族分类矩阵　（单位：秒）

<table>
<tr><th>工序
产品</th><th>切断</th><th>加工</th><th>去毛刺</th><th>热处理</th><th>表面处理</th><th>组装</th><th>总生产周期</th><th>平均值</th><th>绝对差异</th><th>家族分类</th></tr>
<tr><td>BB-A 系列</td><td></td><td>120</td><td>16</td><td></td><td>5</td><td>26</td><td>167</td><td rowspan="3">324</td><td>49%</td><td>√</td></tr>
<tr><td>BB-B 系列</td><td></td><td>360</td><td>12</td><td></td><td>5</td><td>22</td><td>399</td><td>23%</td><td rowspan="2">√</td></tr>
<tr><td>BB-C 系列</td><td></td><td>370</td><td>12</td><td></td><td>5</td><td>22</td><td>409</td><td>26%</td></tr>
<tr><td>BB-D 系列</td><td>195</td><td>250</td><td>20</td><td></td><td>5</td><td>22</td><td>492</td><td rowspan="2">470</td><td>5%</td><td rowspan="2">√</td></tr>
<tr><td>BB-E 系列</td><td>200</td><td>200</td><td>20</td><td></td><td>5</td><td>22</td><td>447</td><td>5%</td></tr>
<tr><td>HB-A 系列</td><td></td><td>125</td><td></td><td>300</td><td>5</td><td>10</td><td>440</td><td rowspan="3">458</td><td>4%</td><td rowspan="3">√</td></tr>
<tr><td>HB-B 系列</td><td></td><td>130</td><td></td><td>310</td><td>5</td><td>10</td><td>455</td><td>1%</td></tr>
<tr><td>HB-C 系列</td><td></td><td>135</td><td></td><td>330</td><td>5</td><td>10</td><td>480</td><td>5%</td></tr>
</table>

由于 BB-A 产品的客户需求相对稳定，销售份额也较大，所以大家决定先从 BB-A 这个系列开始作为精益生产开展的试点。同时，结合公司之前的生产结构和工厂布局，吕新所负责的价值流部门，还包含 BB-B/BB-C/BB-D/BB-E 的其他系列产品，等到 BB-A 系列产品的精益活动取得一定进展之后，再逐渐向其他系列扩展。

绘制当前价值流图的要点

1. 价值流经理组织团队绘制价值流图

价值流经理亲自主持价值流图的绘制。这项工作必须是团队活动，团队的成员要来自于不同部门，共同参与价值流的绘制和后续改进措施的制定。很多时候，我们看到价值流图是由价值流经理委托给工程师，工程师则自己在电脑里进行想象绘制。这种脱离现场、脱离团队而制作的价值流图是毫无意义的，因为价值流图的作用就是使团队共同了解现状，共同决定改进的方向。绘制价值流图时，团队成员一定要到现场获取第一手的数据资料，对库存实物进行清点，而非依赖 MRP 系统，并且尽可能在现场识别更多现场存在的浪费和问题。另外需要注意，价值流图是信息流和物料流在整个产品价值形成过程中概貌展示，所以，没必要过分追求数据的精准而影响价值流图绘制的进展。绘制价值流图时，提倡手工绘制，而非借助于电脑，这对流程的理解和讨论很有帮助。

图 2-3 是 BB-A 当前的价值流图。

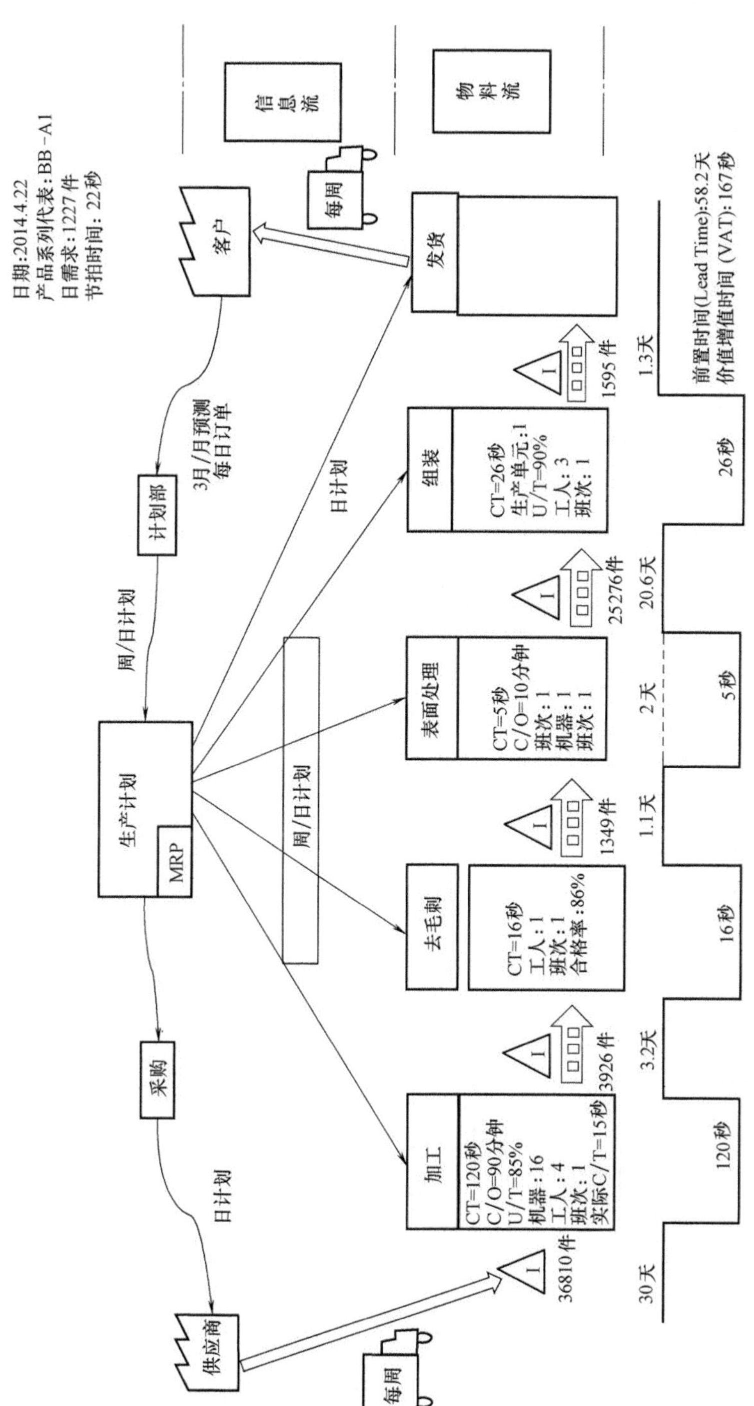

图 2-3 BB-A 当前价值流图

2. 正确使用通用的价值流图标

(1) 信息流图标　对于信息流部分，最常用的图标见表 2-4。

表 2-4　价值流中的信息流图标

图标样式	解　释
电子信息流	电子信息方式或在线的信息模式
手工信息流	生产计划、电话等
生产计划 MRP 过程盒	区域的信息流动的过程，小盒子内显示的是所应用的信息技术

(2) 物料流图标　对于物料流部分，最常用的图标见表 2-5。

表 2-5　价值流图中的物料流图标

图标样式	图标解释
外部资源	客户或供应商
I 库存	在图标的下方要标明库存的数量和所计算出的天数
运输	要标明运输的频次
加工 数据盒	用来表示过程及过程包含的信息 · 周期时间(CT) · 换型时间(C/O) · 设备利用率(Uptime) · 产品一次合格率
推动箭头	表示信息和物流以推动的方式进行，不考虑下游工序是否需要

（续）

图标样式	图标解释
物料移动符号	原料或产品的移动

3. 注明价值流绘制时间和具体代表的产品型号

价值流绘制完毕后，一般来说每三个月要重新进行价值流的回顾和绘制，所以标明时间便于进行时间跟踪和归档保存。另外，价值流图也要写上可以代表产品家族的一个具体型号。

4. 当前价值流图要标明客户需求的节拍时间

节拍时间(Takt Time)=每天可利用时间/客户每天需求量

每天可利用时间=总工作时间-计划停机时间-其他非生产时间（如班会、5S等）

客户每天需求量是指客户每天实际需要的数量（注意：没有过度生产，是客户驱动的实际需求)。

5. 工序的周期时间和实际的工序周期时间

在价值流图的数据盒中，标明了每个工序周期时间的数据。周期时间英文是Cycle Time，简称CT，是指产品在工序中经过的时间，也就是产品从开始经过某工序所有工作步骤到重复下次同样动作之前的时间。工序的周期时间由设备的加工时间或者工人的动作时间决定。当设备的台数和作业单元有多组或多台时，为了便于了解价值流工序的平衡状况，把实际的周期时间写在数据盒里。例如，BB-A1价值流图中的加工工序，因为是一组（两台）设备分别加工一个零件的两部分，其中较长的加工的周期时间是120秒，同样的设备有8组，所以实际周期时间=周期时间/设备台（组）数=120秒/8=15秒。

6. 价值增值时间和前置时间

在价值流图的下方，是一个梯状的图形，写在梯形凹陷部分的数据是工序的增值时间，是指工序的周期时间。把工序的周期时间相加就是价值流的价值增值时间，英文是Value Added Time，简称VAT。客户只为增值的部分付钱，并不关心非增值的时间。

写在梯形凸起部分的是非增值时间，以此强调过程中的浪费。把所有的非增值时间相加就是前置时间，英文称为Lead Time，又叫生产周期时间，其计算公式如下：

前置时间=存货数量×节拍时间

根据节拍时间的计算公式，可以得到：

前置时间=库存数量/客户每天需求数量

库存数量是指原材料、在制品和成品的库存数量。

价值流中的前置时间与通常意义上的交货期的概念不同。交货期（Order Lead Time）是指客户从下订单到工厂发出产品的时间；而价值流中的前置时间（Lead Time）是指按照推动生产的模式，基于生产过程中库存量而计算出的产品在过程中的停滞时间，这是精益生产的概念，其意义是关注整个价值流中的库存状况。

将来价值流图的绘制和应用

将来价值流图告诉我们价值流未来发展的方向和状态。完全实现将来价值流图的目标可能需要较长的时间，所以要在将来价值流图上标明预估的实现日期。

将来价值流图和目前价值流图一样，需要使用一样的语言，所以继续来介绍其常用图标及使用规则，见表 2-6。

表 2-6　将来价值流图所使用的常用图标

图标样式	图标解释
看板以批次移动	看板不是单张移动，需要累积到一定批次
领料	用来表示下游工序超市领料
超市	可控的库存 当产品被消耗时，触发信号给上游工序进行生产，通常图标的开口部分要朝向上游工序
看板收集盒	看板在传递之前，被收集到一起所放的盒或板
FIFO	物料在工序之间按照“先进先出”原则进行流动 要求注明工序间所允许的最大量

绘制和应用将来价值流图时，需要遵循八点原则。用一句话来概括，就是：为满足客户的节拍时间，确定相关成品策略，在节拍工序下达单点计划，以最小生产单位时间安排不同产品的均衡化生产，过程的生产原则是优先流动，其次拉动，并通过制定行动措施实现精益生产模式。这八点原则中，前七点是将来价值流的绘制原则，最后一点是保证其实现的关键。

（1）原则之一：节拍时间

节拍时间=每天可利用时间/客户每天需求量

和当前价值流图一样，需要根据将来产品家族的客户需求量，计算节拍时间（TT）。如果节拍工序的生产节奏和客户的节拍相一致，既不超前也不落后，也就是说当客户需要的时候刚好生产出来，这就是精益生产所追求的准时化生产的完美状态。

（2）原则之二：成品策略　尽管产品家族中所包含的产品工艺步骤相似，工序周期时间相近，但客户的需求会有大的差异，所以需要对产品进行需求分析。一般来讲，数量较大、需求稳定的产品需要设立超市，其成品策略称为按照超市生产（Make to Supermarket）；而数量较小、需求波动较大的产品则不需要建立超市，其成品策略为按照订单生产（Make to Order）。这就决定了不同产品不同的生产组织方式。经常在一个价值流中，生产组织的模式是按照超市和按照订单的混合式生产模式。关于成品策略具体的确定方法，在情景 4 中进行详细的介绍。

（3）原则之三：确定节拍工序实现单点计划　在以传统模式管理生产的大多数企业中，生产计划部门通过 MRP 系统控制生产的各个环节，从原材料、生产过程一直到成品发货。当收到客户订单时，MRP 系统就会根据系统内物料的基础数据，自动计算出原材料、半成品以及成品的需求，至于生产现场是否立即需要，MRP 系统无法判断。

在精益生产模式下，首先确定节拍工序（Peace Maker），并且只在节拍工序下达生产计划，然后通过流动或拉动的方式由实际的客户（包括下游工序）自动触发物料和生产需求，而非依赖 MRP 系统。

节拍工序的选择一般是最靠近客户端的工序，节拍工序之后的生产方式是连续流的生产方式。

（4）原则之四：均衡化生产　均衡化生产（EPEI 或 EPEX）就是按照一定的间隔时间，均衡地轮流生产不同型号和数量的产品。通过均衡化生产，可以有效满足客户需求，避免大批量生产造成库存的浪费、人力的浪费和交货期的增加。

举一个非常简单的例子说明大批量生产和均衡化生产的不同：假设组装工序组装 A、B、C 三种不同类型的产品：

A：

B：

C：

组装工序的生产能力是每天生产 9 个产品，产品生产方式是批量生产，也就是每次生产 9 个 A，再生产 9 个 B，再生产 9 个 C，如此循环生产。客户的要求是一次同时拿到 A、B、C 三种产品，每天的需求是 3 个 A、B、C 的组合，那么，客户在第 3 天才可以拿到货。

经过改进，按照均衡化生产方式一，组装线可以每天组装 3 个 A，然后切换组装 3 个 B，再切换组装 3 个 C，那么客户在第 1 天就可以拿到货。

经过再一次的改进，按照均衡化生产方式二，组装线可以每天依次以 ABC ABC、ABC 的方式进行组装，那么，客户 1/3 天就可以拿到货。这三种生产方式的比较结果见表 2-7。

表 2-7　批量生产和均衡化生产交货期对比表

生产方式	生产顺序	最大库存	交货期
批量生产		27	3
均衡化生产方式一		9	1
均衡化生产方式二		3	1/3

与批量生产方式相比，均衡化生产方式一在库存降低和交货期缩短方面，带来大约 67%的改善；均衡化生产方式二，在库存降低和交货期缩短方面，则带来大约 89%的改善。没有使用特别的方法，就收到了非常明显的效果。

当然刚才举的例子比较简单，实际的生产状况要复杂得多，在情景 4 中，会以 BF-A 系列产品为例，详细介绍有关均衡化生产的内容。

（5）原则之五：最小生产单位时间（Pitch）

最小生产单位时间＝节拍时间×包装数量

均衡化生产模式下，理想的状态就是按照最小生产单位时间安排生产不同的产品。但是，由于换型时间、生产安排的实际限制、物料流转等因素的影响，最终的最小生产单位时间需要扩大一定的倍数，所以最小生产单位时间的公式就需要调整为：

$$最小生产单位时间=n\times(节拍时间\times包装数量)$$

根据公式，案例中不同情况下最小生产单位时间的计算结果见表 2-8。

表 2-8　均衡化生产下的最小生产单位时间

生产方式	生产顺序	最大库存	交货期	最小生产单位时间
批量生产	△△△△△△△△△ ⬯⬯⬯⬯⬯⬯⬯⬯⬯⬯⬯ ◫◫◫◫◫◫◫◫◫◫	27 个	3 天	批量生产无此概念
均衡化生产方式一	△△△ ⬯⬯⬯ ◫◫◫	9 个	1 天	1/3 天
均衡化生产方式二	△⬯◫ △⬯◫ △⬯◫	3 个	1/3 天	1/3 天

通常使用均衡化目视看板，按照 Pitch 的时间，把需求进行分解安排生产，如图 2-4 所示。通过这种均衡化的生产方式，可以及时了解生产状况以及对客户的发货情况，而非等到 3 天以后。

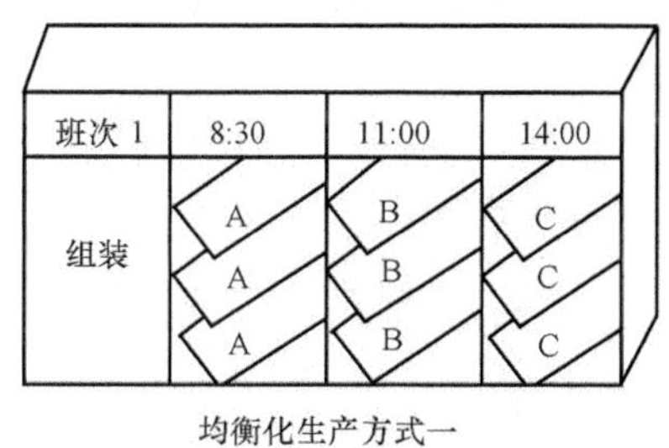

均衡化生产方式一

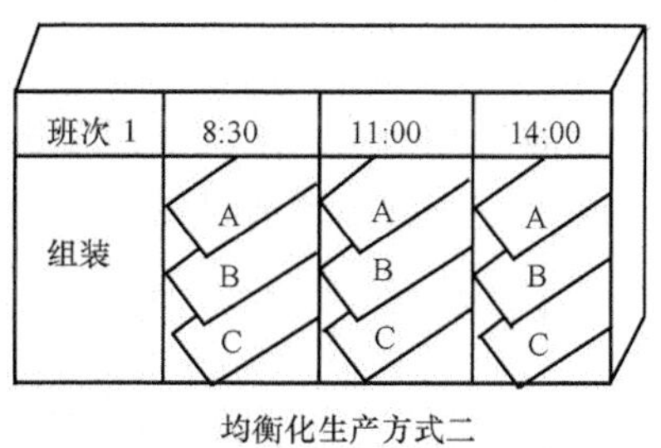

均衡化生产方式二

图 2-4　均衡化生产信息指示板

注：11：00 到 14：00 有 30 分钟休息时间。

（6）原则之六：流动。流动是指在生产工序之间产品以一个或尽可能小的量连续移动。流动的理想状态是单件流，也就是常说的制造一个移动一个（Make one, Move one）。

下面通过一个简单的例子说明流动带来的效果。假设 A 工件的加工工序有 3 个步骤：工序 1、工序 2 和工序 3，每个零件在各个工序的加工周期时间为 1 分钟，如果加工 10 个零件，按照批量加工的方式（见图 2-5），每个工序加工完 10 个以后再移动到下一工序，那么，10 个零件变成成品所需要的时间就是 30 分钟。

如果采取单件流的方式，也就是每个工序加工完一个产品就移动到下一工序，

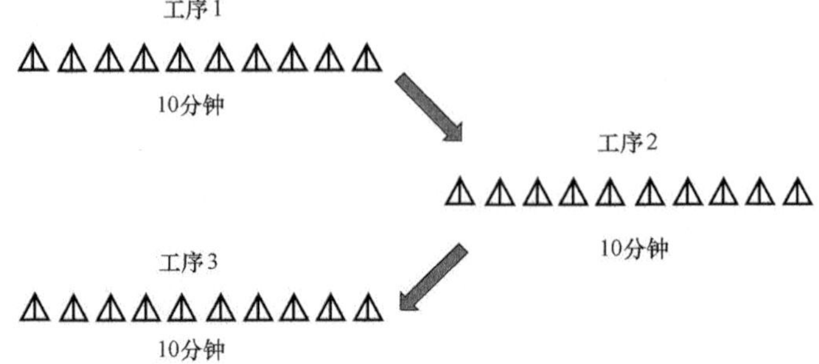

图 2-5 批量加工方式

那么所需要的时间就只需要 12 分钟。道理很简单，只有第一个零件会经过 3 分钟时间变成成品，其他 9 个零件，每隔 1 分钟就会有 1 个成品被生产出来，所以推动的生产方式和流动的生产方式效果完全不同，从 30 分钟到 12 分钟，交货周期降了 60%，过程在制品也从 10 个降低到 3 个，降低了 70%。

单件流的生产模式是精益生产的理想状态，它受生产线布局、工序平衡、工序生产等许多因素的制约，所以在实际的生产状况下，很多时候很难实现单件流，但是，工序间的无间断流动始终是我们追求的目标。除了单件流以外，先进先出（FIFO）也是实现工序间连续流动的一种方法。以客户需求拉动生产的整个价值流动来看，先进先出是属于顺序拉动的一种模式（在情景 4 中有详细的说明），但是如果单就不同工序之间的平衡来讲，我们更愿意把先进先出看作近似连续流动一种方式。

当工序间的产能不匹配，无法实现单件流，同时下游工序的换型不是主要问题的时候，考虑一个最小可能批量流动的方式就是先进先出，如图 2-6 所示。

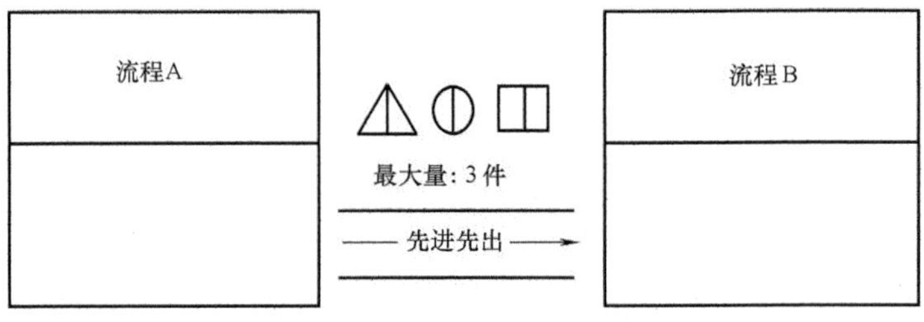

图 2-6 先进先出的连续流生产方式

先进先出的特点：

1）通过先进先出的管理方式，定义了上游生产工序和下游需求工序间的最大库存量，一旦库存超出限制要求，说明下游工序出现异常，上游工序需要停线查找原因。

2）先进先出决定上游加工顺序，即必须按照“先进先出、先流动先生产”的原则执行。

下面讨论工序间的最大库存是如何决定的。

方式一：WIP 数量＝下游工序 CT/TT。

方式二：下游工序一个班的需求量。

方式三：计算上、下游工序产量波动绝对值的标准偏差，然后取 2 倍标准偏差。

例如，上游工序的标准产量是 100 件/天，每天完成的产量为：98、99、102、85、110，那么，标准偏差可以计算为：$s=\sqrt{\frac{\sum_{i=1}^{n}(x_i-\bar{x})^2}{n-1}}=9$，2 倍的标准偏差是 18。同样方法，计算下游工序的产量绝对波动标准偏差，然后乘以 2，假设得到的值是 20，那么，工序间的最大库存就是 38 件。实际操作中，平均的日需求可以取 30 天的数据作为计算基础。

方式四：如果是组合工序，分别计算不同工序的 FIFO 最大量，同样计算上游工序产量波动绝对值的标准偏差之两倍，再加上下游工序的生产间隔周期时间（EPEI）乘以下游工序的平均日需求。

例如，对于流程 A，其 2 倍标准偏差值为 20，下游工序对 A 的日需求是 20，每 3 天需要一次 A，这样得出 60，最后计算 A 的 FIFO 最大量为 80，如图 2-7 所示。

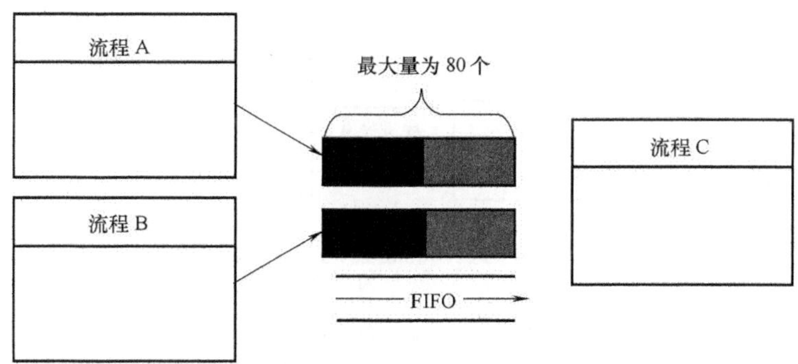

图 2-7 先进出的连续生产方式

为了保证 FIFO 的有效运行，经常使用 FIFO 通道以确保工序产品的流动和强制限制库存，且有清晰的标准化作业和目视化管理。

（7）原则之七：拉动 通过下游工序触发上游工序生产的一种生产方式。在拉动的生产方式下，上游工序的生产指令，不是来源于计划控制部门，而是来源于下游工序的消耗信息，这些信息的传递依靠生产看板来实现，如图 2-8 所示。

从图 2-8 中可以看到，当客户需求产品时，通过看板信息传递到流程 B，流程 B 按照客户的消耗情况开始生产，补充所消耗的量。然后依次向上游工序拉动，这

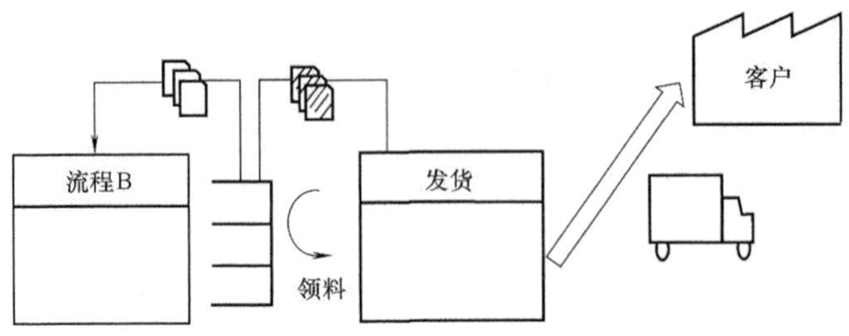

图 2-8　拉动生产方式

种生产方式构成整个价值流的拉动系统。

在进行价值流生产工序设计时，不是所有的工序都需要建立超市，也不是所有工序都可以实现流动，更多的情况是工序间流动和拉动相互结合式的生产方式，如图 2-9 所示。

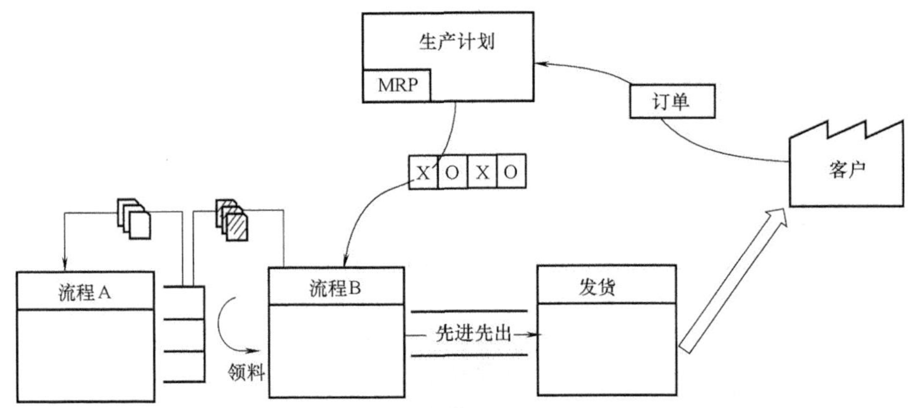

图 2-9　工序间拉动和先进先出的混合式生产

在流动和拉动的运用和选择上，吕新和团队讨论了很长时间，有的人说流动比拉动好，有的人说没有拉动，就没有看板，就没有丰田生产模式。

对于如何选择流动和拉动，BF 公司是按照以下原则执行的：

1）可以流动，就要流动。

2）流动的理想状态是单件流，当难以实现单件流时，可以采取以尽可能小量的先进先出模式创造近似单件流的不间断流动模式。

3）当面临原材料采购周期、较长时间的换型、停机、质量缺陷、需求波动以及交货周期等问题时，需要考虑拉动。不过要记住，拉动需要建立超市，超市是库存，有库存的地方就是浪费，需要不断改善，减少超市数量。

基于绘制将来价值流图的前七个基本原则，吕新和他的团队完成了 BB-A 产品族的将来价值流图，如图 2-10 所示。

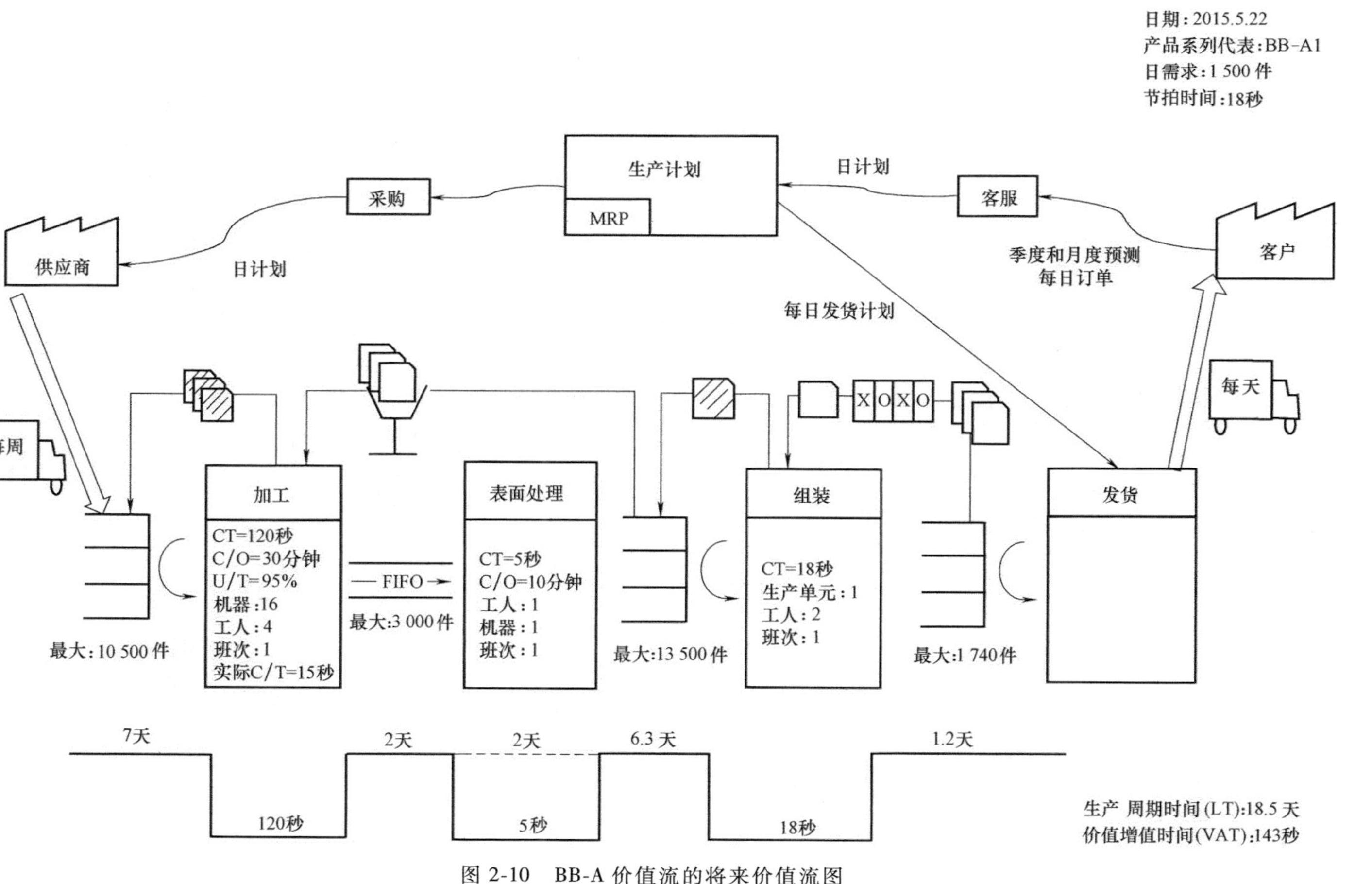

图 2-10 BB-A 价值流的将来价值流图

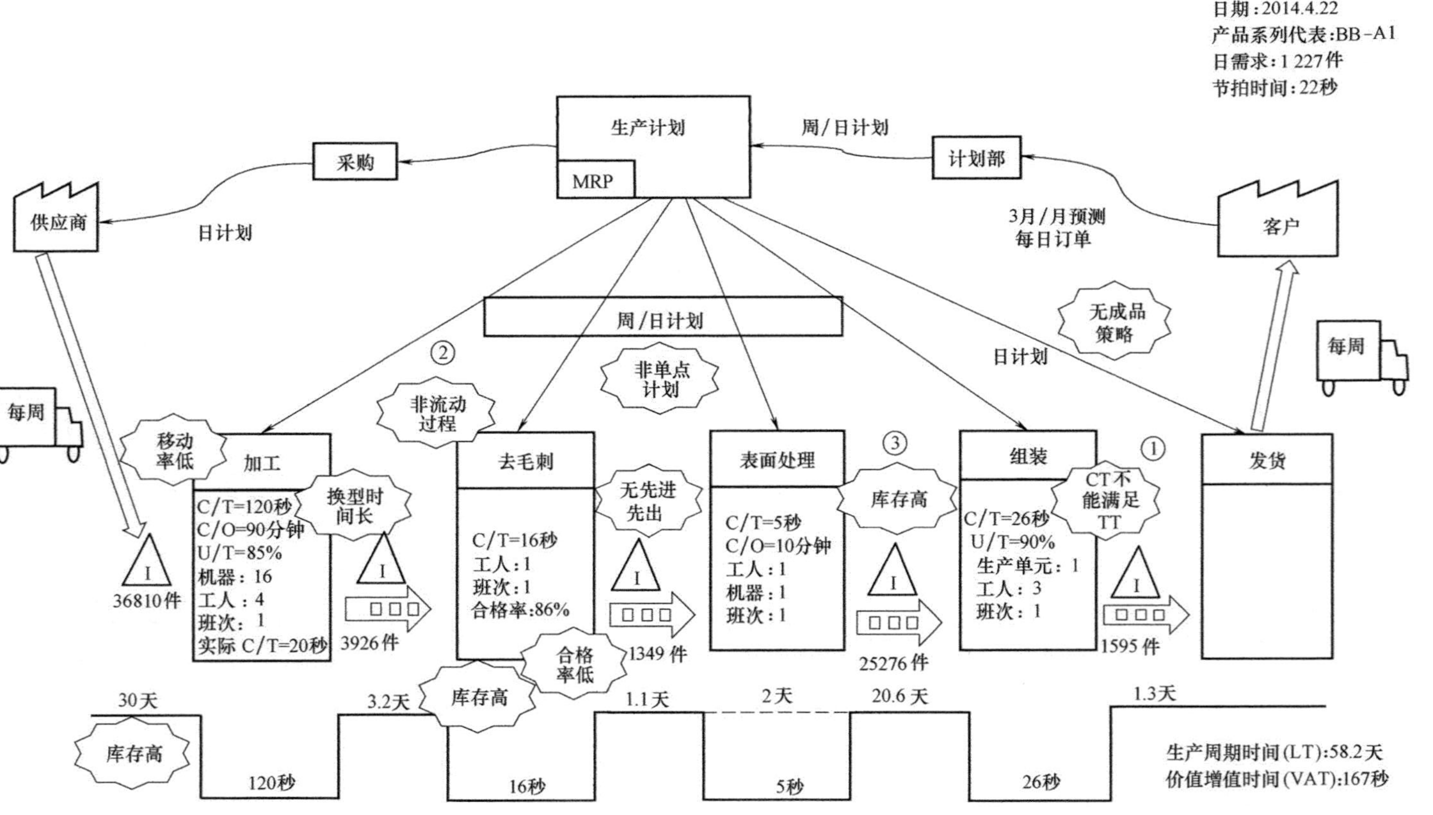

图 2-11　BB-A 现在价值流的问题点

（8）原则之八：针对将来价值流图制定行动措施　将来价值流图确定之后，对比当前价值流图，接下来的工作就是制定行动措施来保证实现将来价值流所描绘的目标，这就进入最后的第八条原则——针对将来价值流图制定行动措施。

基于当前价值流图，尽管识别出了许多问题点，但并不是所有的问题可以全部解决掉，需要循序渐进。可以优先选择不超过 3 个问题点，然后列出详细的改善行动计划，分时间、分阶段地去推进。

对比将来价值流图所描绘的状态，从当前价值流图中挑选出优先解决的 3 个问题（见图 2-11），制定行动计划，实施改进：

① 组装工序的 CT 不能满足 TT 的要求。

② 加工工序到表面处理工序的非流动（推动）过程。

③ 表面处理和装配工序之间 20.6 天的库存。

接下来让我们一起随着 BF 公司开展的精益活动，深入了解如何通过流动和拉动的精益方法，解决和改善①、②、③这三个问题。

建立价值流跟踪中心

价值流跟踪中心就是展示价值流活动情况的工作展示板。价值流跟踪中心的内容包括：目前价值流图、将来价值流图、改善计划和措施、关键绩效指标以及解决问题的 A3 报告等。BF 公司的价值流跟踪中心如图 2-12 所示。

对于价值流跟踪中心的管理，制定了明确的标准：

（1）展示价值流图　将当前价值流图和将来价值流图放在一起，起到显著对比的作用，可以清楚了解现在的状况与将来的计划还有多大的差距。

（2）对改善点制定改进计划和措施　识别出改善点（用爆炸点的方式将所有的浪费爆炸出来）之后，就要制定详细的改善计划，例如，上面提到的①、②、③项（可以用不同的颜色标识），吕新和他的团队制定了详细的行动计划，并使用趋势图（与标识问题点的颜色相一致）来展示措施的有效性和改进的效果。趋势图的目标值不是一条直线，而是根据时间推移目标逐步变化的折线图。

（3）绩效指标的跟踪。每个价值流都有自己的分解绩效指标，例如，安全、质量、准时交货率、库存天数、生产效率等。把绩效指标放在价值流的跟踪中心是非常重要的，通过绩效指标反映在实现将来价值流状态过程所带来的改善结果，随着指标的不断改善，团队士气越来越高，大家也会很快感受到精益的魅力。

（4）定期更新价值流跟踪中心　将来价值流图一年更新一次；当前价值流图一个季度更新一次，以便了解价值流改进的情况，并识别和选择新的改善点；绩效指标一周更新一次，如果连续两个周没有达到标准，就要触发 A3 报告（在情景 5 中会详细介绍如何使用 A3 报告解决问题）。

（5）确定周期回顾价值流中心状况的会议　价值流经理每周要组织团队成员

（不只是价值流部门的人员）对价值流中心的内容进行回顾，包括绩效指标、是否触发 A3 报告以及上次问题解决措施追踪、爆炸点的改善进展情况等，时间一般要控制在 30 分钟以内。

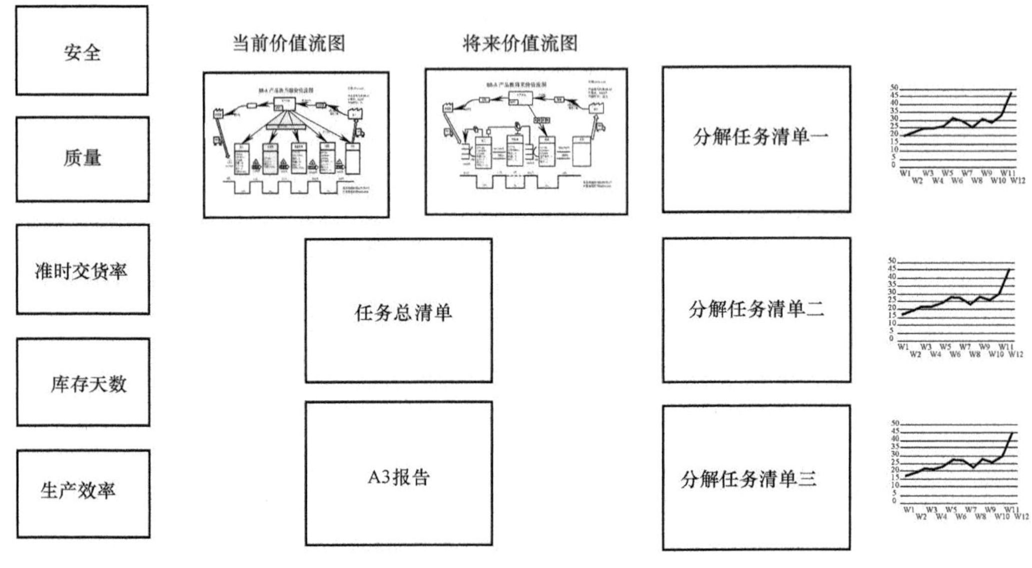

图 2-12　价值流跟踪中心

要点梳理

1. 可以从价值流图这一精益工具开启精益之路，因为通过价值流图，可以宏观了解整个价值流的形成过程，观察过程中存在的浪费，然后选取优先改进项目实施精益改善。

2. 按照类别，价值流图可以分为生产性价值流图、非生产性价值流图和扩展价值流图；按照状态，价值流图可以分为当前价值流图和将来价值流图。

3. 绘制生产性价值流图前首先要进行产品家族分类，分类时既要考虑生产工艺路线的相似性，又要考虑生产过程总周期时间的差异。

4. 生产性“当前价值流图”的绘制要点：价值流经理组织团队绘制、正确使用图标、标明绘制时间和产品族代表型号、计算当前的节拍时间、确定工序的周期时间并基于“多机台”情况标注实际工序周期时间、标出价值增值时间和前置时间等。

5. 生产性“将来价值流图”绘制和应用的八点原则：为满足客户的①节拍时间，确定相关②成品策略，在③节拍工序下达单点计划，以④最小生产单位时间安排不同产品的⑤均衡化生产，过程的生产原则是优先⑥流动，其次⑦拉动，并通过⑧制定行动措施来实现这样的精益生产模式。这八点原则中，前七点是将来价值流的绘制原则，最后一点是保证其实现的关键。

6. 建立价值流跟踪中心，其主要内容包括：目前价值流图、将来价值流图、改善计划和措施、关键绩效指标以及解决问题的A3报告等；其主要作用是：定期回顾价值流的改善以及指标的变化状况，并及时进行措施的制定和跟踪。

推动生产模式下的BB-A生产线——“流动”消除过程中的浪费

现在的BB-A价值流生产线的生产方式是典型的推动生产模式。让我们了解一下每天实际发生在BB-A价值流生产现场的状况，在那里，各种动作的浪费、搬运的浪费、过程库存的浪费无处不在。

· 辛苦工作的组装操作者

组装线的操作者每天需要加班至少2小时，经常发生的状况是，仓库人员要给客户备货了，但许多产品还没有组装入库，装货的物流车辆只好在仓库外延时等候，少则1小时，多则4小时，有的时候实在等不及，只能延迟交货，遇到客户紧急需求，不得不通过快递或者空运的方式满足客户要求；而有的产品又比客户实际的订单需求多生产，装车之后剩余很多。

· 忙碌的现场班长

加工工序和修边工序是两个不同的工序，有各自独立的工作区域，由不同的班长负责管理。当初设置这样的流程，是为了集中管理，专人修边，保证加工后产品外观的效果和质量。每天加工后的产品被集中送到修边工序，去除毛刺之后，再统一运送到表面处理工序。

表面处理工序比较特殊，虽然工序产能很大，但是每次产品的处理时间比较长，需要16小时。由于修边工序和表面处理工序分别属于两个车间，生产计划各自独立，工序间缺少信息沟通，所以，现场堆积了很多待处理的零件，由于过程在制品数量多，因此现场物料摆放混乱，找不到物料的情况时有发生。

几个工序的领班主要的工作是协调工序间的生产，安排物料处理顺序，另外就是寻找物料，当组装工序缺料需要紧急安排生产时，领班们通常能够拨云见日，化解难题而找到物料，所以，吕新认为领班起着很重要的作用。

· ERP的困惑

BF公司生产的产品有4000多种。由于品种繁杂、数量较大，靠人工难以管理，所以，他们早在5年前就应用了ERP软件系统。通过这个系统，BF公司在订单管理、成本控制、原物料需求等方面的管理有了非常大的改善。但是，对于生产计划安排，ERP的主要功能是生成生产工单（Work Order），至于如何具体安排每天的生产计划则无能为力。因此，计划员还需要通过另外的Excel表格进行生产计划安排，这样的生产计划也不能完全指导现场的实际生产，因为计划员并不了解现场时刻发生的情况，如机器故障、质量问题、人员缺勤、机器换型等，所以，即使计划员工作已经非常辛苦和严谨，还是需要现场班长协调具体的生产和计划安排。

生产周期时间真的不能满足客户节拍吗？

组装工序总共有8条生产线，是以人为主的作业工序，工序使用的是小型设备。组装BB-A系列产品的组装线只有一条，其布局如图3-1所示。这条组装线一共有3个操作者，组装线的所有工作台都是直线形排列，工序之间放置很多周转箱，前一个操作者完成一部分半成品后，放入周转箱，转移到下一个组装工序。作业者除了进行组装外，还需要自己到仓库领料。

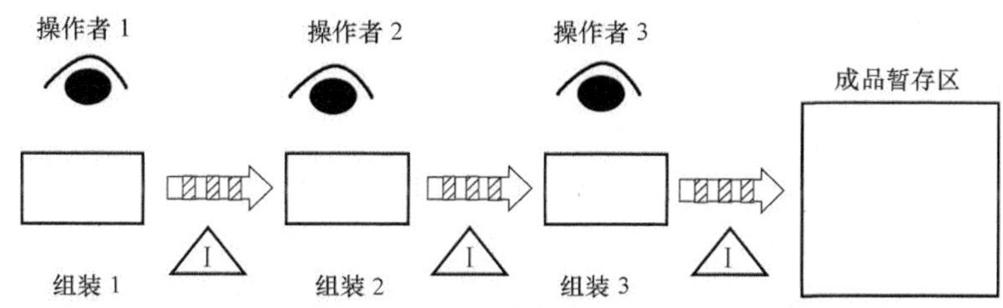

图3-1 BB-A产品组装线推动式生产方式

为了了解客户需求和实际产能之间的差异，我们先从计算客户节拍和周期时间开始，然后通过单元化生产模式实现组装线工序的连续流动，提高组装线的生产效率。

1. 计算节拍时间（Takt Time，TT）

在情景2中学习了节拍时间的计算公式：节拍时间=每天可利用时间/客户每天需求量。根据节拍时间的数据，可以了解客户的需求，其单位是秒/件。BB-A价值流中节拍时间的计算方法：组装操作者每天上班的时间是8.5小时，扣除30分钟的吃饭时间、10分钟的5S时间以及20分钟的休息时间，实际可利用的时间是7.5小时×3600秒/小时=27000秒，客户对BB-A系列产品的日平均需求量是1227件，得到：

节拍时间=27000秒/1227件=22秒/件

所以，对于BB-A系列产品，22秒/件就是客户的需求节拍。在精益生产准时化的概念里，每个工序的实际生产周期时间不落后也不提前，正好满足这个节拍的时间就是最理想状态。

2. 确定生产周期时间（Cycle Time，CT）

周期时间是指产品在工序中经过的时间，也就是一个产品经过该工序所有工作步骤到下一次开始重复动作的时间。组装工序是以人员作业为主的工序，因此，周期时间由操作者的动作时间决定，其中动作时间最长的操作者决定工序的最大生产能力。

目前，BB-A 装配线的产量情况是，每天 7.5 小时的工作时间里只能完成 934 件产品，这样计算每件产品的生产时间大约为 26 秒（由于没有建立标准化作业，所以 26 秒的 CT 只是一个粗略的计算，计算公式为 7.5 小时×3600 秒/小时×0.9/934 件=26 秒/件），而目前客户的节拍时间是 22 秒/件，不能满足客户要求，因此，每天需要安排至少 2 个多小时的加班。

那么究竟目前组装工序存在哪些问题？有哪些改善机会？2 个多小时的加班是否合理？现在我们就要从确定真正的工序周期时间开始。

（1）什么是工作要素（Work Elements） 在现场操作者操作的过程中，存在两类工作：一类工作是明显的浪费，这类工作往往是随机的，所以在计算生产周期时间时，不应该包含此类工作，例如操作者的走动、移动过程批量产品、等待机器完成产品加工的时间等；另外一类工作则是产品在每次经过工序时，操作者都会重复的固定工作，这些工作由一系列的作业动作所组成，被称为“工作要素”，工作要素所需要的时间才是工序周期时间的真正组成部分。

那么如何把操作者的工作细分成各种工作要素呢？“工作要素”的分解原则是：如果一个操作者的某一个动作完成之后，下一个动作可以由另外一个操作者接过来继续完成，操作者的这个动作就可以认为是一个基本的“工作要素”。比如，第一个操作者“拿起零件、套上螺母、放下零件”这几个动作是一个工作要素，而“拿起零件、套上螺母”则不是一个基本的工作要素，因为下一个操作者的动作很难从前一个操作者套上螺母之后开始。

当然并不是每一个“工作要素”都是增值的，仍然需要对那些固定重复却不增值的“工作要素”进行改善，这种改善通常被称为“动作改善”（Motion Kaizen）。

（2）找出真正的工作要素 在了解了工作要素的概念之后，下一步的工作就是确定工序的工作要素，其方法被称作为“快速改善”（Quick Kaizen）。快速改善不是纸上谈兵，需要进行细致的现场观察。现场观察是“现地现物”的体现，是非常重要的方法，一支笔、一张纸、一个秒表（通常手机上有很棒的秒表可以进行时间记录），外加我们善于发现问题的眼睛，就可以观察到许多现场发生的问题。

在现场观察的过程中，把操作者的工作进行记录，然后在纸上划掉那些随机发生的浪费，留下那些重复发生的动作作为工作要素。通过现场观察，可以找到两类改善：立即进行的快速改善和工作要素中需要进行的改善。

现在，让我们和吕新一起来走进组装现场，先找到浪费，通过快速改善的方法来消除，然后再确定真正的周期时间。

小组在现场进行了认真观察，大家对目前组装工序的问题进行了记录：

1）直线型布局，工序步骤并不复杂，但工序之间的工作台留有较大距离和空间来放置半成品。

2）操作者需要经常停线，自己去仓库领取装配物料，而且由于仓库管理人员要通过 ERP 系统对所有工序的物料进行进、出库系统操作，所以造成领取物料的速度非常慢，如果遇到原物料库位错误的情况，组装停线的时间会更长。

3）物料放在周转箱里，由于没有规定操作者每次领用的物料数量，因此，操作者会一次领用尽可能多的物料，以减少领料频次。在工序之间放着一层层叠放在一起的周转箱，当一箱物料消耗完之后，操作者需要拿走上面的空周转箱，再使用下一层的物料。当周转箱的高度低到一定程度时，员工需要弯下身去拿料。

4）待组装物料放置位置由操作者自己决定，太高或者太低都会造成很多动作浪费。操作者在组装过程中发现物料或上道工序产品的质量问题时，经常需要离开生产线去找质量人员确认处理方式。

5）第三个操作者每次需要行走大约 220mm 的距离把包装后产品放到成品暂存区的物料架上，然后再由物流部门的人员将成品运送到最后的成品仓库。

6）第三个操作者有较长的等待时间。

小组成员对 3 个操作者所负责的工作进行记录和分类，按照快速改善的方法，将那些不属于动作要素的工作用“/”划掉，留下的部分组成决定 CT 的工作要素。

为了了解“浪费”的影响，小组对这些随机发生的工作时间、频次等进行记录，然后计算操作者完成每个零件的过程中，这些“浪费”因素所占的大约平均时间见表 3-1。通过这样的计算，可以使我们知道浪费多么地惊人。

表 3-1 操作者工作记录表 （单位：秒）

操作者 1		操作者 2		操作者 3	
工作要素	时间	工作要素	时间	工作要素	时间
寻找物料	4	寻找物料	3	寻找包装物	6
与检验员确定物料质量状况	2	与检验员确定物料质量状况	2	等待上游工序物料	9
搬运物料	2	搬运物料	2	打印标签	2
拿取零件套密封圈		套上盖		称重并包装	
套上螺母穿钢丝		套下套		走动	2
检查螺母是否转动		扣押		放到待入库区	3
放入周转箱		放入周转箱		返回组装 3 工序	2
每 10 件搬运周转箱到组装 2	4	每 10 件搬运周转箱到组装 3	4		

（3）对工作要素进行时间观测　排除浪费因素后，开始对真正的工作要素进行时间观察，需要遵守以下几项原则：

1）在进行现场观察之前，要与被观察者进行礼貌的沟通，说明自己的意图，让作业者理解观察的目的，而不是感觉对他们进行检查和监督。

2）选择中等熟练程度的工人进行时间观测。

3）观察的方式尽量选择现场观察，因为可以识别更多的浪费状况；也可以先对现场进行录像，然后通过观察录像来记录动作时间。无论采用现场观察还是录像的方式，都不能影响操作者正常的工作状态。

4）按照工作要素的定义对操作者动作进行分解，这样容易识别其中的浪费。工作要素的动作在每次观察时要保持重复和一致。

5）选取最低的可重复时间作为该工作要素的时间。

小组人员使用时间观测表对每个操作者的工作要素进行时间记录，最后得到工作要素时间观测记录表，见表 3-2。

表 3-2　工作要素时间观测记录表（1）　　（单位：秒）

时间观测表										日期		2015.3.10		操作者/流程:装配工序	
										班次		白班		观测员:LX	
任务号	分项任务	1	2	3	4	5	6	7	8	9	10	11	12	最低可重复时间	任务观测
操作者1	拿取零件套密封圈	10	9	10	8	8	9	8	8	8	(检验) 12	10	10	8	检查零件的时间过长
	套上螺母穿钢丝	8	9	8	8	8	8	(钢丝不良) 10	8	9	8	8	8	8	
	检查螺母是否转动	2	3	3	(修理) 5	4	2	2	2	(修理) 12	2	2	2	2	需要修理保持转动
	放入周转箱	2	2	3	2	3	2	2	2	2	3	2	2	2	周转箱过高
操作者2	套上盖	4	4	4	4	4	4	4	(上盖尺寸) 6	4	4	4	4	4	上盖尺寸小
	套下套	5	5	5	5	5	5	5	5	5	5	5	5	4	
	扣押	5	5	5	6	5	5	6	5	5	6	5	5	5	
	放入周转箱	2	2	2	2	2	2	3	2	2	2	2	2	2	
操作者3	称重并包装	32	32	30	32									3.2	每10个为一个包装
总的操作者周期时间														38.2	

对于组装 3 中的包装工序，由于每 10 件进行包装，因此小组在进行时间观测的处理时，采用每 10 件一个包装时间的测量，然后平均到每个零件作为组装 3 的

工作要素时间。

将表3-1中标“/”的非工作要素去掉，得到组装工序工作要素记录表，见表3-3。

表3-3　工作要素时间观测记录表（2）　　（单位：秒）

操作者1		操作者2		操作者3	
工作要素	时间	工作要素	时间	工作要素	时间
拿取零件套密封圈	8	套上盖	4	称重并包装	3.2
套上螺母穿钢丝	8	套下套	4		
检查螺母是否转动	2	扣押	5		
放入周转箱	2	放入周转箱	2		

3. 作业平衡图

完成工作要素时间观测后，可以得到作业者的工作平衡图（Balance of Chart, BOC）。所谓作业平衡图，就是将每个操作者各自所涵盖的工作要素堆积在一起，分别得到其总的循环时间，同时把客户节拍时间也放在上面。通过作业平衡图，可以看到每个工人的CT时间和节拍时间的差异，其中最长的动作循环时间就是整个工序的瓶颈时间。

图3-2为目前组装线操作者的作业平衡图。通过该作业平衡图可以看到，操作者1的动作CT时间是20秒，操作者2的CT时间是15秒，而操作者3的CT时间却只有3.2秒，满足客户需求的节拍时间，但目前每件产品的实际生产瓶颈时间是26秒（未考虑寻找物料等随机发生事件的时间）。

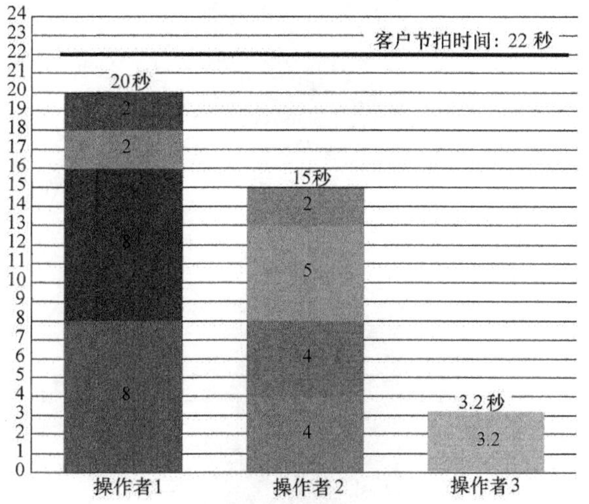

图3-2　操作者的作业平衡图

为了更清楚地了解每个操作者的工作浪费情况，我们对操作者的工作进行对比，之前的图表包含所有浪费的时间，之后的图表则仅包含工作要素的时间。

对于操作者1，之前的动作总时间是32秒，之后的周期动作总时间是20秒，减少了12秒，大约37%的浪费，如图3-3所示。

对于操作者2，之前的动作总时间是26秒，之后的周期动作时间是15秒，减少了11秒，42%的浪费，如图3-4所示。

对于操作者3，之前总的动作时间是27.2秒，去掉等待、走动、打印标签以及寻找物料等时间，真正的动作周期时间只有3.2秒，88%的浪费，如图3-5所示。

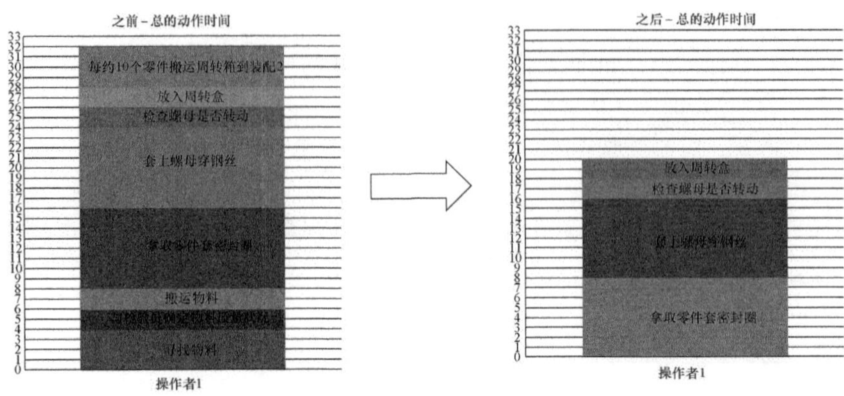

图 3-3　操作者 1 动作时间改进对比

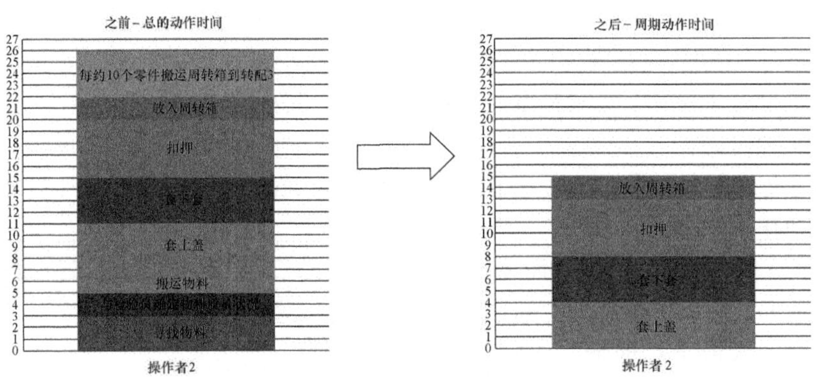

图 3-4　操作者 2 动作时间改进对比

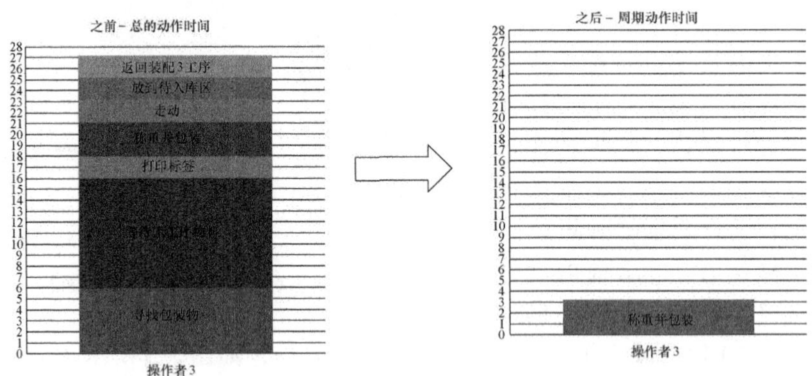

图 3-5　操作者 3 动作时间改进对比

总结一下，在完成作业平衡图的过程中经历了以下几个步骤：

1）观察并在纸上记录操作者的动作。

2）发现属于浪费的工作。

3）划掉浪费的工作，留下真正的工作要素。

4）对工作要素进行时间观察。

5）绘制作业平衡图。

观察操作者的工作平衡图（见图 3-2），可以进行进一步的工作要素调整。由于操作者 3 的动作周期时间只有 3.2 秒，完全可以由操作者 2 承担，这样操作者 2 的动作周期时间为 18.2 秒，同样可以满足客户需求的节拍时间。在调整后的作业平衡图（见图 3-6）里，操作者 1 和操作者 2 的动作周期时间基本相匹配，达到组装线工序操作者之间的作业平衡。

调整之后，实际的工序 CT 时间是 20 秒，完全满足 22 秒的 TT 时间，不过和将来价值流图预计的 TT 时间 18 秒还有 2 秒的差距，我们可以进一步寻找改善机会。

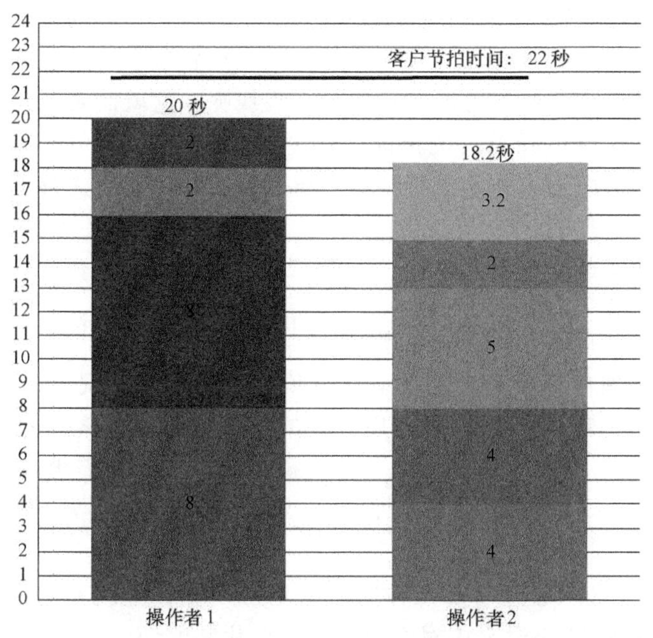

图 3-6　调整后的操作者作业平衡图

如何设计单元化生产？

1. 从单元化生产入手

理论上工序真正的周期时间应该是 20 秒，而且只需要两个人就可以满足 22 秒的节拍时间要求。吕新和小组的成员对这个结果感到非常兴奋，仅仅观察了一条组装线就发现这么多改进的地方，对于 8 条生产线来说，将来带来的收益可是非常可观的。但是很快问题就来了，改善的数据是基于理论的计算，所有的结果还只是停留在设想的快速改善上而已，事实上现在组装工序还有很多问题，需要如何进行改进，从哪里着手呢？在回答这个问题之前，我们先来学习有关单元化生产的知识，看看什么是单元化生产，如何进行单元化生产的布局设计。

单元的英文名称是 Cell。Cell 在英文中有细胞的意思，细胞是人体功能的最基本单位。精益中使用“单元”的概念，顾名思义就是将生产某个产品的所有工序尽可能放在一起进行生产的组织形式，这种组织形式是工厂的最基本功能单元。

单元生产模式的理念就是打破部门界限，以最小批量、最短交货期实现产品在工序间的无间断流动。

2. 单元生产设计前的数据准备

（1）单元设计的前提是确定产品家族　情景 2 根据产品的整个工艺流程及工序生产周期时间进行了家族分类。现在范围缩小到组装工序，同样需要对组装工序进行家族划分。例如，BB-A 系列组装的总时间（非工序周期时间）是 38.2 秒（改进后），而 BB-D 和 BB-E 组装的总时间（非工序周期时间）是 30 秒（改进后），是否属于同一个组装家族而可以放在一个组装线呢？这就需要首先确定其组装工艺路径的相似性，然后再看总的周期时间的差异，如果相差 30% 以内，则为同一个组装生产单元。考虑刚刚开始推行精益，所以单元一的组装工序只包含 BB-A 系列产品。

（2）如何确定单元生产的操作工人数　单元内操作者人数的计算公式为：

操作者人数 = 总的工序周期时间/节拍时间

前面介绍了如何计算节拍时间。需要说明，在实际状况下，客户的需求往往不是一成不变的，所以，在计算客户每天的需求量时，用客户过去 6~12 个月的平均需求进行计算。这样计算存在一个问题，就是在客户需求高峰期，节拍的时间可能比较小，需求的人数会增加，为应对这种情况，通常需要考虑以下几种方式：

1）适当的加班。通过增加工作时间来增加产量，这就是为什么一天有 24 小时，但通常只安排 22 小时来应对客户需求的变化和波动。

2）提高生产效率。不断通过精益改善来提高生产效率，这是生产管理永恒的主题。

3）对于以人工作业为主的工序，可以通过雇佣临时工的方式来解决产量不足问题。不过采用这种方式要考虑岗位的复杂程度和人为因素对产品的影响程度，并且要依靠完善的培训体系确保人员的工作质量。

4）单元化生产设计时要考虑生产布局的柔性化，实现灵活的合并和调整，可以方便随时添加工人。

（3）单元生产线的平衡性　平衡率是衡量单元生产工序平衡性的重要指标，其计算公式为：

$$生产线平衡率=\frac{\sum 工序周期时间}{操作者人数\times 瓶颈工序的周期时间}$$

可以看出，只有缩短瓶颈工序和每个工序周期时间之间的差距，生产线平衡率才能变大，生产线的平衡性才会更好。这里只引入生产线平衡的概念，在后续情景中进一步举例和说明。

3．单元生产的布局原则

要想实现流动，需要实现单元化生产，这就涉及对传统布局的调整。传统的生产模式以批量生产模式为基础，生产管理模式也是以部门化的方式进行组织，适合客户大批量定制的情况；单元化的生产模式则以生产尽可能小的量为基础，打破原有部门化的生产模式，适用于客户小批量、个性化定制的情况。那么，单元化生产的布局有哪些原则呢？

1）单元的布局尽可能使用 U 型线，因为这样可以使操作者行走的路线最短，并可以随着客户节拍变化灵活调整员工的数量。

2）原料和成品在同一个方向，单元生产线的长度约 5~6 米，宽度约 4 米，其内部的活动空间宽度保持在 1.5 米左右。

3）当有多个单元生产线时，避免独立安排单元生产线，而是考虑以相互协作的方式安排单元生产线。

4）对于单元生产中操作的员工，选择站立作业还是坐立作业要依据工作特点以及考虑员工的疲劳状况：站立作业的优点是员工的活动和动作范围较大，工作效率较高，但员工肌肉负荷会增加 60%，容易疲劳，所以在选择站立作业的时候，可以通过在工作区域增加抗疲劳垫、脚踏管等方式来减轻员工的疲劳度；坐立作业的优点是员工的疲劳度大大降低，但是动作幅度小，效率降低。

5）利用流利架等方式，使物料及使用后的空周转箱等容器靠重力可以滑动到指定位置，减少操作者的搬运。

6）尽可能缩小工作台、设备之间的距离，以减小操作者的行走距离以及在制品传递的距离。

7）消除布局中任何阻碍操作者走动的障碍，包括物品以及狭窄的通道等。

8）尽可能缩小工序间的空间，避免放置多余的在制品。

9）保持工作台之间的相同操作高度，在设计工作台时优先考虑操作者站立作业的可操作性，并在人机工程学的指导原则下最大程度地减小操作者的疲劳度。

10）基于易拿取原则设计辅助工装放置的合理位置。

11）集成使用功能，减少工具的类型。

12）实际布局中涉及的水、电、气等管路，尽可能考虑使用“掉拉”方式以方便布局的再调整。

4．单元生产的物料配送原则

1）设置专门的配料人员进行配料（包括组成零件的物料、包装物以及标签等)，操作人员不需要离开工作岗位去寻找物料。配料人员通常被称为“水蜘蛛”，他们根据标准化作业所设置的配料信息以及配料标准路线按时配送物料。

2）单元生产线要方便物料配送。物料以“公交车”的方式实现站点配送，而非以“出租车”的方式实现专线配送。

3）根据物料的需求制作合适尺寸的物料架，物料可以沿物料架的轨道滑到操作者使用的位置。

4）缩小工序间在制品的转移批量。

5）取消成品中转区，组装后的成品直接放入可以存放一定数量的滑道，由“水蜘蛛”定时运送到成品仓库。

6）为确保配料的效率，改进仓库布局以及物料摆放方式。

7）建立发现异常停机制度，如操作者发现产品质量问题，通过安灯系统通知相关人员到现场解决问题，而不是操作者离开工作岗位到处找人进行协调解决。

5. 单元化生产的设备选择原则

1）单元设计中如何决定设备的自动化程度。单元化生产中，需要设备的自动化程度有多高呢？在精益生产的模式下，其决定的原则是“小而灵活”。通常，我们将设备的自动化程度分成五个等级，见表 3-4。一般来说，实施单元化生产对设备的最低要求为二级，也就是说，上下料由人工操作，自动夹持、自动进料、自动加工等由自动化设备完成，这样可以实现所谓的人机分离。

表 3-4 设备自动化等级

操作步骤 / 设备等级	设备上料	设备运行	卸下加工后产品	加工后产品转移
一级	人工	人工	人工	人工
二级	人工	自动	人工	人工
三级	人工	自动	自动	人工
四级	自动	自动	自动	人工
五级	自动	自动	自动	自动

2）对等级三设备的特别说明。丰田公司有一个术语叫作“Chaku-Chaku”线，是指在单件流的生产单元里，员工不需要停下来拿下加工后的产品，而是通过设备进行自动下料，其生产步骤是：员工上料→设备自动夹持→自动进料→自动加工→自动下料→员工拿取到下一工序，这样可以节省员工的行走或动作时间。所以，对于“Chaku-Chaku”线，设备的自动化程度为三级。对于这一等级的设备，出于安全考虑，设计上要确保操作者在上料时，必须双手操作设备；并且上料后，只要一键操作，设备可以自动运行，没有多余的人工操作动作。

3）利用传感器装置来显示设备的工作状态，如绿灯、黄灯和红灯等。进行“Chaku-Chaku”线的设计时，同时要考虑设备的自动化，即不是靠员工发现问题，而是通过防错设计，在设备异常波动或出现不良品时可以自动停止生产并及时报警。“Chaku-Chaku”线的最大优势在于投入小、灵活度高、维修成本低，为应对小批量、多品种的客户需求提供了相匹配的生产模式。而相对于自动化程度较高的四级和五级设备，尽管使用的人工可能较少，但一般来说，这样的设备价格较高，专业性强，不易换型，大多适用于批量生产模式。而现在随着客户需求的多样化，批量生产模式已经无法适应市场的变化。

4）方便设备的维修和维护。在进行设备设计和单元化生产设备安装时，要考虑设备维修和维护的方便性，以保证设备的快速恢复和保持正常状态。

5）节拍控制工序使用的设备能够实现快速换型，理想的状态是设备的换型时间小于节拍时间。

6. 几种常见的单元生产方式

（1）分割作业单元生产方式　如图 3-7 所示，分割作业单元生产方式的特点是：典型的 U 型布局，每个作业者独立完成单元生产中的几个作业步骤，由于其结构紧凑，员工的走动距离较小，相互的协作比较方便。单元生产的目的是实现流动，而实现流动的前提是操作者之间的平衡，如果不平衡，会造成流动受阻而出现在制品（WIP），因此，在设计这样单元生产线时，其难点就是如何分配不同操作者之间的工作而实行线平衡，如果无法实现单件流，就需要规定工序间的最大在制品数量。

（2）独立作业单元生产方式　独立作业单元生产方式由操作者一个人独立完成所有的作业。这样的生产线同样采用 U 型布局，其结构紧凑，占地面积小，但是对于员工的技能要求比较高。

1）以人为主的独立作业单元生产方式：U 型布局，以操作者手动作业为主，考虑人机工程学，通常人们习惯右手拿料，所以其作业步骤为：从右到左逆时针，其中，使用设备的自动化等级为一级，所有的作业步骤由一个人完成，如图 3-8 所示。这样的布局结构更加紧凑，对员工的技能要求比较高，不涉及操作者之间周期时间是否平衡以及工序 WIP 的问题，缺点是客户需求增加较大时，由于空间的限制，支援人员较难进行支援。

2）以设备为主的独立作业单元生产方式：U 型布局如图 3-9 所示，布局中设备的自动化等级为二级。员工的作业顺序为：拿下设备 3 加工后的成品放入周转箱→走到设备 3 和设备 2 中间→在放置设备 2 加工后产品的位置拿取半成品→放到设备 3 上→起动设备 3 运行→操作者空手走到设备 2→从设备 2 上拿下加工后产品，放在设备 3 和设备 2 中间的物料放置区→操作者空手走到设备 2 和设备 1 中间→在放置设备 1 加工后产品的位置拿取半成品→放到设备 2 上→起动设备 2 运行→操作者空手走到设备 1→从设备 1 上拿下加工后产品，放在设备 2 和设备 1 中间的物料

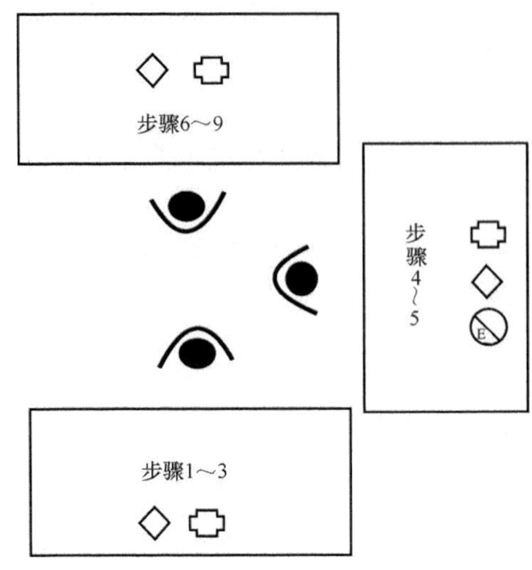

图 3-7 分割作业单元生产方式

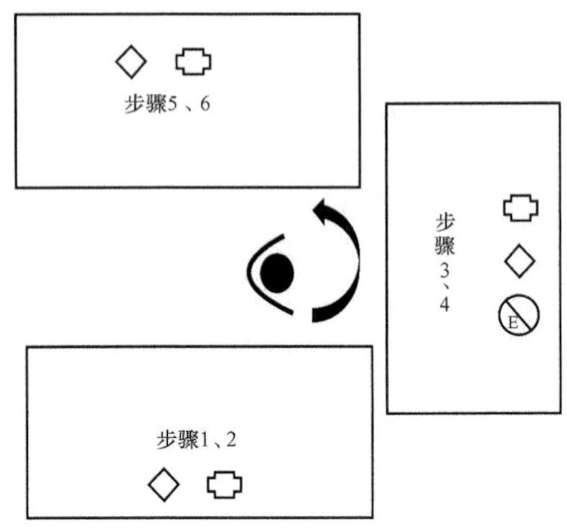

图 3-8 以人为主的独立作业单元生产方式

放置区。

独立作业单元生产方式 B 完全实现了单件流，其特点为员工的作业顺序和物料的移动顺序一致，员工在移动过程中，手里会有两件产品。所以，这样的布局又叫“逆向流动”布局。这里只进行简单的说明，实际情况可能要复杂得多，还需要根据现场不断尝试和调整来决定合理的布局。

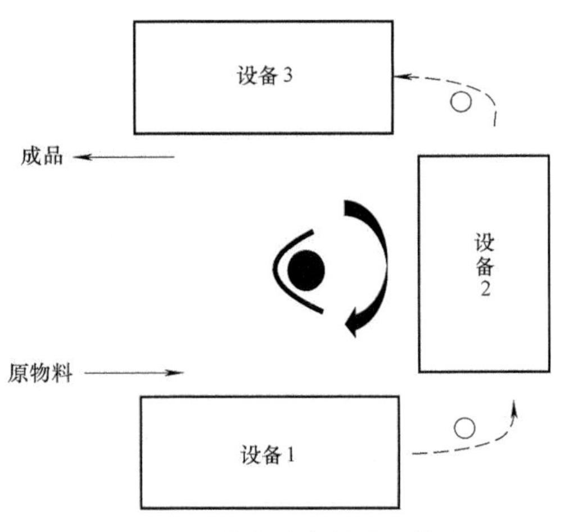

图 3-9 以设备为主的独立作业单元生产方式

当单元中所使用设备的自动化等级在四级以上时，员工一个人可以照看多台机器，其主要工作是调试机器、质量检测、加工后物料的转移以及对设备异常报警的及时反应和处理。设备的布局同样可以优先考虑 U 型布局方案，其空间安排要在保证物料移动顺畅和设备维修便利的情况下，尽可能缩短员工行走距离。

需要说明的是，以自动化设备为主的 U 型单元中，决定员工照看机器台数的因素更多地取决于设备的自身状况，很多工厂，尽管设备的自动化程度较高，但由于设备频繁出现问题，本来一个操作者可以完成的工作，却需要几个操作者进行故障处理，而且管理者对这种情况司空见惯，实在可惜。

（3）组合作业的单元生产方式　大多数情况，单元生产方式是组合式的生产方式，例如，分割式单元生产方式和独立作业的生产方式进行组合（见图 3-10），这样就形成了一个较大的空间、U 型布局的单元生产方式，其特点是有几个操作者在一个单元进行作业，可以更多地相互协作，同时也自然在整个单元引入一个“相互追逐、彼此竞争、及时发现异常”的机制；这样合并式的单元生产方式适用于多工序的较复杂生产方式。当然，组合作业的单元生产方式对操作者工作安排的合理性要求较高，这样才能保证整个生产单元的线平衡。

如果有多条以人为主的小型相似的独立作业单元，布局时要避免孤立布局的模式，而是要以能够相互支援的方式来布局，如图 3-11 所示。

另外要考虑单元的布局调整灵活性，例如，在不影响组装质量的前提下，可以在装配工作台下装可移动的脚轮，实现单元布局随着客户需求节拍时间的改变而随时做出调整。

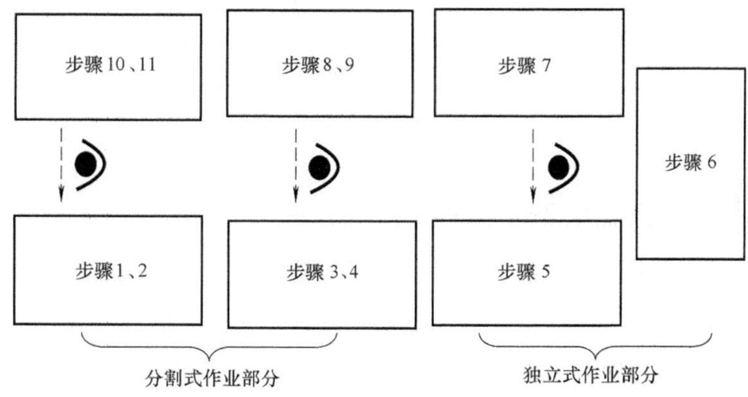

图 3-10 组合作业的单元生产方式之一

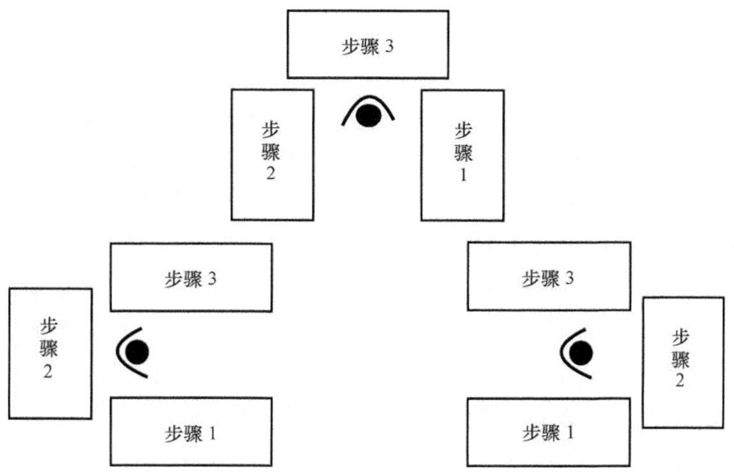

图 3-11 组合作业的单元生产方式之二

（4）直线型的单元生产方式 在单元生产中，应尽量使用 U 型布局方案，但是，还是有一些直线型的单元生产方式，如图 3-12 所示。这种生产方式的特点：

一个工序一个操作者，实现流水线作业，物料常常使用传送带来进行传递。这种生产方式适用于大批量、少品种的生产，产品连续流动，实现了最少中间库存的可能性，但是，对员工工作的平衡性要求非常高，因为一旦某个员工落后，会影响后面整个生产线的正常运行。另外，由于布局的特点，员工之间几乎没有相互协作，在这样的生产线，经常看到由于上一工序发生问题，下一工序的员工在等待和观望的情况。

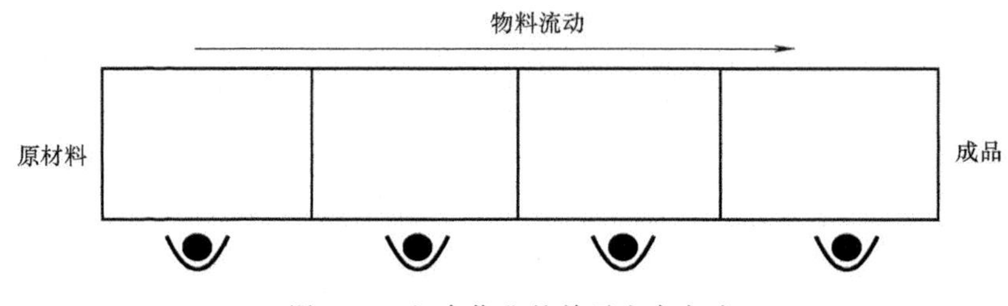

图 3-12　组合作业的单元生产方式

如何实施单元化生产布局？

了解了单元化生产的一些基本知识后，就要开始进入真正生产布局的调整和现场实施阶段了。在这个过程中，绝不是仅仅依据单元生产的理论知识，简单设计后就进入实质性阶段，而是需要团队通过运用 PDCA 的方法，选择最后方案再进入真正的实施阶段。下面介绍如何运用 3P（2P）的方法进行生产布局的策划和实施。

1. 什么是产品和过程准备？

产品和过程准备，英文为 Product and Process Preparation，简称 3P。在质量管理中，有关于“作业准备验证”的标准条款，是要求在作业初次运行、材料改变、作业变更时，必须进行作业准备验证。作业准备验证的目的是确认当前的生产条件是否具备，是否可以满足生产和质量要求。同样，3P 方法是在产品开发初期就同时考虑通过生产过程的正确设计来保证产品质量，从而实现产品质量的事前控制。

如果是全新产品，重大工程变更等涉及产品设计的过程，那么，3P 过程包含设计产品的准备过程和实现产品的生产准备过程；如果是生产线全新布局规划、传统生产布局向单元化生产转化的布局调整、工艺重大变革以及生产流程变更等涉及布局重大调整、增加新的生产线或新的设备时，3P 过程则只包含生产的准备过程。所以，很多时候把只涉及生产准备的过程称为 2P（Production Preparation）。

另外，也有人将 3P 译为 Production Preparation Process，就是生产准备过程，没有进行 3P 和 2P 之分。何种叫法并不重要，知道其意义和方法即可。在本情景里，我们愿意使用 2P 的叫法作为进行单元布局策划和实施的方法，3P 和 2P 的关系如图 3-13 所示。

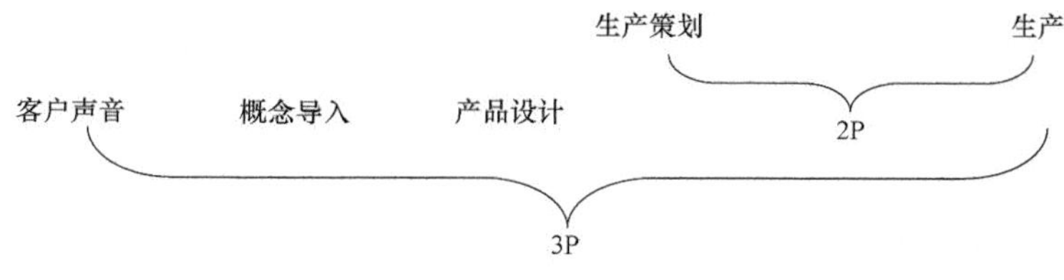

图 3-13 3P 和 2P 的关系

2. 如何利用 2P 进行单元化生产布局设计？

生产准备的过程，其“输入”是客户对质量、成本、交货周期以及节拍时间的要求，“输出”是能满足客户需求的最优生产布局，而其中的过程则会运用到许多精益工具，如图 3-14 所示。

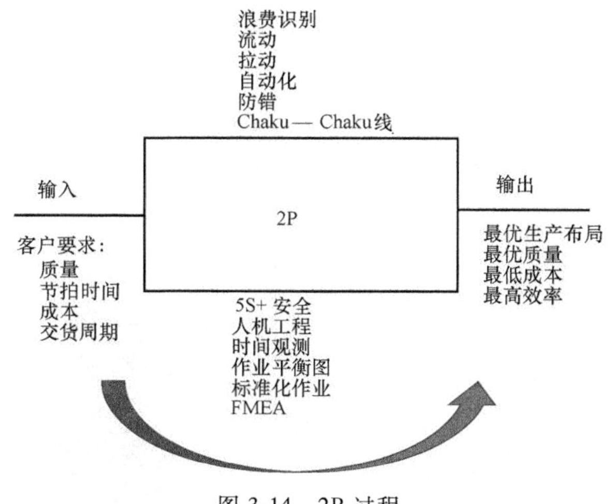

图 3-14 2P 过程

3. 2P 及其具体操作步骤

（1）建立小组 2P 小组是多功能小组，其成员必须来自于价值流、技术部以及质量部等几个部门，以便在产品设计、流程以及质量控制等方面提供不同角度的支持。小组要确定活动开展时的基本原则，特别强调的是通过“头脑风暴”的方法充分发挥每一个成员的潜力和想象力，在活动的过程中充分尊重他人建议，按照“无责备”原则找到各种可能的方案。

（2）制定 2P 的活动计划 在小组成立后，组长和组员一起制定一个 2P 活动的章程，章程中要说明目前状态以及 2P 所要达到的目标、活动范围、所应用的精益、质量方法等。

（3）2P 计划实施

1）通过头脑风暴法制定初步的布局方案。

2）选择最优布局方案。

3）模型制作。

4）模拟和再调整确定最终布局方案。

5）方案实施。

4. 组装线的 2P 活动

（1）2P 计划　小组制定的 2P 计划见表 3-5。

表 3-5　组装线 2P 活动计划

<table>
<tr><td>组长：赵新
组员：王××，潘××，赵××
活动时间：03/2015-04/2015</td><td>需要的工具及方法：
➢头脑风暴法
➢时间观测
➢工作平衡图（BOC）
➢2P</td></tr>
<tr><td>活动范围：
➢1 条 BB-A 组装线
➢之后扩展到其他的 7 条组装线
背景描述：
➢BB-A 组装线的 C/T 目前为 26 秒，节拍时间为 22 秒，不能满足客户要求，每天员工需加班 1.5 小时，造成成本增加
➢直线型的布局
➢在制品：大于 10 个
➢员工的行走距离为：1508 米/班
人机功效风险评估分数：21.5
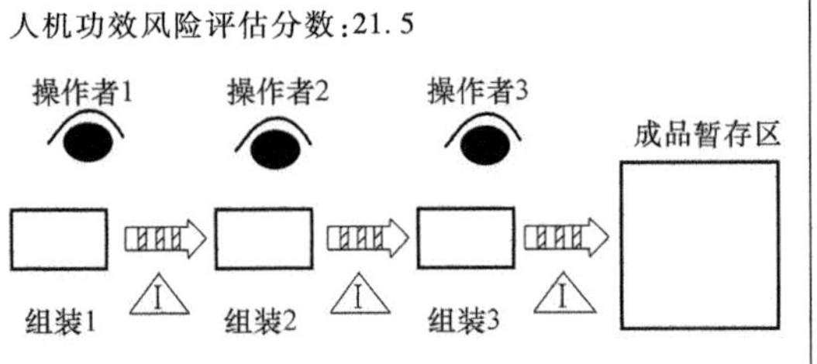
</td><td>计划达成目标及收益：
➢减少周期时间从 26 秒到 18 秒，以满足将来价值流的节拍时间
➢合理的 U 型线布局
➢实现连续流的生产模式，在制品小于 3 个
➢减少员工的行走距离 90%
➢人机功效风险评估分数降低 80%
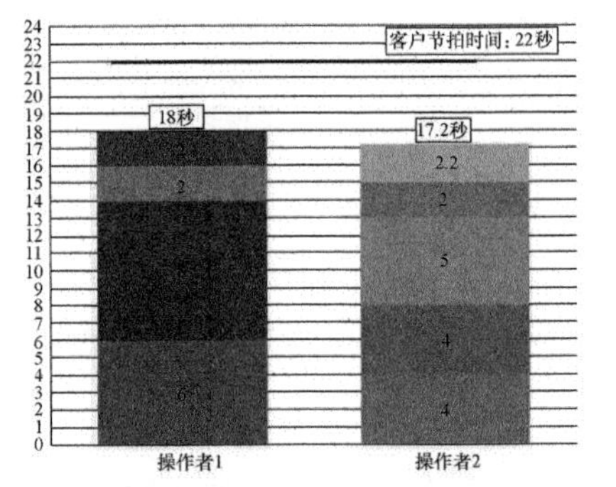
</td></tr>
</table>

具体行动方案

	具体措施	负责人	日期	追踪效果
1	了解现场目前的问题，确定工作要素，并进行时间观测	ZX	2015. 3. 30	
2	2P 培训	ZY	2015. 3. 30	
3	布局改进方案及方案评估，并选择最优方案	CS	2015. 4. 2	
4	按照选择方案，制作实物模型	WQ	2015. 4. 5	
5	依据模型进行现场的操作模拟，并进行时间观测；标准化作业、FMEA 文件准备；5S、人机功效的评估；持续调整和改进布局以达到最优	LX	2015. 4. 15	
6	按照确定的最终模型对布局进行改造	TI	2014. 4. 30	

（2）2P 计划实施

1）通过头脑风暴法，讨论几个初步的布局方案，如图 3-15 所示。

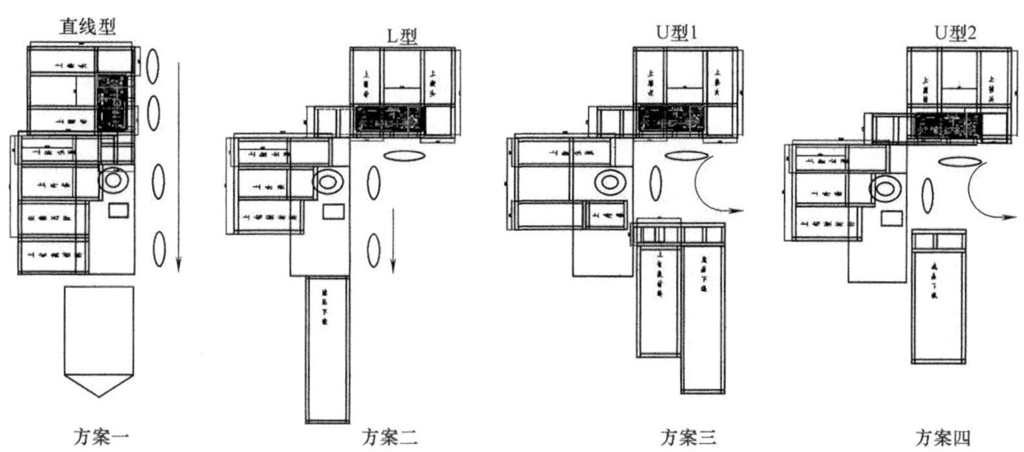

图 3-15　布局选择方案

在讨论方案的过程中，特别要关注操作者的走动、移动过程批量产品、等待机器完成产品加工的时间等明显的浪费是否通过改进布局得到了消除。

2）选择最优布局方案。使用“权重分析法”（Weighted Decision Analysis）对方案进行评估，具体的操作步骤如下：

① 第一行列出潜在方案。

② 第一列列出相关的评价标准（例如，安全、质量、成本等）。

③ 第二列为评价标准的权重，1～10 代表影响程度由低到高。

④ 基于评价标准给每个潜在方案打分。

⑤ 使用下面的公式计算各个方案的得分：

$$总分数 = \sum_{i=1}^{n} = W_i X_i$$

其中，W_i 为每项评价标准的权重；X_i 为各个方案根据每项评价标准的得分。

依据上面公式计算每个方案的总分数，得分最高的为最优方案，这就是“权重分析法”。此方法在后续的情景中会多次提到，需要读者熟练掌握和应用。

使用权重分析法对四个组装改进方案的评价结果见表 3-6。其中方案四的得分为 359，是最高分，所以确定为最优方案。

表 3-6　布局方案评估表

评价标准	权重	方案一	方案二	方案三	方案四
安全和人机功效	10	5	5	7	9
物料流动	9	1	3	9	9
行走距离	6	1	1	9	9
空间利用	2	1	3	7	9

（续）

评价标准	权重	方案一	方案二	方案三	方案四
物料可获得性	5	3	3	7	7
可扩展性	2	7	7	7	7
投入成本	6	7	3	3	3
维修方便性	7	7	7	7	7
调整灵活性	1	3	3	3	3
总和		187	185	335	359

权重:1~10代表影响程度由低到高。
打分规则:
9:非常好
7:好
3:一般
1:差

方案四为典型的U型布局（见图3-16），该布局的优点在于：

① 持续的物料流动。

② 缩小了工作区域的面积。

③ 消除了操作者的行走距离。

④ 缩小了在制品的放置空间。

⑤ 岗位人机功效的改善。

3）模型制作。在选择最优方案后，接下来的工作是按照布局方案制作实物模型并进行模拟，以便对方案进行进一步改进。为了实现模拟与现场操作的匹配，需要制作与实物等比例的模型。模型的制作方式有两种：一种方式是三维立体模型法，就是按照工作台、机器、物料架等实际尺寸制作成实物模型；另一种方式是二维模型法，是按照工作台、机器等实际的占地面积制作成二维平面模型。2P模拟制作模型的最低要求是平面模型，根据经验，如果有条件最好制作立体三维模型进行模拟，从而最大程度符合现场实际状况。图3-17是对方案四的现场模型制作的情景展示图。

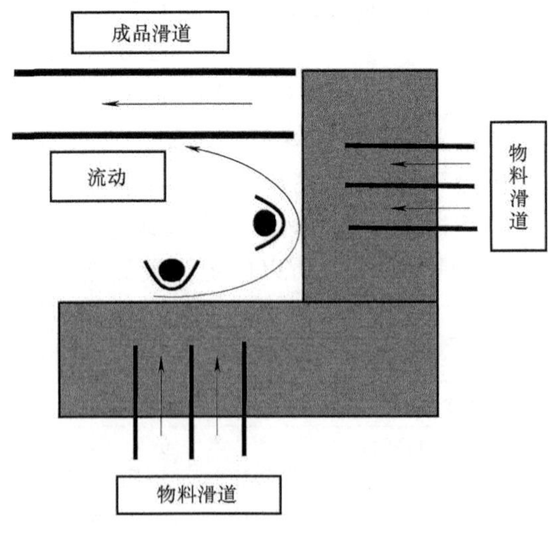

图3-16 U型布局

模型完成之后，需要选择与实际生产面积相同的区域，将制作好的模型放在该区域，以便观察方案布局的可操作性以及对周围工序的影响等；另外，同时要对工装、工具、文件等辅助物品进行等尺寸的模型制作，遵循布局设计提到的“易于拿取”、“5S”、“美观性”等基本原则对其进行布置。

在模型制作阶段，除了制作实物模型外，还需要准备时间观察表、计划达到的工作平衡图（BOC）、FMEA 等相关文件。

4）模拟和再调整确定最终布局方案。模拟和再调整无疑是最重要的阶段。模型大概需要 1~2 天就可以完成，然后进入实际的模拟操作阶段，这个过程需要持续大约一到两周的时间。这时要邀请操作者进行实地操作，在操作过程中，仔细进行观察，对工作台的高度、物料的摆放位置及移动、工具的使用、操作者的走动距离、双手的动作幅度、拿取等进行评估。在反复调整过程中，要不断进行时间观测和记录，重新绘制工作平衡表，与最初的作业平衡表进行比较，看是否实现了最初设想的状态甚至比最初的计划更加优化。

最初组装线方案四的布局如图 3-16 所示。小组成员讨论通过调整周转箱的大小和高度来转移和控制工序间在制品的数量，并同时减少操作者拿取的动作浪费。随着模拟的进行，小组成员通过改进，最后确定在工序间增加合适宽度的滑道来代替周转箱，这样操作者放置零件的时间从 2 秒降低到 1 秒，如图 3-18 所示。另外，所有的物料通过物料滑道，其位置正好是员工容易拿取物料的合适位置点（Point of use），所以，拿取物料的时间缩短。

图 3-17 2P 现场模型制作情景展示图

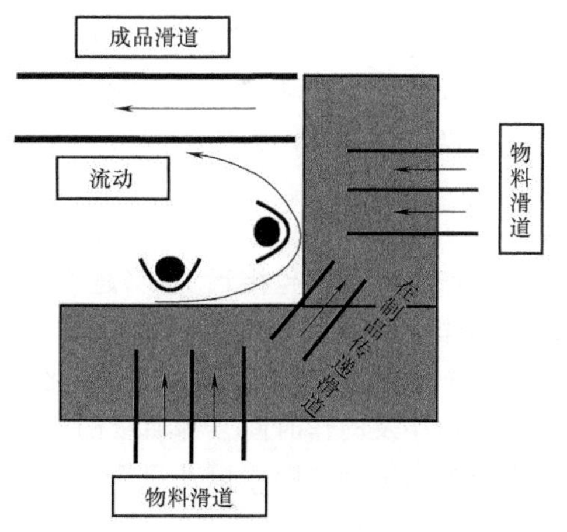

图 3-18 改进后的组装布局图

经过反复模拟，最终对每个操作者的动作进行时间观测，最后得到新的作业平衡图，如图 3-19 所示。在作业平衡图上放置两条 TT 线，分别代表当前价值流图和将来价值流图的客户节拍（实际应用中也可以代表淡季和旺季）时间，然后通过与工序的最长周期时间比较，判断 2P 改善的最终效果。对于组装工序，改善后的周期时间可以同时满足现在和将来客户节拍时间，完全达到了预期的效果。

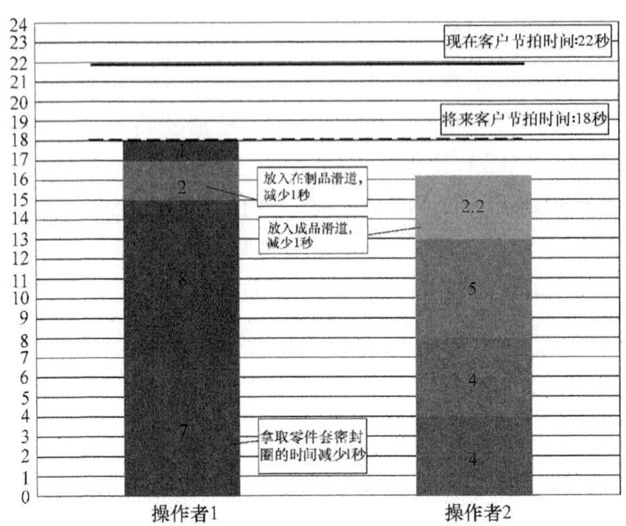

图 3-19　经过布局模拟之后的作业平衡图

（3）计算整个装配线的线平衡　单元设计中介绍了生产线平衡率的概念和公式，现在计算改进后 BB-A1 组装工序的线平衡率：

$$生产线平衡率=\frac{\sum 动作时间}{操作者人数\times 最长的动作周期时间}$$

其中，操作者 1 的动作周期时间为 18 秒，操作者 2 的所有动作周期时间为 15.2 秒，所以，最长动作周期时间为 18 秒。因此得到：

$$生产线平衡率=\frac{18+15.2}{2\times 18}\times 100\%=92\%$$

生产线平衡率越接近 100%越好，因此要不断缩小每个作业者动作周期时间和最长动作周期时间之间的差距。

（4）确定其标准化作业　标准化作业是对操作者操作动作的规定，其目的是规范作业顺序及动作时间，为后续的改善提供基础。标准化作业的制定一般包含 3 个基本要素：①动作顺序以及每个动作的周期时间；② 客户节拍时间；③工序间在制品的最大数量。

BB-A1 产品组装标准化作业指导书见表 3-7。

在标准化作业中，把所有操作者的动作时间相加，得到该作业工序的动作总时间，这个时间是计算工序所需操作者的基础。

操作者人数=总的工序周期时间/节拍时间

对于 BB-A1 组装工序，操作者人数（基于当前价值流图）= 34.2/22 = 1.55，说明两个操作者有一定的空闲；操作者人数（基于将来价值流图）= 34.2/18 = 1.9，说

表 3-7 BB-A1 产品组装标准化作业指导书

标准化作业		部门	BB-A 价值流	工作地点			编号 ××× 版本 A0 日期 5/30/2015
节拍时间	22 秒	产品类别	BB-A 系列	编制	XYY	操作人数	流程图/布局图
循环时间	18 秒	产品#	BB-A1	批准	ZX	2	

关键点	过程库存	安全及人机功效	质量检验	防错装置

步骤号	工作步骤	动作时间/秒	行走时间/秒	关键点
1	拿取零件、密封圈，并检查外观后将 O 形圈套在零件上	7		检查产品外观质量
2	套上螺母并穿入钢丝	8	0	
3	检查螺母是否转动	2	0	放入滑道时要适当用力，确保产品滑到下一工序
4	将完成的半成品放入滑道	1	0	
5	将上盖套到螺母上	4	0	
6	将下套套在零件的槽部	4	0	在扣押机动作的时候，同时开始第 5 步
7	放入扣押机	5	0	
8	称重包装后放入成品滑道	2.2	0	1. 每次将产品放入包装盒中 2. 每 10 个产品会进行包装，并整盒滑入滑道 3. 包装时，装配 1 和装配 2 的中间在制品最大为 3 个
总时间		33.2		

个人防护用品	安全眼镜	安全鞋	手套	耳塞	围裙	套袖				循环时间
										18 秒

明两操作者几乎没有空闲，因为最长的工序周期时间（CT = 18 秒）和客户节拍时间（将来价值流图的 TT = 18 秒）相等。

另外，将工序的最长周期时间写在标准化作业中，可以了解工序实际生产节奏与客户节拍的匹配性。

（5）方案的最终现场实施　经过反复模拟，最终的方案确定后，就进入方案实施阶段。在实施的过程中，水、电、气的布置非常重要，要按照单元布局的设计原则使用掉拉方式进行排布。

布局改进中，要考虑安灯系统的实施，操作者通过安灯系统，实现物料质量异常、配料缺料、设备异常等的及时报警，这样可以实现操作者不需要离线就可以通知专人马上处理和解决异常状况。

5. 2P 的质量关注

在精益改善中，涉及布局调整、流程变更，必须按照质量管理体系中的变更控制要求进行管理；涉及客户生产件批准程序（Production Part Approval Process，PPAP）的要求，则需提交相关的资料通知客户。这个过程经常被忽略，所以要关注改善中变更的管理，保持过程的受控状态。

人机联合作业工序的流动

加工工序是由人工操作机器，那么，如何对这种人机联合作业的加工工序进行流动设计呢？现在让我们和团队一起，进入对加工工序的精益改善活动中。

1. 人机联合作业的时间观测

在加工工序中，加工 BB-A 系列产品的设备总共有 16 台，4 个工人，每人操作者操作 4 台设备。因为 BB-A1 产品需要两端加工，所以，一组（两台）设备每次产出一个产品。例如，设备 01 和设备 02 为一组，设备 03 和设备 04 为一组，理论上每个循环的周期时间可以同时产出 2 件产品，如图 3-20 所示。

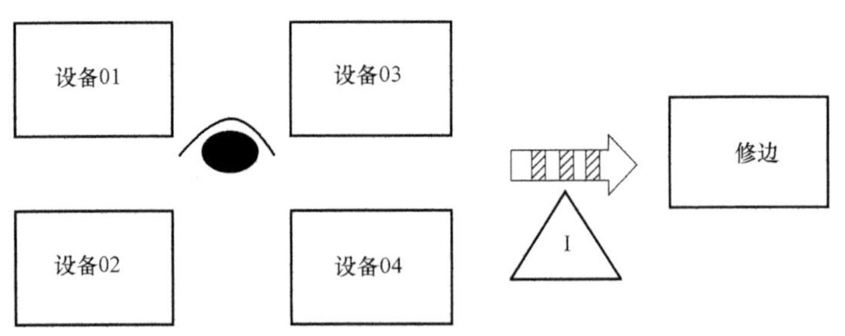

图 3-20　加工工序及修边工序的布局图

改进小组团队在现场进行时间观测的过程中，将发现的问题和了解到的情况进行了汇总：

1）操作者在操作机器的过程中动作重复性差，没有固定的行走路线。

2）操作者装夹原材料、取下成品以及检验的动作先后顺序没有固定，每次的动作时间差异较大。

3）加工后的产品，放在固定区域，由下一工序进行去毛刺处理，现场领班和操作者给出如此安排的理由是：①在加工的过程中，操作者既要操作机器，又要测量产品尺寸，再加上去毛刺，操作者忙不过来，因此很难保证产品外观质量；②质量部门曾经强烈建议加工和去毛刺分开进行，因为大家认为由专人处理毛刺更加易于保证质量；③工人和机器都有较长的等待时间。

之后，小组根据现场观测的情况，与操作者重新确定行走路线，如图 3-21 所示。操作者从设备 02 开始，拿下加工后的产品，然后装夹毛坯料，开启设备 02 自动运行，操作者手持设备 02 加工后的产品，行走到设备 01，拿下加工后产品并装夹 02 加工后的半成品，之后行走到设备 04，再行走到设备 03，重复和设备 02、01 同样的拿取和装夹动作。因为产品的一端在设备 02 和设备 04 的加工时间分别为 120 秒，另一端在设备 01 和 03 的加工时间分别为 110 秒，所以，装夹物料时，优先装夹加工时间较长设备的物料。为了保证时间观测的有效进行，小组团队成员又对操作者拿取物料的动作、夹持方式、检验方法等进行了标准动作培训。

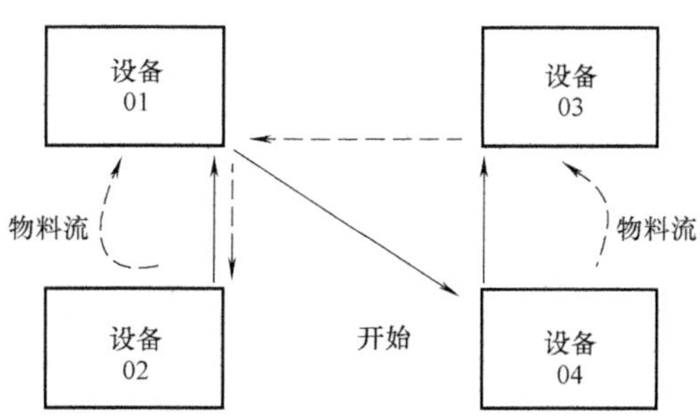

图 3-21 改进后加工工序操作者行走路线示意图

根据新的行走路线和确定的基本动作标准，小组成员最终完成加工工序的时间观测，并得到了人机联合作业表，见表 3-8。

从人机联合作业表中可以看到，操作者的手动时间加行走时间共 100 秒（88 秒+12 秒），而节拍时间是 144 秒（图中的竖直粗线代表调整后的节拍时间位置。对于多台设备的情况，调整后的节拍时间是用设备台（组）数乘以实际节拍时间，此例中计算为 18 秒×8＝144 秒），所以，操作者完成所有动作后，距离节拍时间还有 44 秒，完全是操作者等待的时间；根据另外成员进行的时间观测数据，去毛刺的周期时间是 16 秒，从理论角度计算，实现在线去毛刺是完全没有问题的。

接下来，小组成员进行了一系列的改善工作：

表 3-8　人机联合作业表

					时间	2015. 5. 30	编号:××	版本:A1
过程名称:BB-A 产品加工		工位:加工工序			动作周期时间/秒	88	节拍时间/秒	144
					编制		批准	
动作编号	工作要素	时间/秒			手动时间	机器时间	行走	等待
		手动	机器	行走				
1	设备 02 上下料,起动设备 02 自动运行	10.0	120.0					
2	移动到设备 01			2.0				
3	设备 01 上下料,起动设备 01 自动运行	10.0	110.0					
4	移动到设备 04			4.0				
5	04 上下料,起动设备 04 自动运行	10.0	120.0					
6	移动到设备 03			2.0				
7	设备 03 上下料,起动设备 03 自动运行	10.0	110.0					
8	03 设备加工后产品测量	24.0						
9	移动到设备 01			2.0				
10	03 设备加工后产品测量	24.0						
11	移动到设备 02			2.0				
12								
13								
14								
15								
16								
17								
18								
19								
20								
21								
	总时间	88.0		12.0				

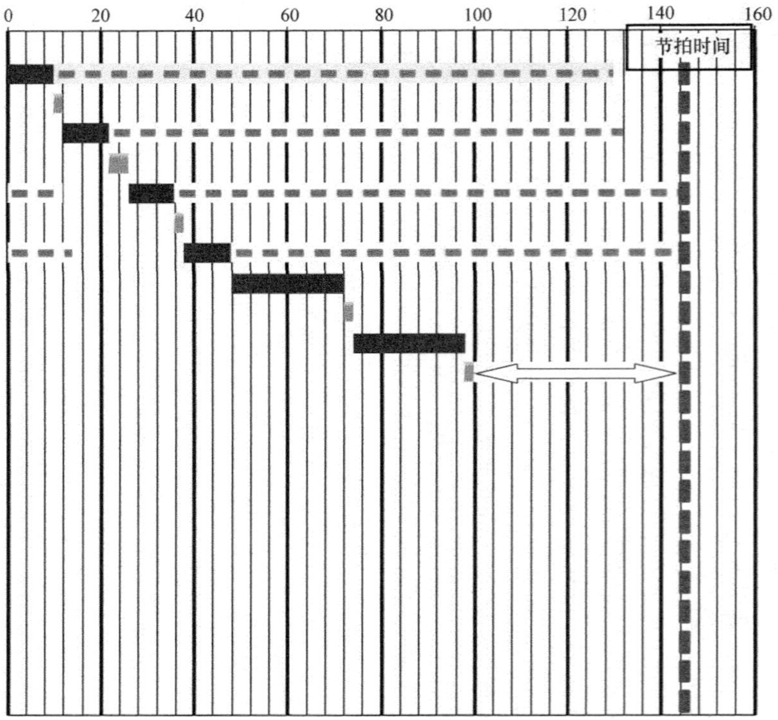

1）设备 01 和设备 03 机器旁边放置合适的工作台放置去除毛边工装及工具。

2）安装靠重力可以滑动物料的物料滑道，滑道分为二层，一层用来放置待加工物料，一层用来放置成品，滑道的容纳量为 1 小时的用量。

3）设置专人（水蜘蛛）按时配料和收取去除毛边后产品，避免操作者离开工作岗位领料和运送加工后的产品。

之后，小组成员再次进行时间观测，并重新得到改进后的人机联合作业表，见表 3-9。通过改进后的人机联合作业表可以看到，加上去毛刺动作时间为 16 秒，操作者总的动作时间和行走时间为 132 秒，仍然满足节拍时间的要求。所以，去毛刺的工作完全可以由加工操作者完成，加工后产品就不需要等待下一班次由专人处理。

2. 标准化作业

完成人机联合作业表后，为了实现操作者的标准操作和持续性，和组装工序一样，同样需要制定标准化作业，指导操作者以及作为后续改进的基础。

在制定标准化作业时，同样需要三个要素，即客户节拍时间（TT）、作业顺序及其动作周期时间（CT）、工序中间在制品的最大数量。

表 3-10 是加工工序的标准化作业，对其部分内容略做解释。

1）左上角的节拍时间是调整后的节拍时间。

2）中间偏右下角的总时间是指操作者手工动作时间的总和，这个时间不随机器的自动运行时间而变化。

3）右下角的工序周期时间，表示加工一件产品所需的时间，是工序中最长的机器加工时间和设备开始启动需要的动作时间之和。对于 BB-A1 产品，设备 02 加工零件的一端需要 120 秒，再加上开始启动设备 02 的动作时间 10 秒，等于 130 秒，所以，130 秒生产一件产品，同样对于设备 04 和 03 也是每 130 秒生产一件产品。

4）其他动作和行走时间都可以在设备运行期间完成。

5）人机联合标准化作业应该和人机联合作业表共同使用。

3. 工序产能计算

工序的周期时间是计算工序产能的基础数据，不同的产品，机器自动加工的时间不同。同时，由于生产不同产品需要不同的工装、夹具以及刀具等，这就涉及产品之间的切换，这个切换的时间就是所谓的换型时间，所以，每次换型所生产的批量和工序的循环时间最终决定工序的产能。表 3-11 列出了 02/01 组和 04/03 组生产不同产品的工序产能。在实际应用中，由于生产产品的型号可能非常多，如果人工动作的时间不同，需要制作不同的标准化作业，如果人工的动作时间相同，只是机器的加工时间不同，则不需要重新制作标准化作业，只要将机器的加工时间使用列表的形式进行统计，然后计算其工序循环时间，再根据换型时间和每次生产的批量就可以计算其每小时或每班次的工序产能。

表 3-9 改进后的人机联合作业表

过程名称:BB-A 产品加工		工位:加工工序		时间	2015.5.30	编号:××	版本:A2
				动作周期时间/秒	120	节拍时间/秒	144
				编制		批准	

动作编号	工作要素	时间/秒 手动	时间/秒 机器	时间/秒 行走
1	设备 02 上下料,起动设备 02 自动运行	10.0	120.0	
2	移动到设备 01			2.0
3	设备 01 下上料,起动设备 01 自动运行	10.0	110.0	
4	移动到设备 04			4.0
5	04 上下料,起动设备 04 自动运行	10.0	120.0	
6	移动到设备 03			2.0
7	设备 03 下上料,起动设备 03 自动运行	10.0	110.0	
8	对设备 03 加工后产品进行测量	24.0		
9	对设备 03 加工后产品进行毛边去除	16.0		
10	移动到设备 01			2.0
11	对设备 01 生产的产品进行尺寸测量	24.0		
12	对设备 01 加工后产品进行毛边去除	16.0		
13	移动到设备 02			2.0
14				
15				
16				
17				
18				
19				
20				
21				
	总时间	120.0		12.0

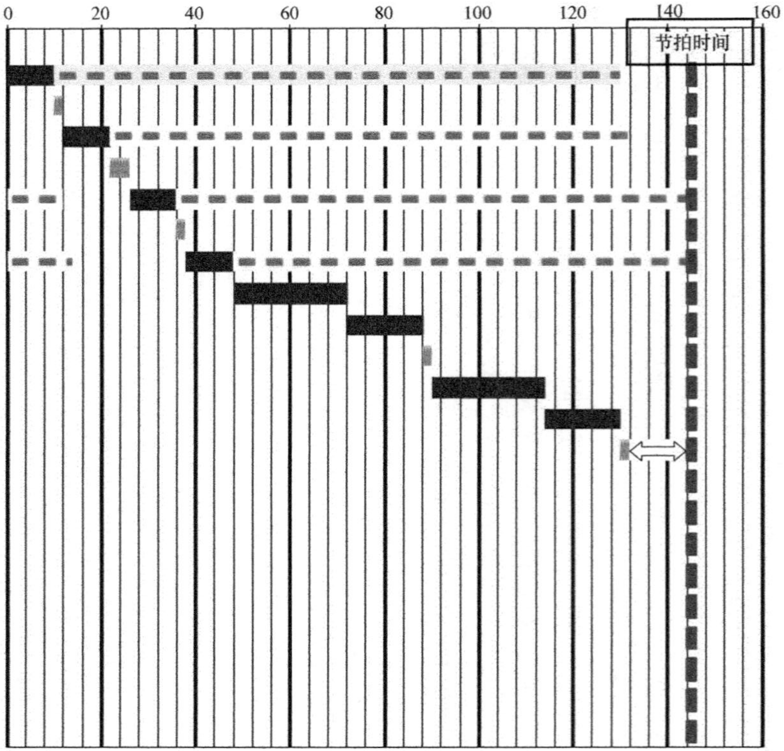

表 3-10 人机联合标准化作业

标准化作业表格		部门		工作地点			编号	×××	版本	A2	日期	2015. 5. 30
		区域名称					流程图/布局图					
操作类型		工序				操作人员人数						
BB-A1 产品加工		加工工序		编制		1						
节拍时间	144 秒	产品类别		审核		操作人员编号						
工序周期时间	130 秒	产品#	BB-A1	批准								

关键点	过程库存	安全及人机工程	质量检验	防错装置

步骤号	工作步骤	动作时间/秒	行走时间/秒	关键点
1	设备 02 上下料，起动设备 02 自动运行	10		拿取加工后半成品，待转移到下一工序
2	手持半成品，移动到设备 01 工序		2	
3	取下设备 01 加工的成品，安装 02 加工后的半成品，起动设备 01 后自动运行	10		完成加工后产品为：1 件等待测量和去毛边
4	移动到设备 04		4	
5	设备 04 上下料，起动设备 04 后自动运行	10		拿取加工后半成品，待转换到下一工序
6	移动到设备 03 工序		2	
7	设备 03 上下料，起动设备 03 后自动运行	10		
8	设备 03 加工后产品进行尺寸测量	24		
9	设备 03 加工后产品进行毛边去除	16		
10	移动到设备 01		2	完成加工后产品为：1 件等待测量和去毛边
11	设备 01 生产的产品进行尺寸测量	24		
12	设备 01 生产的产品进行毛边去除	16		
13	移动到设备 02		2	
14	设备 02 机床自动运行时间	120		不计入动作总时间中
15	设备 01 机床自动运行时间	110		不计入动作总时间中
16	设备 04 机床自动运行时间	120		不计入动作总时间中
17	设备 03 机床自动运行时间	110		不计入动作总时间中
	总时间	120	12	

个人防护用品	安全锁	安全眼镜	安全鞋	手套	耳塞	围裙	套袖		工序周期时间
									130 秒

设备01 工作台 ④ 工作台 设备03
① ⑤ ② ③
设备02 开始 设备04

表 3-11　工序产能表

步骤号	流程描述	机器编号	基准时间				工具				备注/显示时间
			A	*B*	*C*	*D*	*E*	*F*	*G*	*H*	
			走动时间	手动任务时间	自动运行时间	完成所需时间（*B*+*C*）	每次变更件数	变更所需时间	时间/件数（*F*/*E*）	每小时生产能力[3600/（*D*+*G*）]	
1	BB-A1	02/01	2	10	120	130	100	3600	36	21	
2	BB-A2	02/02	2	10	120	130	110	3600	33	22	
3	BB-A3	04/03	2	10	125	135	80	3600	45	20	
4	BB-A4	04/03	2	10	125	135	90	3600	40	20	
5	BB-A5	04/03	2	10	130	140	40	3600	90	15	

如何处理必须批量生产的工序？

由于加工后的产品需要进行表面处理，而表面处理的时间为 16 小时，所以不可能实现单件流动。对于类似表面处理这样的工序，以及热处理、老化，冷却等工序，为了确保整个价值流的整体流动，可以通过以下方式处理：

1）设置先进先出通道，如图 3-22 所示。

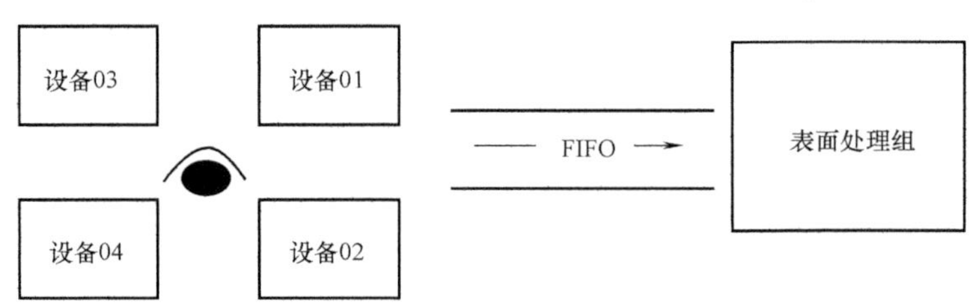

图 3-22　表面处理工序的先进先出模式

通道的宽度由处理的产品类别决定，而其长度与中间在制品最大数量有关。关于先进先出在情景 2 中作过介绍，在批量生产的工序，先进先出可以理解为以一个尽可能小的量（由生产批量工序的最小量决定）的流动模式。对于使用先进先出模式，必须控制在制品最大数量。

图 3-23　表面处理的 FIFO 通道

2）建立异常报警机制并及时升级，以便快速解决问题。

3）设立例外处理规则，如紧急订单需

要打破原有顺序规则。

4）寻找可以实现单件流动的处理方式。例如，通过技术改进，实现生产批量向生产最小量甚至单件转化，但需要很长的时间，并成为停止改善的借口，所以，提倡使用小而灵活的设备、工装等精益方法实现。

BB-A 系列产品表面处理 FIFO 通道设置如图 3-23 所示。

物料出入库管理和 ERP 系统处理

在小组不断进行精益活动的过程中，遇到一些新问题，让大家争论不休。例如，之前几乎所有的物料、半成品必须首先进入原材料仓库或半成品仓库，并办理入库手续，当下一工序领用时再办理出库手续，各环节所涉及的相关数据还要输入 ERP 系统，这样财务部门才可以适时掌握中间环节的库存水平，并进行成本核算。随着精益的开展，物料由水蜘蛛按时配料，如果仍然按照以前的模式进行出入库，很难实现按照配料频次准时配料。但如果不入库，财务部门又认为库存准确性和成本控制出现问题。

以上情况，许多企业在推行精益的过程中经常遇到，对于 MRP 系统和仓库物料的处理原则如下：

1）为了过程流动的顺畅，尽量减少仓库的设置。

2）必须设置仓库时，要打破传统封闭式仓库的管理模式，由敞开式超市代替，价值特别高的物料可以设置专门仓库并由专人管理。

3）通过前面提到的 FIFO 区域设置最小量，避免仓库设置。

4）对于因批量生产方式而设置 FIFO 模式的后续工序，需要设置超市抵消前一工序较长的生产时间，以确保整个生产线的流动。

5）与过程中间环节相匹配，同时减少 ERP 系统 BOM 设置的层级，减少中间环节通过 ERP 进行的收料、投料系统输入动作。因为其成本形成的增值过程由系统中的工艺路径时间决定，只要工艺确定，路径就是固定的，所以，并不影响其整个成本的核算。

6）尽可能取消和减少中间物料领用手续和投料动作，如果可以利用条码扫描方式，实现完工后产品自动入库以及上层 BOM 物料自动倒冲投料。

车间布局的整体优化

在精益改善的活动中，必然会经历从传统生产方式向单元化生产方式改进的过程，这就一定会涉及生产车间布局的调整，如 BF 公司对组装工序改善时进行的单元布局调整。当然，随着精益工作的整体推行，车间布局的改进不仅仅局限于某一个生产单元，而是涉及整个车间的布局调整。

一种比较简易的做法是，先用CAD软件按照比例绘制车间布局图并打印（可以复印多张），然后将布局图中的各个生产单元，包括设备、仓库或超市等模块剪下来，通过头脑风暴法对生产布局进行不同的“二维模型”组合；另外一种比上述方法稍微复杂一点但更加直观的方法叫做“沙盘模拟法”，就是按照比例制作设备、仓库货架、运输工具、目视化看板以及重要辅助器材等的三维模型，将这些模型放在同样比例的工厂区域内，形成整个工厂的沙盘模型，如图3-24所示。两种方法都可以很方便地设计、调整和观察布局，然后使用“意大利面条图”分析物料、信息的流动情况。

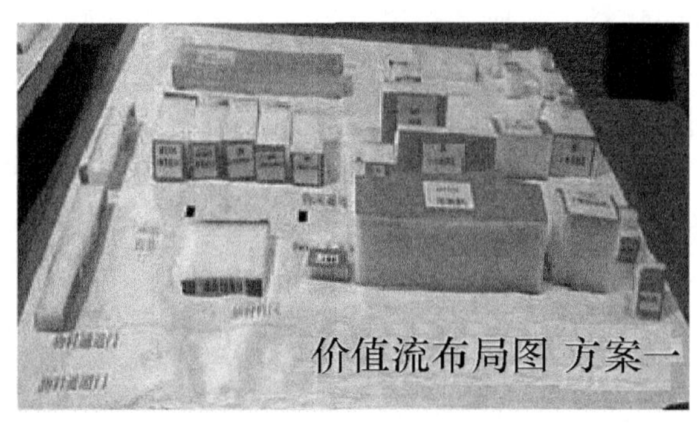

图3-24　车间布局沙盘模型示意图

“意大利面条图”是用来对过程中物流、人流以及信息流进行分析的一种工具，由于绘制出来的图形由一条条曲线组成，其形状非常像一盘面条缠绕在一起，所以取名为“意大利面条图”。

“意大利面条图”是一种非常实用的工具，可以为我们提供很多有用的信息。它主要关注资源（比如产品、信息）在过程（生产过程、仓库以及整个工厂的其他地方）中的实际物理路线。

通过头脑风暴法我们一定会得出多个车间布局的组合，然后采用权重分析法对这些方案进行打分评估，这时多功能小组可以根据所掌握的工艺流程在不同的方案上绘制“意大利面条图”，帮助我们对不同方案做出合理的判断和打分，然后从中选出分数最高的前2~3个最优方案，接下来再通过2P方法确定最优方案。

图3-25是根据BF公司吕新管理的价值流车间目前状态所画出的意大利面条图，可以看到其中物流流动路线，确实可以发现因布局不合理而造成许多浪费，例如，原材料检验室离原物料太远造成行走浪费；各种物料来回出入仓库造成搬运浪费等。

图3-26则是从7个方案中选择出来的最优的未来车间布局图，从原材料、过程到成品，整个布局呈U型，物料的流动顺畅，没有来回的物料交叉。

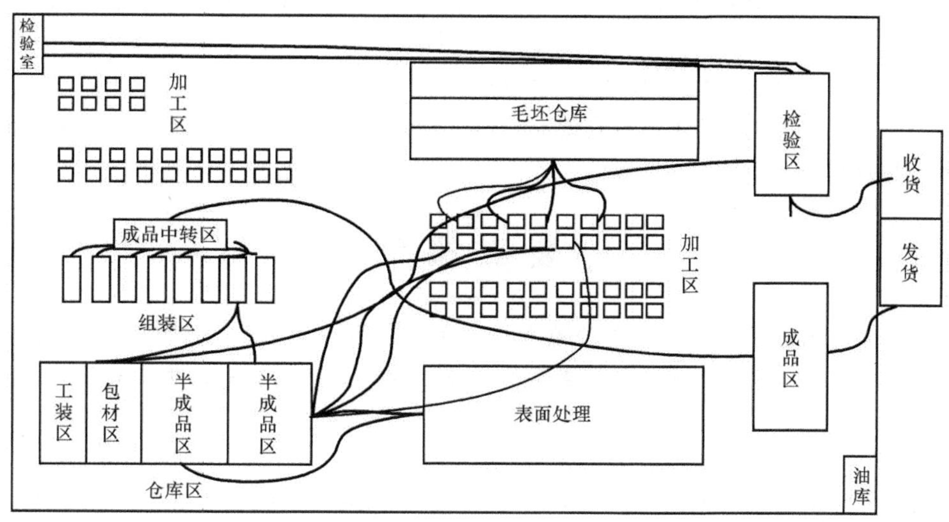

图 3-25 当前车间的整体布局图

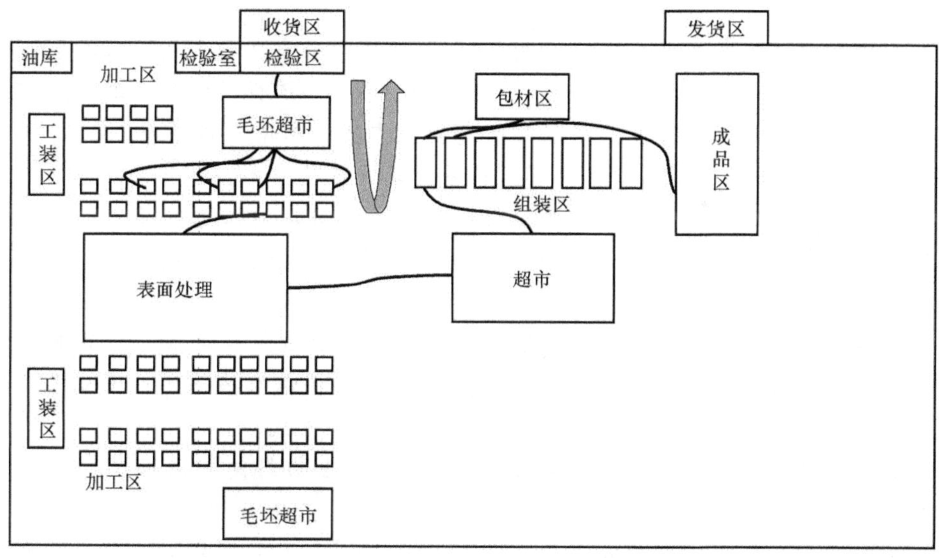

图 3-26 将来车间的整体布局图

车间布局的原则

1）考虑布局的整体性和系统性。

2）以精益所倡导的流动为优先原则，实现物流、人流、信息流的顺畅、无障碍流动。

3）既要关注宏观布局，又要考虑微观布局，如空间、通道、仓库面积、维修方便性等。

4）关注安全、环境以及舒适、美观性。

总之，布局的设置无法做到绝对合理，但是可以通过精益的方法，以减少和杜绝浪费为原则而使之更加合理。

要点梳理

1. 通过现场观察找到明显的浪费，利用“快速改善法”消除这些浪费，然后找出真正的工作要素，对这些可重复的工作要素进行时间观察，确定真正的工序周期时间；通过绘制操作者的作业平衡图来判断作业者之间工作的平衡性以及和节拍时间之间的差距。

2. 进行单元化生产设计的原则：首先按照产品家族的分类方法，对组装工序进行进一步分类，确定不同生产单元，然后进行单元作业人数和生产线平衡率的计算。同时，需要按照布局原则、物料配送原则、设备选择原则等一系列原则进行单元化生产设计。

3. 产品和过程准备叫做3P，其中把只涉及生产准备的过程称为2P。利用2P进行单元化生产布局设计的步骤是：建立小组→制定2P行动计划→2P计划实施。2P实施的关键点是：通过头脑风暴法制定初步方案；利用“权重分析法”找出优选方案；模型制作、模拟改善和再模拟；最后确定最优方案。

4. 对于人、机联合作业的工序，通过时间观察决定对工序的整合，消除阻碍工序间物料流动的因素。人、机联合作业表以及标准化作业是作业者的操作标准，并基于作业标准计算工序产能。

5. 如何在表面处理、热处理等批量生产工序实现近似连续流？设置先进先出（FIFO）通道；建立异常报警机制并及时升级，以便快速解决问题；设立例外处理规则；进行工艺改进，寻找可以实现单件流动的处理方式。

6. 在实现连续流的过程中，要简化ERP系统中物料的中间环节和出、入库手续。

7. 车间布局整体优化的方法：利用“二维模型”、“沙盘模拟法”、“意大利面条图”以及2P方式选择最优布局，并基于车间布局原则进行实施。

情景 4

理解价值流的拉动——“拉动”就是“去库存”

在连续流的精益原则指导下，吕新和团队一起在组装工序、加工工序进行了很多的精益改善，接下来的工作就是在无法实现流动的工序间实施拉动，建立整个价值流的无间断精益生产模式。

当初在讨论将来价值流图时，大家对拉动、看板和超市的概念还非常陌生，肖老师这样解释：“当初大野耐一参观美国的超市后，得到启发而提出拉动式的生产方式。那么，现在举一个生活中的例子：假如超市有 20 箱方便面，如果每天客户恰好需要 20 箱，那么当客户拿走这些方便面后，第二天再及时补上。这仅是非常理想的状态，在现实生活中，这种情况几乎不可能发生。但是我们可以根据实际的客户需求情况，定义一个补货触发点，例如，当方便面被拿走 15 箱时，立刻通知配货人员补充 15 箱，这就是拉动的概念；超市消耗的信息通过条码扫描实现，假设没有条码，在每箱方便面上放置一张卡片，每消耗一箱方便面就释放一张卡片，当累计到 15 张卡片时，代表补货，这些卡片就是所谓的看板；例子中方便面的补货模式就是基于客户需求的拉动方式。”

听了肖老师的解释，又经过多次讨论和不断学习，大家终于初步理解了看板拉动实施的原理以及其中超市所扮演的角色。在这样的认知基础上，经过反复的讨论，大家对于在哪里建立超市也终于达成一致，如图 4-1 所示。

1）考虑到客户需求的波动以及交货及时性，建立成品超市。

2）由于表面处理工艺的特殊性，机加工后的产品在该工序只能实现 FIFO，不可能是单件流。

3）为了抵消表面处理工序处理时间长的因素影响，需要在该工序后建立超市，这样组装工序在装配时，水蜘蛛可以直接从超市为其配料。

4）加工工序之前设置毛坯超市。

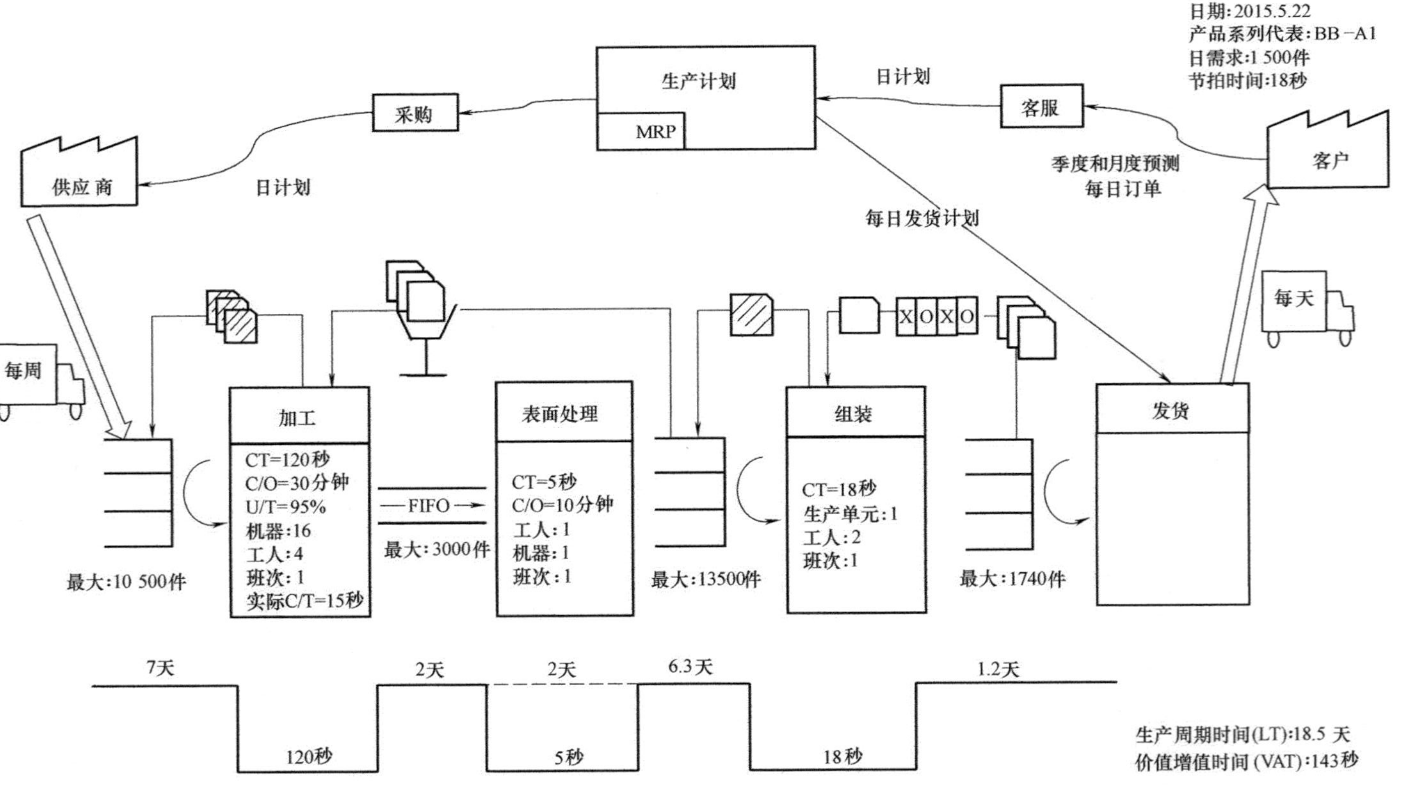

图 4-1 BB-A 价值流的将来价值流图

哪里设置超市的问题清楚后，当真正开始实际工作时，又感觉无从下手，吕新和大家讨论后，汇总以下几个问题：

1）究竟哪些产品要建立超市？

2）产品超市的数量如何进行计算呢？

3）看板到底是如何实施和运作的？

4）如何管理超市并和ERP系统进行结合呢？

拉动的目的就是消除库存浪费

1. 库存是最大的浪费

精益生产中的支柱之一——“Just in time”即“准时化生产”的含义就是“刚刚好”的意思，也就是在生产者或客户恰好需要时可以得到正好数量的供应，时间不早不晚，数量不多不少。由此，我们可以知道，准时化生产所追求的就是最低甚至“零”库存，而这种状态的实现是基于“客户”的实际需求，然后由客户需求来驱动上游生产，从而实现库存最低。

丰田生产模式的创始人之一大野耐一先生说：“在业务中没有比过度生产更浪费资源的了。”因此，库存浪费是七大浪费之首，有的人甚至说“库存是万恶之源”，因为它会掩盖许多问题，从而失去解决问题的动力和急迫性。所以，不难理解“准时化生产”为什么会成为丰田生产模式的支柱之一，它的目的其实就是消除库存浪费，与2015年政府提出的“去库存”概念不谋而合。

2. 价值流拉动系统超市

尽管库存越少越好，但是由于需求波动、换型、交货周期、批量生产、工序间生产周期时间（CT）不匹配以及质量等各种原因，又不得不需要一定合理数量的库存，在拉动系统里，这些库存通常被称为超市。超市的作用就是起到缓冲需求波动、平衡生产和减小过程异常影响的作用，从而保证准时交货，如图4-2所示。

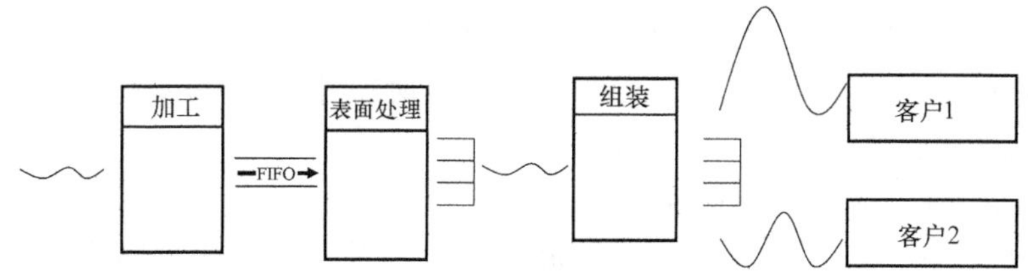

图4-2 超市对需求波动的缓冲作用

和日常生活中所见到的超市一样，它具备以下几个显著特点：

1）客户可以随时方便地拿到想要的产品。

2）根据产品的消耗情况，及时进行补充。

3）有固定的存放位置，标识明确。

4）有数量的限制。

5）超市内的型号种类和数量大小不是一成不变的，而是随着客户需求的变化进行周期性的调整。

6）超市仍然是库存，只是“受控”而已，所以同样需要持续优化达到超市数量“最小化”。

但是，对于价值流来说，并不是所有的产品都需要建立超市。在拉动系统里，只对那些需求量较大、波动较小的产品通过拉动方式进行拉动管理，使超市的库存量维持在一个合理的水平。

从确定库存策略开始

在情景 2 中，曾经提到按照超市生产（Make to Supermarket）和按照订单生产（Make to Order）两种成品策略。下面就来看如何确定和选择成品策略，并由此推而广之到半成品、原材料等物料的库存策略。

ABC-XYZ 分析矩阵法是根据需求对物料（无论是成品、过程产品或者原材料以下统称为物料）进行分组归类的分析方法。使用该分类法的目的就是对物料进行分类，从而决定不同的策略。ABC-XYZ 分析矩阵法从纵轴和横轴两个维度来对物料特性进行分析。应用 ABC 分类法将纵轴分成 A、B、C 三个区域，分别表示物料需求数量的不同特性；同样，应用 XYZ 分类法将横轴分成 X、Y、Z 三个区域，分别表示物料需求波动的特性。这样就得到 3×3 的 9 格矩阵图，物料根据自身特性分别落在这几个区域之内。

（1）ABC 分类法的原理　ABC 分类法（Activity Based Classification）是基于帕累托图的 80/20 原则，它被广泛应用于日常管理当中，其核心思想是在众多复杂的因素中找出对事物起决定作用的关键因素。同样，在库存管理中，应用 ABC 分类法可以对物料进行分类，找出那些需要重点关注的物料。

A 类物料的种类占全部物料种类的 10%左右，而其数量占全部物料总数量的 80%左右；B 类物料的型号种类占全部物料种类的 20%左右，其需求量大概占全部物料总数量的 15%左右；C 类物料种类占全部物料种类的 70%左右，而数量只占全部物料总数量的 5%左右，如图 4-3 所示。

（2）ABC 分类的方法和步骤

1）收集数据。以月为单位，收集价值流所涉及物料的年度需求数据，整理成相应的表格。通常通过 ERP 系统，很容易就可以获得相关物料的需求数据，例如，对于成品，可以以成品发出仓库的数据作为需求量，对于过程物料以及原材料可以以工单投料作为需求量。

2）计算整理。ERP 导出的数据形成 Excel 表格，然后对数据进行处理。注意对每个型号的年用量进行累计计算并从大到小进行排列，然后根据累计数量计算累计百分数。

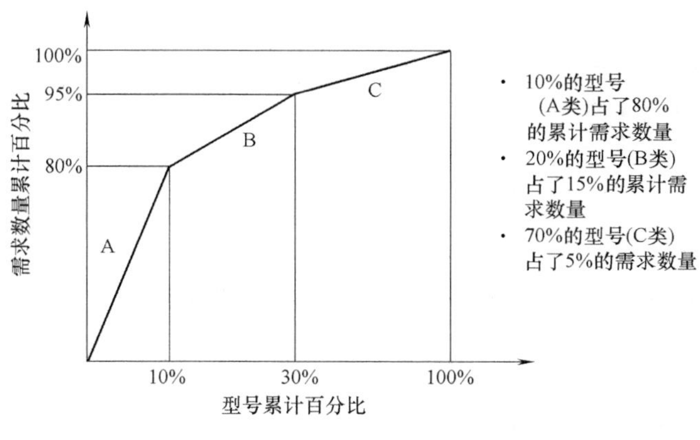

图 4-3 ABC 分类法

3）ABC 分类法。根据分类标准，进行 ABC 分类。如果将累计百分数达到 70%～80%时所覆盖的型号定义为 A 类；将累计百分数达到 80%～90%时所覆盖的型号定义为 B 类；而将累计百分数达到 90%～100%时所覆盖的型号定义为 C 类，见表 4-1。需要说明，百分比只是一个通常的建议数字，并无严格的划分标准和规定，实际操作可以根据实际情况进行一定的调整。

4）XYZ 分类法。XYZ 分类法是基于物料的需求波动进行的一种分析方法。每一种物料的需求都是有波动的，所以，使用 XYZ 分类法将物料分成 X、Y、Z 三类，其中，X 类为波动较小的物料，Y 类次之，Z 类的波动最大。

波动通过波动系数来反映，波动系数 CV（Coefficient of Variation）用物料需求的标准差与物料需求均值的比值表示，其公式为

$$\mathrm{CV}=s/\overline{x}$$

$$s=\sqrt{\frac{\sum_{i=1}^{n}(x_i-\overline{x})^2}{n-1}}$$

$$\overline{x}=\frac{\sum_{i=1}^{n}x_i}{n}$$

当 CV≤0.5 时，该物料为 X 类；当 0.5<CV≤1 时，该物料为 Y 类；当 CV>1 时，该物料则为 Z 类，见表 4-2。

ABC-XYZ 分类的方法不仅适用于成品的分类，也适用于所有库存产品的分类，包括过程库存和原材料库存的物料。对于成品来说和价值流的八点原则相对应，称之为成品策略，而过程库存和原材料库存规则可以称为物料的库存策略。

在 BF 公司，确定成品分类后，其 BOM 清单里所对应的主要原材料就采用同样的库存策略。当然很多时候会出现原物料子件共用的情况，解决的方法是根据原物料投料出库情况对其进行 ABC-XYZ 分析，决定原物料库存策略，见表 4-3。

表 4-1 ABC 分类数据表

型号	每月销售量												累计数量	累计百分比	月平均数量	标准偏差	波动系数	ABC分类
	1月	2月	3月	4月	5月	6月	7月	8月	9月	10月	11月	12月			$\bar{x}=\frac{\sum_{i=0}^{n}x_i}{n}$	$s=\sqrt{\frac{\sum_{i=0}^{n}(x_i-\bar{x})^2}{n-1}}$	$CV=s/\bar{x}$	
BB-A1	6612	3252	3144	3492	3972	4656	5892	8052	4452	8532	5172	6132	63360	16%	5280	1804	34%	A
BB-A2	4561	3601	4081	4081	3601	4321	4561	5761	5521	5041	3601	4081	116172	29%	4401	726	16%	A
BB-A3	4082	3362	3602	3602	3602	3842	4322	3362	3122	2642	3122	3602	158436	40%	3522	450	13%	A
BB-A4	2642	1442	1922	1922	2162	2642	2162	4562	3602	3122	3122	2402	190140	48%	2642	856	32%	A
BB-A5	1404	1204	1480	3600	1244	1634	1688	3760	2080	3752	3440	1084	216510	55%	2198	1097	50%	A
BB-A6	1785	990	1930	630	1234	1647	3197	4633	2339	3850	350	1630	240725	61%	2018	1294	64%	A
BB-A7	1693	810	825	2335	2065	1857	967	3844	2385	2478	2032	1895	263911	67%	1933	844	44%	A
BB-A8	460	2279	1420	730	736	432	391	6265	2200	1660	2170	3780	286434	72%	1877	1716	91%	A
BB-A9	1040	1090	540	640	574	1671	1490	3073	1284	2290	2890	1890	304906	77%	1540	860	56%	A
BB-A10	468	568	693	668	868	1036	603	2636	2070	3215	1412	393	319536	81%	1220	931	76%	B
BB-A11	952	1368	988	2278	749	921	1412	778	1268	1298	1658	538	333744	84%	1184	473	40%	B
BB-A12	1113	453	978	1443	929	1524	1823	714	1665	931	1183	408	346908	88%	1097	454	41%	B
BB-A13	1458	618	978	918	693	1128	1656	784	909	1979	1377	498	359904	91%	1083	450	42%	C
BB-A14	1075	550	400	610	640	310	1135	1035	1540	2934	1275	1165	372573	94%	1056	703	67%	C
BB-A15	793	1030	1375	1930	849	852	790	820	935	1015	595	1000	384557	97%	999	349	35%	C
BB-A16	568	448	888	688	648	728	768	1239	1757	2248	468	668	395673	100%	927	553	60%	C

表 4-2 XYZ 分类数据表

型号	每月销售量												累计数量	累计百分比	月平均数量	标准偏差	波动系数	XYZ 分类
	1月	2月	3月	4月	5月	6月	7月	8月	9月	10月	11月	12月			$\bar{x}=\frac{\sum_{i=0}^{n}x_i}{n}$	$s=\sqrt{\frac{\sum_{i=0}^{n}(x_i-\bar{x})^2}{n-1}}$	$CV=s/\bar{x}$	
BB-A1	6612	3252	3144	3492	3972	4656	5892	8052	4452	8532	5172	6132	63360	16%	5280	1804	34%	X
BB-A2	4561	3601	4081	4081	3601	4321	4561	5761	5521	5041	3601	4081	116172	29%	4401	726	16%	X
BB-A3	4082	3362	3602	3602	3602	3842	4322	3362	3122	2642	3122	3602	158436	40%	3522	450	13%	X
BB-A4	2642	1442	1922	1922	2162	2642	2162	4562	3602	3122	3122	2402	190140	48%	2642	856	32%	X
BB-A5	1404	1204	1480	3600	1244	1634	1688	3760	2080	3752	3440	1084	216510	55%	2198	1097	50%	X
BB-A6	1785	990	1930	630	1234	1647	3197	4633	2339	3850	350	1630	240725	61%	2018	1294	64%	Y
BB-A7	1693	810	825	2335	2065	1857	967	3844	2385	2478	2032	1895	263911	67%	1933	844	44%	X
BB-A8	460	2279	1420	730	736	432	391	6265	2200	1660	2170	3780	286434	72%	1877	1716	91%	Y
BB-A9	1040	1090	540	640	574	1671	1490	3073	1284	2290	2890	1890	304906	77%	1540	860	56%	Y
BB-A10	468	568	693	668	868	1036	603	2636	2070	3215	1412	393	319536	81%	1220	931	76%	Y
BB-A11	952	1368	988	2278	749	921	1412	778	1268	1298	1658	538	333744	84%	1184	473	40%	X
BB-A12	1113	453	978	1443	929	1524	1823	714	1665	931	1183	408	346908	88%	1097	454	41%	X
BB-A13	1458	618	978	918	693	1128	1656	784	909	1979	1377	498	359904	91%	1083	450	42%	X
BB-A14	1075	550	400	610	640	310	1135	1035	1540	2934	1275	1165	372573	94%	1056	703	67%	Y
BB-A15	793	1030	1375	1930	849	852	790	820	935	1015	595	1000	384557	97%	999	349	35%	X
BB-A16	568	448	888	688	648	728	768	1239	1757	2248	468	668	395673	100%	927	553	60%	Y

表 4-3　BB-A 系列产品的 ABC-XYZ 表

型号	月销售量												累计数量	累计百分比	月平均数量	标准偏差	波动系数	ABC分类	XYZ分类	ABC-XYZ分类	归类
	1月	2月	3月	4月	5月	6月	7月	8月	9月	10月	11月	12月			$\bar{x}=\frac{\sum_{i=0}^{n}x_i}{n}$	$s=\sqrt{\frac{\sum_{i=0}^{n}(x_i-\bar{x})^2}{n-1}}$	$CV=s/\bar{x}$				
BB-A1	6612	3252	3144	3492	3972	4656	5892	8052	4452	8532	5172	6132	63360	16%	5280	1804	34%	A	X	AX	执行者
BB-A2	4561	3601	4081	4081	3601	4321	4561	5761	5521	5041	3601	4081	116172	29%	4401	726	16%	A	X	AX	执行者
BB-A3	4082	3362	3602	3602	3602	3842	4322	3362	3122	2642	3122	3602	158436	40%	3522	450	13%	A	X	AX	执行者
BB-A4	2642	1442	1922	1922	2162	2642	2162	4562	3602	3122	3122	2402	190140	48%	2642	856	32%	A	X	AX	执行者
BB-A5	1404	1204	1480	3600	1244	1634	1688	3760	2080	3752	3440	1084	216510	55%	2198	1097	50%	A	X	AX	执行者
BB-A6	1785	990	1930	630	1234	1647	3197	4633	2339	3850	350	1630	240725	61%	2018	1294	64%	A	Y	AY	执行者
BB-A7	1693	810	825	2335	2065	1857	967	3844	2385	2478	2032	1895	263911	67%	1933	844	44%	A	X	AX	执行者
BB-A8	460	2279	1420	730	736	432	391	6265	2200	1660	2170	3780	286434	72%	1877	1716	91%	A	Y	AY	执行者
BB-A9	1040	1090	540	640	574	1671	1490	3073	1284	2290	2890	1890	304906	77%	1540	860	56%	A	Y	AY	执行者
BB-A10	468	568	693	668	868	1036	603	2636	2070	3215	1412	393	319536	81%	1220	931	76%	B	Y	BY	重复者
BB-A11	952	1368	988	2278	749	921	1412	778	1268	1298	1658	538	333744	84%	1184	473	40%	B	X	BX	执行者
BB-A12	1113	453	978	1443	929	1524	1823	714	1665	931	1183	408	346908	88%	1097	454	41%	B	X	BX	执行者
BB-A13	1458	618	978	918	693	1128	1656	784	909	1979	1377	498	359904	91%	1083	450	42%	C	X	CX	重复者
BB-A14	1075	550	400	610	640	310	1135	1035	1540	2934	1275	1165	372573	94%	1056	703	67%	C	Y	CY	陌生者
BB-A15	793	1030	1375	1930	849	852	790	820	935	1015	595	1000	384557	97%	999	349	35%	C	X	CX	重复者
BB-A16	568	448	888	688	648	728	768	1239	1757	2248	468	668	395673	100%	927	553	60%	C	Y	CY	陌生者

5）ABC-XYZ 矩阵。结合 ABC 和 XYZ 分类，就是基于物料需求数量和需求波动的 ABC-XYZ 分类法。将 ABC 和 XYZ 分类的两个维度进行组合，得到 3×3 的 9 格矩阵图，如图 4-4 所示。

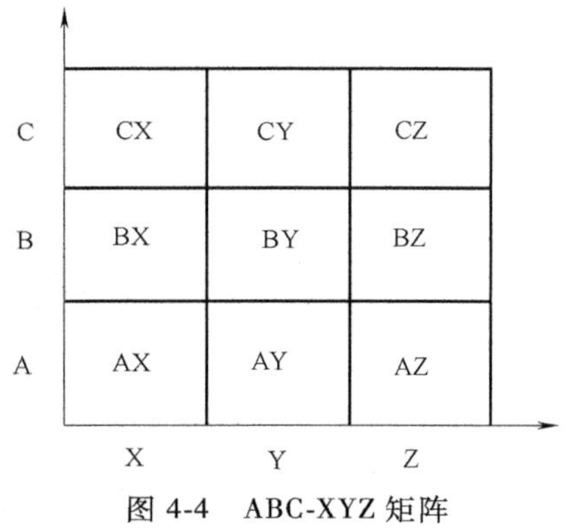

图 4-4 ABC-XYZ 矩阵

所有物料根据其需求的数量和波动情况，分别落在 AX、AY、AZ、BX、BY、BZ、CX、CY 及 CZ 9 个方格中，被分成 9 小类，然后再将 9 小类物料分成 3 大类，见表 4-4。

① AX、AY 和 BX 类物料称为执行者（Runner），它们的特点是客户需求量大、波动小，所以其成品策略为按照超市生产。

② AZ、BY 和 CX 类物料称为重复者（Middle Runner），它们的特点是较执行者需求量小、波动也略大，其成品策略可以灵活决定。在市场形势好的情况下，可以按照超市生产；而在销售形势不好的情况下，可以只建立适当的库存，其数量比按照超市生产的库存量小。

③ BZ、CY 和 CZ 类物料称为陌生者（Low Runner），它们的特点是需求量很小且波动很大，所以其成品策略为按照订单生产，除非客户能够提供较为准确的需求预测。

表 4-4 ABC-XYZ 矩阵分类表

ABC-AYZ 分类	特点	名称	英文简称	库存策略
AX、AY、BX	需求大、波动小	执行者	R	按超市生产
AZ、BY、CX	需求较小，波动较大	重复者	MR	按超市生产或建立一定库存
BZ、CY、CZ	需求很小、波动很大	陌生者	LR	按订单生产

如何确定超市的数量？

1. 超市库存的组成结构

对于库存策略为按照超市生产的物料，需要通过计算确定超市数量。超市库存通常由周期库存（Cycle Stock）、缓存库存（Buffer Stock）、安全库存（Safety Stock）和临时库存（Temporary Stock）等四部分组成，如图 4-5 所示。这四部分的库存按照库存的目的进行分类，每一部分的库存基于一定的原因而存在，无论是内部产品超市（包括成品超市和过程产品超市）还是原材料超市，它们的构成都是按照这四部分进行计算。

周期库存与换型时间、生产间隔时间、物料补充间隔时间以及订单交货周期等因素相关，它在总的超市库存中所占的比例也最高；缓冲库存与客户及下游工序的需求波动相关；安全库存与上游工序的质量水平以及生产过程异常停线、设备故障停机等有关；临时库存严格来说不是正常的超市库存，属于为应对临时情况，如客户订单突然大量增加而准备的库存，所以需要严格管理和控制。

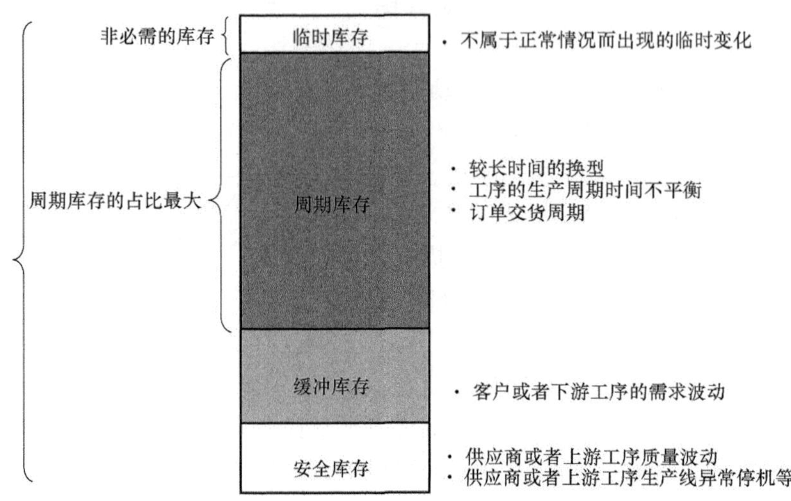

图 4-5　超市库存的组成的结构图

2. 周期库存

（1）原材料周期库存的计算

$$周期库存数量 = d\times(T+LT+A)$$

1）d：平均日消耗量。计算物料平均日消耗量时，数据取值的时间跨度可以依据实际情况来灵活决定，没有固定格式，但要考虑可以反映实际的需求状况，如历史 12 个月数据、6 个月数据等。

2）T：补充间隔时间。补充间隔时间是指物料固定的补充间隔时间。考虑物流成本等因素，周期补充间隔时间通常由供应商的发货频次决定（理想状态是供应商在工厂附近，随时送货，这样就可以连续补货）。例如，供应商每 5 天发一次货，那么物料的补充间隔时间就是 5 天；如果供应商有对该物料有最小订货批量（MOQ）的要求，且平均日消耗量乘以补充间隔时间时间（d×T）的数量小于最小订货批量时，则要取最小订货批量的数量。

3）LT：订单发出到收货时间。是指供应商从收到订单并把货物发到工厂的时间，包括订单的处理时间、生产时间以及运输时间等。

4）A：其他时间。是指信息传递、物料周转等内部处理时间，比如物料从超市领出，触发采购指令后到达供应商所需要的信息处理时间，以及收到物料到进入原材料超市的时间等。

总的周期库存时间决定了周期库存的大小，所以，要想降低周期库存时间，就必须降低其中每一项因素的时间。当然，理想状态是供应商能够把物料直接送到生产线上，而无须建立超市。图 4-6 示出了总周期库存时间的构成。

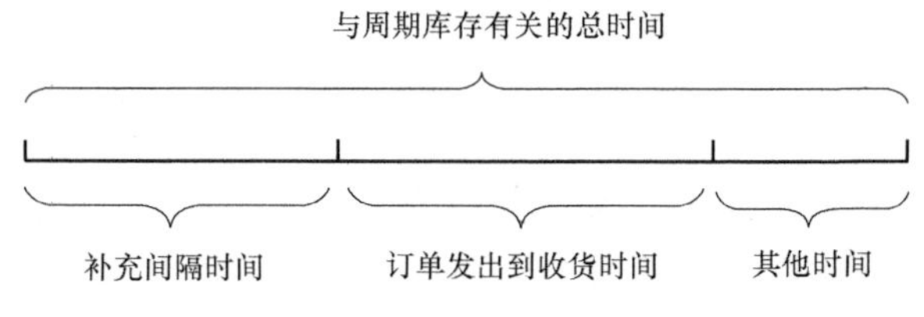

图 4-6 总周期库存时间构成

（2）内部超市周期库存的计算

周期库存数量 = d×(EPEI+LT+A)

1）EPEI：上游工序的生产间隔时间（Every Part Every Interval）。比如，一台设备生产 4 个型号，平均每 5 天每个型号会重复生产一次，那么生产间隔时间就是 5 天。生产间隔时间的长短主要与设备换型时间有关，其计算公式为：

EPEI = ∑产品换型时间/每天剩余可利用时间

每天剩余可利用时间 = 每天可利用时间 - 有效运行时间

有效运行时间 = ∑CT×每个型号生产数量

在实际 EPEI 计算过程中，要考虑以下因素：

① 每天的生产数量可以取一段时间（如一年或半年）的平均值。

② 考虑上游工序（如加工工序）生产数量和目标工序（如组装工序）单位包装量的匹配关系。

③ 当 EPEI>1 时，说明每天无法完成所有型号的生产，需要将 EPEI 按照倍数进行圆整。

④ 如果客户或下游工序的拉动频次比 EPEI 要长，那么就要调整到下一个 EPEI。例如，组装工序的 EPEI 是 1 天，但是给客户发货的频次是每 3 天一次，那么就要把组装工序的 EPEI 调整为 3 天。

2）LT：从工序到达超市的时间。是指产品从上游工序加工出来到超市所需要的时间，包括中间工序的生产周期以及运输时间。比如 BB-A1 产品中间有表面处理的时间，其生产周期时间为 2 天，那么工序的生产周期时间就是 2 天（假设忽略运输时间）。

3）A：其他时间。是指物料从超市领出后，触发看板信息到达上游工序所需要的时间。

3. 缓冲库存

缓冲库存是为缓冲客户或下游工序的波动而设置的库存。假定 LT 时间（定货量至交货周期）内的需求量服从以 LT×d 为均值的正态分布，如图 4-7 所示。

缓冲库存的计算公式为

缓冲库存 = $Z\times\sigma_{LT}$

(1) σ_{LT}是指订单发出到收货时间(外部)或者从工序到达超市(内部工序)的时间内需求的标准偏差其计算公式为

$$\sigma_{LT}=\sqrt{LT}\times S_d$$

(2) S_d是衡量下游工序的日需求量变化和波动的标准偏差,是以下游工序一段时间(通常为3个月)的每日需求量为基础进行计算,其计算公式为

$$S_d=\sqrt{\frac{\sum_{i=1}^{n}(d_i-\bar{d})^2}{n-1}}$$

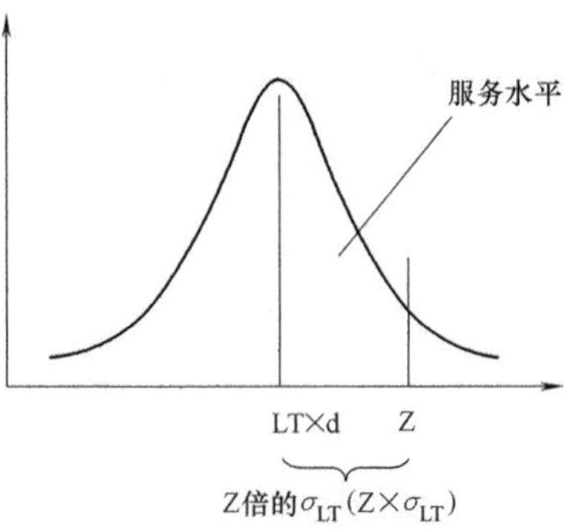

图 4-7 安全系数 Z 和服务水平的关系

对于缓冲库存量的计算,要注意以下几点:

1) 当 LT 的单位时间<1 时,$\sigma_{LT}=S_d$。

2) 尽管理论计算缓冲库存=$Z\times\sqrt{LT}\times S_d$,但在实际的操作中,可以根据实际情况适当控制缓冲库存的量。比如,在 BF 公司,计算缓冲的时候,为缩小库存量,仍然使用缓冲库存= $Z\times S_d$ 的计算公式。

3) 考虑持续降低缓冲库存的可能性。

(3) Z 为一定服务水平下查标准正态分布表得到的 Z 值,Z 值越大,服务水平越高,但是库存也越大,Z 值和服务水平的对应关系见表 4-5。

例如,当 Z=2 时,服务水平为 97.7%,缺货概率为 2.3%。

表 4-5 正态分布上的 Z 值

Z	服务水平(%)	缺货概率(%)	Z	服务水平(%)	缺货概率(%)
0.0	50.0	50.0	2.0	97.7	2.3
0.5	69.1	30.9	2.1	98.2	1.8
1.0	84.1	15.9	2.2	98.6	1.4
1.1	86.4	13.6	2.3	98.9	1.1
1.2	88.5	11.5	2.4	99.2	0.8
1.3	90.3	9.7	2.5	99.4	0.6
1.4	91.9	8.1	2.6	99.5	0.5
1.5	93.3	6.7	2.7	99.6	0.4
1.6	94.5	5.5	2.8	99.7	0.3
1.7	95.5	4.5	2.9	99.8	0.2
1.8	96.4	3.6	3.0	99.9	0.1
1.9	97.1	2.9			

4. 安全库存

当物料从超市中领出时，信息会触发到上游工序，上游工序收到信息后开始按照产品的生产间隔（EPEI）进行生产，这是正常情况下的状态。但是，上游工序的生产状况并不总是稳定的，比如质量不良、生产线异常停机等，所以需要设置一定的安全库存来抵消上游供应工序所出现的异常状况。

安全库存=周期库存×(产品不良率+停机率)

5. 临时库存

临时库存是为应对特殊的临时情况所准备的库存。临时情况如：由于客户促销活动而出现的临时需求；季节性需求变化；供应商工厂搬迁；国、内外假期时间差异等。临时库存的设置必须严格控制和审批，不能让其成为不受控的库存，所以最好单独放置、单独管理、优先使用。

6. 超市数量触发点的确定

触发点（Trigger Points）就是超市的再订货点，它是由物料的补充间隔时间或者 EPEI 决定，简单理解就是物料消耗到一定程度，重复补充物料的点，其具体含义如图 4-8 所示。

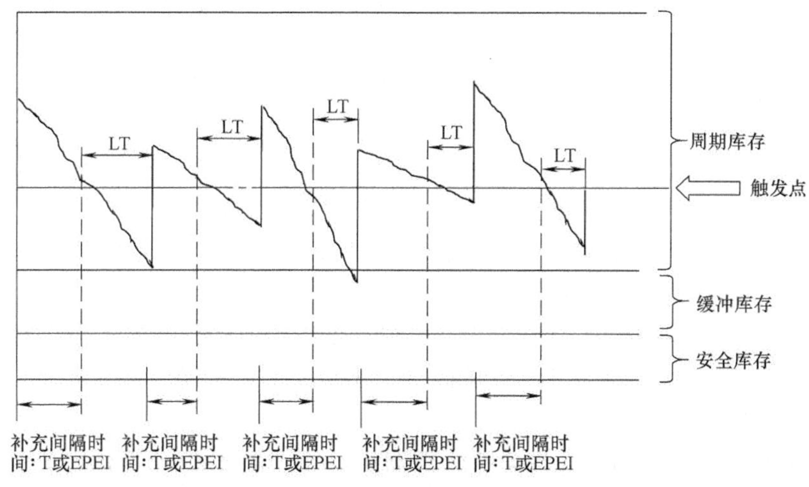

图 4-8　超市周期补货示意图

对于原物料而言，每消耗 d×T 时，就触发补充需求；对于内部物料，每消耗 d×EPEI的数量时，触发补充需求。

为每个产品制定计划

1. 什么是“为每个产品制定计划”？

为每个产品制定计划（Plan For Every Part，PFEP），是一个电子数据库或者电子数据表，它包含与物料相关的必要信息，例如，物料名称、供应商名称、物料的ABC-XYZ分类特性、物料地址、补货周期、物料的日需求量、包装规格、物料生产工序的不良率、停机率、需求波动的标准偏差以及看板计算等。

PFEP是每个物料的库存计划，它不仅应用于外部的原材料，而且也适用于内部的过程产品以及成品等。通过PFEP，可以准确计算和控制物料的库存，它是精益库存管理的重要工具，因为零库存是理想状态，在实际控制中通过PFEP可以做到库存合理和受控。

尽管PFEP为每个物料制定计划，但是对于确定库存策略为按订单生产的物料，其库存就是零，应该按照顺序拉动的模式使物料流动，不能再出入仓库，增加中间环节运输、搬运等的浪费；对于库存策略为按库存生产的物料，要定义安全库存量；对于库存策略为按照超市生产的物料，则按照周期库存、缓冲库存、安全库存以及临时库存的计算方式对超市数量进行计算。所以，PFEP是所有物料的数据信息，更是超市数量计算的重要依据，是确定看板数量和进行超市拉动的数据基础。

2. PFEP的关键点

1）PFEP是一个动态的数据表，包含物料的必要信息，依据库存策略计算相应库存。

2）PFEP是库存控制的重要工具，所以必须指定一个PFEP的负责人进行数据更新，保证其准确性，并要经过批准。

3）最低要求是每月进行一次PFEP更新，当有过程改善和提高时，如缩短换型时间、改善交货周期时间等，PFEP要进行相应的调整。

4）PFEP中任何的更改都要经过批准，例如，使用“更改申请表”等纸质表格，显示对于库存的严格控制。

5）每季度要对物料的ABC-XYZ分类进行更新，PFEP也要做相应的更新。

6）PFEP要在超市现场可以随时得到，方便对库存的核对和检查。

3. PFEP计算范例

表4-6是一个原物料PFEP的部分数据表（不包括看板计算部分），包含上面所提到的基本物料信息和基础的计算数据。为了大家理解其中的逻辑关系，将周期库存、缓冲库存和安全库存的计算公式列在表上。需要说明，在计算周期库存、缓冲库存和安全库存时，根据单位包装对其进行圆整，所以实际的超市库存略大于理论需求量。说明，单位包装数量的多少，影响库存的实际量，包装越小，圆整所带来的影响越小，但是，包装成本和库位数又会增加，所以需要综合考虑。

- PFEP看板的计算

除了物料信息和库存数据，PFEP还包含看板的计算部分。通常一个单位包装需要一张看板，所以，一张看板代表一个单位包装的数量。周期库存、缓冲库存和安全库存分别除以单位包装数量，圆整后就得到看板的张（或个）数，见表4-7。

表 4-6 原物料超市 PEEP 计算表（数据计算部分）

物料号	ABC-XYZ	安全系数	供应商	总周期库存时间 F=G+I+J/天	物料补充间隔时间/天	订单发出到收货时间/天	其他时间/天	不良率	使用工序	日用量	标准偏差	标准包装	周转箱高度	周转箱长度	周转箱宽度	超市	库位	周期库存 U=ROUNDUP(F×M/P,0)×P	缓冲库存 V=ROUNDUP(D×N/P,0)×P	安全库存 W=ROUNDUP(U×K/P,0)×P	理论拉动最大库存 X=U+V+W
B		D		F	G	I	J	K	L	M	N	P						U	V	W	X
FM01	AX	2	ZF	5.5	2	3	0.5	0.36%	加工	39	19	10	300	200	115	原物料	F-3-1-1	220	40	10	270
FM02	AY	2	ZF	5.5	2	3	0.5	0.36%	加工	23	17	10	300	200	115	原物料	E-2-1-5	130	40	10	180
FM03	AX	2	ZF	5.5	2	3	0.5	0.24%	加工	30	12	10	300	200	115	原物料	C-1-3-1	170	30	10	210
FM04	AX	2	ZF	5.5	2	3	0.5	0.29%	加工	24	11	10	300	200	115	原料物	D-1-1-2	140	30	10	180
FM05	BX	2	RQ	6.5	3	3	0.5	0.29%	加工	20	9	10	300	20	115	原物料	F-2-3-1	140	20	10	170
FM06	AX	2	RQ	6.5	3	3	0.5	0.24%	加工	20	9	10	300	200	115	原物料	X-1-2-1	130	20	10	160
FM07	BX	2	RQ	6.5	3	3	0.5	0.29%	加工	30	14	10	300	200	115	原物料	E-1-3-2	200	30	10	240
FM08	BX	2	RQ	6.5	3	3	0.5	0.36%	加工	44	18	10	300	200	115	原物料	E-1-1-2	290	40	10	340
FM09	BX	2	RQ	6.5	3	3	0.5	0.78%	加工	43	20	10	300	200	115	原物料	Y-2-5-1	290	40	10	340

注：1. 表格中第二行所列出的字母是为方便对第一列中的公式进行说明而设置的，本模块中其他表格也有类似应用，不再另外注解。

2. 此表作为 PFEP 的计算格式范例，与 BB-A 价值流的实际消耗并不完全匹配，读者无须在具体数字上过多花时间去探究。

3. 表中的日用量并不一定是整数，与 Excel 中的小数保留位数为“0”有关。

表 4-7 原物料超市 PFEP 中看板的计算部分

周期库存 U=ROUNDUP (F×M/P,0)×P	缓冲库存 V=ROUNDUP (D×N/P,0)×P	安全库存 W=ROUNDUP (U×K/P,0)×P	理论拉动 最大库存 X=U+V+W	每张看 板数量	触发点 Z=ROUNDUP (G×M/Y,0)	周期库存看板 (张数) AA=U/Y	缓冲库存看板 (张数) AB=V/Y	安全库存看板 (张数) AC=W/Y	看板总数 (张数) AD=AA+AB+AC
U	V	W	X	Y	Z	AA	AB	AC	AD
220	40	10	270	10	8	22	4	1	27
130	40	10	180	10	5	13	4	1	18
170	30	10	210	10	6	17	3	1	21
140	30	10	180	10	5	14	3	1	18
140	20	10	170	10	7	14	2	1	17
130	20	10	160	10	6	13	2	1	16
200	30	10	240	10	9	20	3	1	24
290	40	10	340	10	14	29	4	1	34
290	40	10	340	10	13	29	4	1	34

对于看板的类别和作用以及如何通过看板进行拉动，在后续的情景中进行详细的介绍。在这里介绍如何计算看板，是为了不把 PFEP 进行分割，而是以一个完整的方式介绍这个数据系统，因为它是超市库存和拉动系统建立的数据基础，在后面将要提到成品超市、半成品超市，其看板的计算依据表 4-8 的方式计算。

- PFEP 触发点看板数的确定

触发点看板数指所消耗物料代表的看板数量，如图 4-9 所示。

1）对于原物料，用每日的消耗量乘以物料的补充间隔时间再除以看板代表的数量，圆整后得到的看板数。

2）对于内部物料，用每日的消耗量乘以 EPEI 再除以看板代表的数量，圆整后得到看板数，也就是说，每当释放一定看板数（d×T 代表的看板数）后，就要触发物料补充信号。

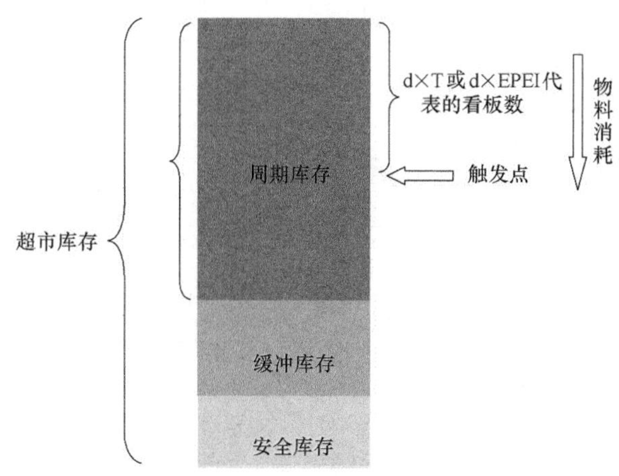

图 4-9 基于 PFEP 超市触发点示意图

4. PFEP 与 ERP 系统的关系

PFEP 是简单的数据表，使用 Excel 表格完全可以实现 PFEP 功能。PFEP 的重要作用是对于超市库存进行计算，是建立看板拉动系统的数据基础。如果建立拉动系统，除了那些必要的为成本管理而设置的出、入库手续需要录入系统外，涉及具体需求就要尝试不去依赖 ERP 系统，因为 ERP 最大的问题就在于不能适时掌握现场正在发生的问题，存在一定的滞后性。

如何建立看板拉动系统？

1. 成品策略

根据成品 ABC-XYZ 的分类，确定 BB-A 系列产品中 10 个执行者和 4 个重复者，见表 4-8。

表 4-8 BB-A 系列产品的 ABC-XYZ 分类

型号	销售量/月												日平均需求数量	ABC分类	XYZ分类	ABC-XYZ分类	归类
	1月	2月	3月	4月	5月	6月	7月	8月	9月	10月	11月	12月					
BB-A1	6612	3252	3144	3492	3972	4656	5892	8052	4452	8532	5172	6132	240	A	X	AX	执行者
BB-A2	4561	3601	4081	4081	3601	4321	4561	5761	5521	5041	3601	4081	200	A	X	AX	执行者
BB-A3	4082	3362	3602	3602	3602	3842	4322	3362	3122	2642	3122	3602	160	A	X	AX	执行者
BB-A4	2642	1442	1922	1922	2162	2642	2162	4562	3602	3122	3122	2402	120	A	X	AX	执行者
BB-A5	1404	1204	1480	3600	1244	1634	1688	3760	2080	3752	3440	1084	100	A	X	AX	执行者
BB-A6	1785	990	1930	630	1234	1647	3197	4633	2339	3850	350	1630	92	A	Y	AY	执行者
BB-A7	1693	810	825	2335	2065	1857	967	3844	2385	2478	2032	1895	88	A	X	AX	执行者
BB-A8	460	2279	1420	730	736	432	391	6265	2200	1660	2170	3780	85	A	Y	AY	执行者
BB-A9	1040	1090	540	640	574	1671	1490	3073	1284	2290	2890	1890	70	A	Y	AY	执行者
BB-A10	468	568	693	668	868	1036	603	2636	2070	3215	1412	393	55	B	Y	BY	重复者
BB-A11	952	1368	988	2278	749	921	1412	778	1268	1298	1658	538	54	B	X	BX	执行者
BB-A12	1113	453	978	1443	929	1524	1823	714	1665	931	1183	408	50	B	X	BX	执行者
BB-A13	1458	618	978	918	693	1128	1656	784	909	1979	1377	498	49	C	X	CX	重复者
BB-A14	1075	550	400	610	640	310	1135	1035	1540	2934	1275	1165	48	C	Y	CY	陌生者
BB-A15	793	1030	1375	1930	849	852	790	820	935	1015	595	1000	45	C	X	CX	重复者
BB-A16	568	448	888	688	648	728	768	1239	1757	2248	468	668	42	C	Y	CY	陌生者

目前市场情况比较好，所以确定这 14 个产品的成品策略为“按照超市生产”，其生产方式如图 4-10 所示。

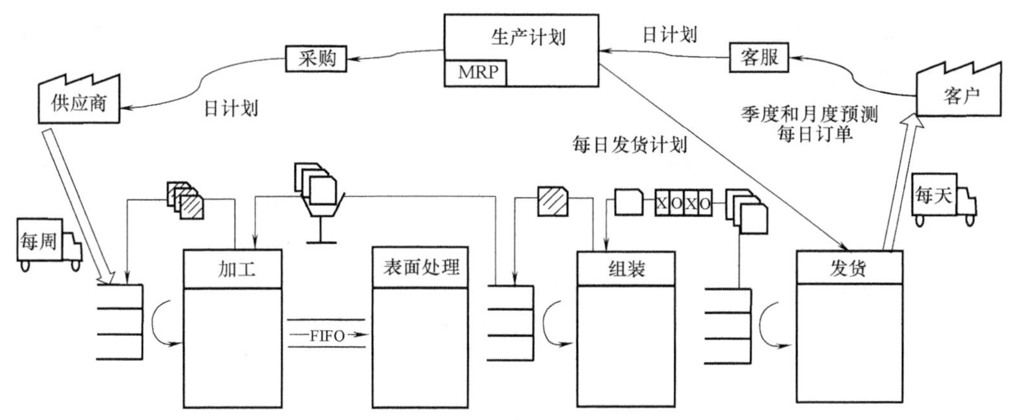

图 4-10 按照超市生产的拉动系统

按照超市生产的拉动方式，也称为补充拉动（Replenishment Pull），即后工序消耗之后，上游工序进行生产补充。其特点是订单交货期短，但是，需要一定的超市库存。

还有剩下的两个型号是陌生者，确定它们“按照订单生产”，其生产方式如图 4-11 所示。当接到客户订单后，开始采购原物料，然后按照先进先出的顺序进行加工、表面处理、组装和发货，这种按订单生产的方式又称为顺序拉动（Sequential Pull），即客户需求触发原材料的采购，然后按照生产流程的顺序进行生产。

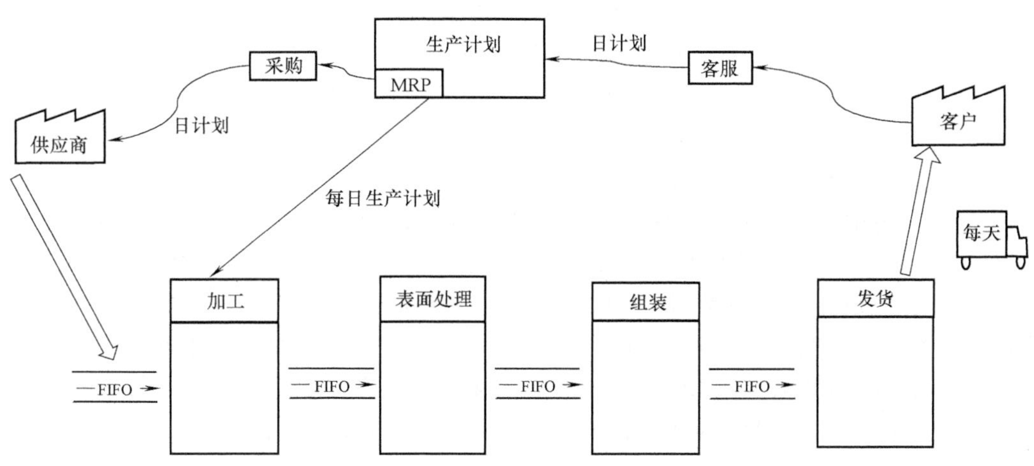

图 4-11 按照订单生产的顺序拉动生产方式

订单生产的特点：库存少，但对供应商的交货期、内部生产过程的稳定性等要求较高，通常对客户的订单交货期也较长，这就是为什么“陌生者”产品适用于该类生产方式。

不同的成品有不同的策略，在一般情况下，生产方式是按照超市和订单生产的混合式生产方式。

上面提到的三种不同成品策略，它们各有优缺点，成品策略的选择也并非固定不变，在生产周期短，过程稳定的情况下，即使是执行者，也可以按照顺序拉动生产；同样在某些情况下，例如，考虑重点客户，换型影响等因素，陌生者也可以按照补充拉动生产。

三种成品策略的优缺点对比见表 4-9。

表 4-9　不同成品策略优缺点对比

成品策略	优点	缺点
补充拉动生产	产品可以立即发货，交货期短	库存较大
顺序拉动生产	库存最小	1）交货期长 2）对过程的稳定性要求较高
混合式生产	1）不同产品，不同的交货期 2）库存适中	1）未建立超市的产品交货期较长 2）产品之间的轮流切换生产时间不固定，对生产安排挑战较大

2. 确定成品超市的数量

（1）成品周期库存　当确定按照超市生产的产品后，接下来的工作就是依据 PFEP 进行成品超市库存的计算，由于没有特别的临时需求，暂时不考虑临时库存，那么，成品超市由周期库存、缓冲库存和安全库存三部分组成。

成品超市中周期库存的计算，根据上面介绍的超市库存计算方法有：

周期库存数量=下游工序物料平均日消耗量×（上游工序的生产间隔时间+从工序到达超市的时间+其他时间）

下游工序物料平均日消耗量是指客户的成品日平均需求数量，根据最近半年或一年客户实际需求而计算得出的日平均数量。

上游工序的生产间隔时间，是指组装工序的 EPEI，EPEI 与总的换型时间有关。BF 公司组装工序品种之间的切换非常迅速，所以，几乎不用考虑换型对生产的影响。根据表 4-10 的数据可以知道，每天成品的平均需求大约为 1500 件，TT 为 18 秒，与组装的周期时间 CT 基本匹配，也就是说，每天每个产品都可以在组装工序被生产一次，所以 EPEI 是 1 天。不过这只是理想的情况，考虑到客户实际每天的需求拉动情况，对 EPEI 进行调整：对于 X 类产品，需求稳定，每天要给客户发货，所以 EPEI 设定为 1；对于 Y 类产品，大约 2 天给客户发货一次，所以 EPEI 设定为 2。

对于 BF 公司，工序的生产周期时间和其他时间近似为 0，所以，最后得出周期库存就等于 EPEI 乘以客户的成品日平均需求数量。

（2）成品缓冲库存　客户每日需求的标准偏差乘以 2，其中，标准偏差取 3 个月的成品发货数据。Z 的取值为 2，代表约 97.7%的服务水平。

（3）成品的安全库存　考虑到成品不良率和组装工序的停机率对客户需求的影响，所以，周期库存乘以这两个百分比之和，得到安全库存的数量。由于 BF 公司组装工序的质量稳定，并且没有停机问题，所以其安全库存数量非常小。

同样，在计算周期库存、缓冲库存和安全库存时，根据单位包装量对数据进行圆整，加和后得出成品超市的总数量（由于向上圆整的原因，周期库存会略大），见表 4-10。

3. 在节拍工序进行均衡化生产

在 BF 公司，为确定按照超市生产的执行者和重复者，生产节拍工序确定为组装工序。而确定为按照订单生产的陌生者，其生产节拍工序确定为加工工序。

如果想要实现均衡化生产，通常三个因素：

（1）不同产品之间的切换　根据 ABC-XYZ 的分类标准，按照超市生产产品的数量占比约为 95%，所以，在组装工序中，大部分的时间是生产超市产品，当陌生者按照先进先出（FIFO）原则从加工工序流到组装工序时，可以与超市产品一起混搭在组装工序进行生产。

（2）产品切换需要的换型时间　组装工序的换型时间为 0，这样的混合生产就变得容易很多。由于客户的需求变化其实是比较大的，如图 4-12 所示，所以，可能会产生一定的加班来匹配实际的客户节拍时间。

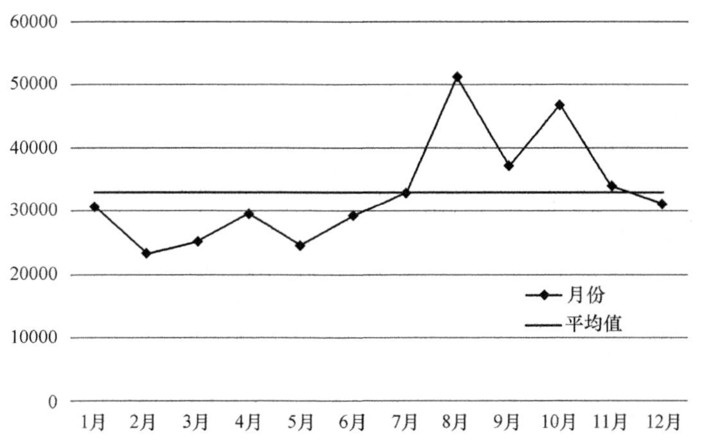

图 4-12　BB-A 产品需求变化趋势

（3）最小生产单位时间（Pitch）　最小生产单位时间=节拍时间×包装数量

Pitch 代表节拍工序进行均衡化生产安排的最短时间。在 BB-A 价值流的组装工序，节拍时间是 18 秒，包装数量是 10 个，所以，最小生产单位时间（Pitch）=

表 4-10 成品超市 PFEP 数据

序号	型号	ABC-XYZ	安全系数	组装工序	总周期库存时间 F=I+J+K	不良率	停机率	组装工序 EPEI	从工序到达超市的时间（LT）	其他时间	使用工序	日用量	标准偏差	标准包装	周期库存 U=ROUNDUP（F×M/Q,0）×Q	缓冲库存 V=ROUNDUP（D×N×/Q,0）×Q	安全库存 W=ROUNDUP（U×（G+H）/Q,0）×Q	最大拉动库存 X=U+V+W
	B		D		·F	G	H	I	J	K		M	N	Q	U	V	W	X
1	BB-A1	AX	2	单元一	1	0.3%	0.0%	1	0	0	客户	240	100	10	240	200	10	450
2	BB-A2	AX	2	单元一	1	0.1%	0.0%	1	0	0	客户	200	90	10	210	180	10	400
3	BB-A3	AX	2	单元一	1	0.3%	0.0%	1	0	0	客户	160	50	10	170	100	10	280
4	BB-A4	AX	2	单元一	1	0.0%	0.0%	1	0	0	客户	120	100	10	130	200	0	330
5	BB-A5	AX	2	单元一	1	0.3%	0.0%	1	0	0	客户	100	80	10	100	160	10	270
6	BB-A6	AY	2	单元一	2	0.0%	0.0%	2	0	0	客户	92	70	10	190	140	0	330
7	BB-A7	AX	2	单元一	1	0.3%	0.0%	1	0	0	客户	88	65	10	90	130	10	230
8	BB-A8	AY	2	单元一	1	0.0%	0.0%	1	0	0	客户	85	70	10	90	140	0	230
9	BB-A9	AY	2	单元一	2	0.0%	0.0%	2	0	0	客户	70	38	10	140	80	0	220
10	BB-A10	BY	2	单元一	1	0.0%	0.0%	1	0	0	客户	55	48	10	60	100	0	160
11	BB-A11	BX	2	单元一	1	0.0%	0.0%	1	0	0	客户	54	39	10	60	80	0	140
12	BB-A12	BX	2	单元一	1	0.0%	0.0%	1	0	0	客户	50	46	10	50	100	0	150
13	BB-A13	CX	2	单元一	2	0.0%	0.0%	2	0	0	客户	49	20	10	100	40	0	140
14	BB-A15	CX	2	单元一	2	0.0%	0.0%	2	0	0	客户	45	20	10	100	40	0	140

18 秒×10 个 = 180 秒，即 3 分钟，也就是说，每 3 分钟，可以生产组装一个包装单位的产品发给客户。在实际生产中，由于 3 分钟时间很短，不可能每 3 分钟进行不同型号的切换，应该根据实际情况确定合理的均衡化生产时间。

表 4-11 是组装工序根据 Pitch 计算的理论生产间隔，以此安排日常的生产，但是，在实际情况下，看板的释放并非如此有规律，需要在实践中进行调整。

表 4-11 组装工序生产间隔计算

型号	日用量	ABC-XYZ	需求比例	总间隔 = 每日可利用时间/Pitch = 450/3/分钟	间隔数 = 需求比例×间隔	时间 = 间隔数×Pitch/分钟
BB-A1	240	执行者	16%	150	24	72
BB-A2	200	执行者	13%	150	20	60
BB-A3	160	执行者	11%	150	16	48
BB-A4	120	执行者	8%	150	12	36
BB-A5	100	执行者	7%	150	10	30
BB-A6	92	执行者	6%	150	9	27
BB-A7	88	执行者	6%	150	9	27
BB-A8	85	执行者	6%	150	9	27
BB-A9	70	执行者	5%	150	7	21
BB-A10	55	重复者	4%	150	6	18
BB-A11	54	执行者	4%	150	5	15
BB-A12	50	执行者	3%	150	5	15
BB-A13	49	重复者	3%	150	5	15
BB-A14	48	陌生者	3%	150	5	15
BB-A15	45	重复者	3%	150	5	15
BB-A16	42	陌生者	3%	150	4	12

在实际生产过程中，每个型号的需求有较大的变化，但是，大部分的时间还是生产执行者，其次是重复者。对于陌生者，因为成品的策略是按照订单生产，从加工工序开始，最后到达组装工序，所以，需要留出大约 5%～10% 的产能直接安排陌生者的组装。

4. 建立看板拉动系统

（1）看板分类和作用　根据看板的功能和作用，看板被分成不同的类型。从大类可以分为两类：一类是用来触发生产信号的，叫作生产指示看板；另外一类是用来从超市领料和触发外部补货的，叫作领料看板。它们的外形可能没有太大差别，但是由于功能不同，所以名字不同。看板分类见表 4-12。

表 4-12　看板分类

看板类型		看板作用
生产指示看板	生产计划看板	用来安排在节拍工序的均衡化生产，通常把看板卡放在均衡化板上
	生产指示看板	触发上游工序生产的看板。可以是一个批量的三角看板，或者是多功能的看板
领料看板	内部领料看板	看板到达触发点时触发领用需求，使用领料看板从超市中领料，它是连接使用点和超市之间的循环看板
	供应商看板	用来进行物料补充的看板。当看板释放到订货点时，触发补货信息

（2）节拍工序的生产计划看板　根据成品 PFEP 的数据得出超市看板的数据，见表 4-13。这样可以建立成品超市，并且每一箱成品有一张看板。

当成品消耗时，这些看板会释放到均衡化板上用来指示节拍工序进行生产，因此，这些看板就是生产计划看板，具体流程如下：

1）根据发货计划，从成品超市取走成品发货。

2）成品看板释放到看板卡收集板。

3）到达触发点后，将生产计划看板卡释放到均衡化板。

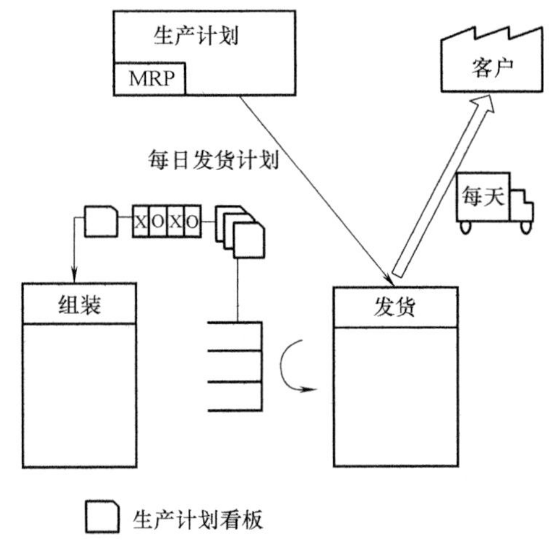

图 4-13　组装工序的生产计划看板

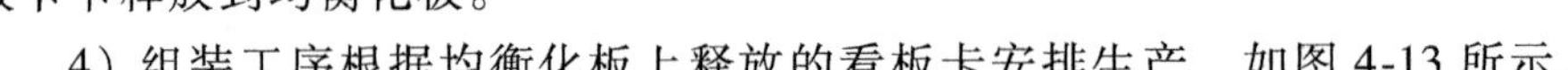
4）组装工序根据均衡化板上释放的看板卡安排生产，如图 4-13 所示。

对于 BB-A 价值流的组装一单元，最后确定均衡化的生产间隔时间为 15 分钟，如图 4-14 所示。

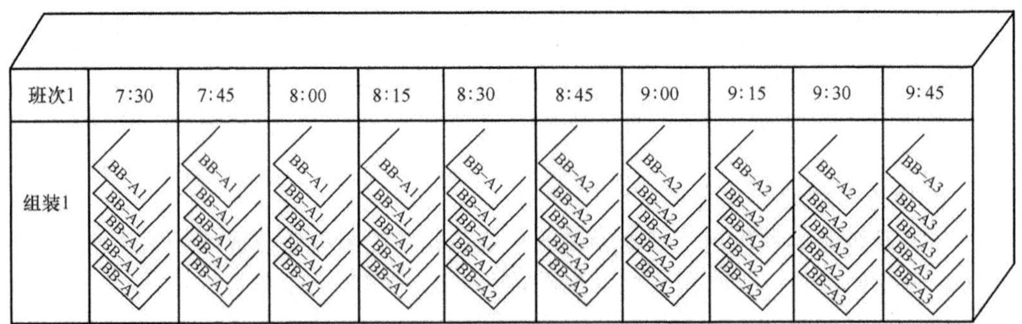

图 4-14　组装工序均衡化生产板

表 4-13 成品超市看板计算

序号	型号	组装工序EPEI	周期库存 U=ROUNDUP (F×M/Q,0)×Q	缓冲库存 V=ROUNDUP (D×N/Q,0)×Q	安全库存 W=ROUNDUP (U×(G+H)/Q,0)×Q	最大拉动库存 X=U+V+W	每张看板数量	触发点看板数 Z=ROUNDUP (I×M/Y,0)	周期库存看板(张数) AA=U/Y	缓冲库存看板(张数) AB=V/Y	安全库存看板(张数) AC=W/Y	看板总数(张数) AD=AA+AB+AC
	B	I	U	V	W	X	Y	Z	AA	AB	AC	AD
1	BB-A1	1	240	200	10	450	10	24	24	20	1	45
2	BB-A2	1	210	180	10	400	10	21	21	18	1	40
3	BB-A3	1	170	100	10	280	10	17	17	10	1	28
4	BB-A4	1	130	200	0	330	10	13	13	20	0	33
5	BB-A5	1	100	160	10	270	10	10	10	16	1	27
6	BB-A6	2	190	140	0	330	10	19	19	14	0	33
7	BB-A7	1	90	130	10	230	10	9	9	13	1	23
8	BB-A8	1	90	140	0	230	10	9	9	14	0	23
9	BB-A9	2	140	80	0	220	10	14	14	8	0	22
10	BB-A10	1	60	100	0	160	10	6	6	10	0	16
11	BB-A11	1	60	80	0	140	10	6	6	8	0	14
12	BB-A12	1	50	100	0	150	10	5	5	10	0	15
13	BB-A13	2	100	40	0	140	10	10	10	4	0	14
14	BB-A15	2	100	40	0	140	10	10	10	4	0	14

(3) 如何拉动上游工序

1) 看板释放流程。当组装工序按照生产指示看板进行生产时，按照下面的看板流程自动拉动生产：

① 从半成品超市中领取加工后产品到组装工序。

② 将半成品超市中的看板释放到看板卡收集板。

③ 当看板卡的数量到达触发点时，触发生产（触发生产信息的看板卡可以使用代表一个批量的三角看板，或者直接使用释放出的多功能生产指示看板卡）。

图 4-15 所示为组装工序释放多功能看板到加工工序拉动生产的过程。

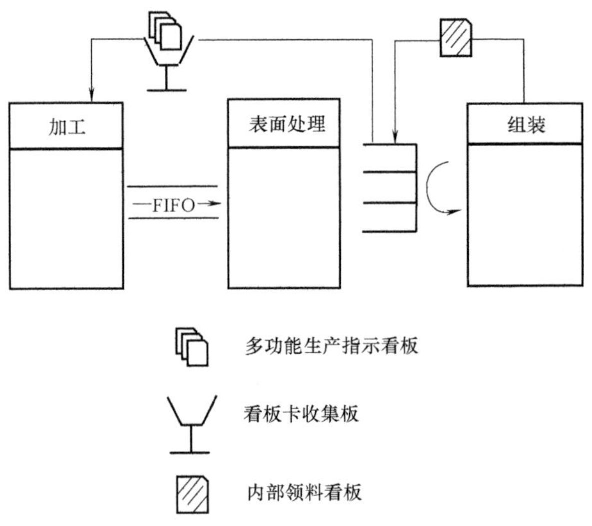

图 4-15　加工工序的多功能生产指示看板

图 4-16 所示为组装工序释放三角看板到加工工序拉动生产的过程。

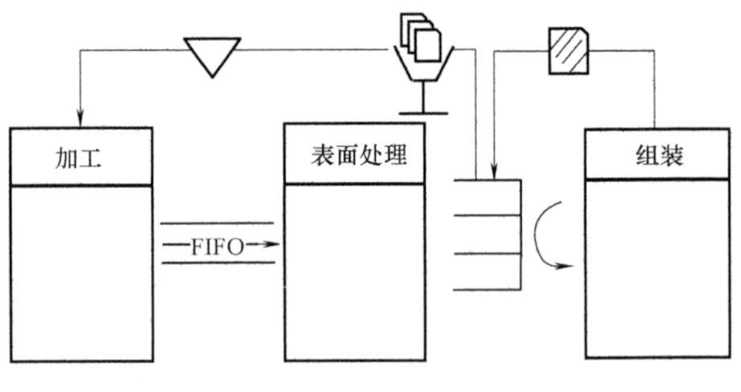

图 4-16　加工工序的生产批量三角指示看板

如果使用三角看板，看板卡收集板通常放在半成品超市的旁边，当释放出的看板到达触发点时，将一张代表触发点批量的三角看板释放到加工工序。如果使用多功能生产看板卡，看板卡收集板则放到设备的旁边，当释放的看板到达触发点时，操作人员安排生产。在BB-A价值流，使用的是多功能看板卡，看板收集板放在加工设备的旁边，如图4-17所示。

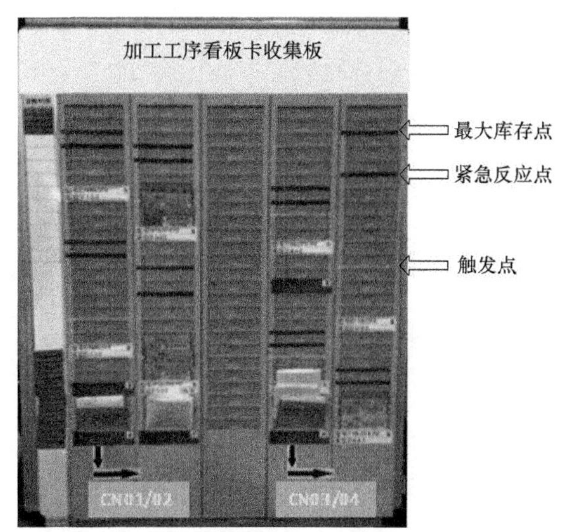

图4-17 拉动看板卡收集板

2）计算加工工序生产间隔时间（EPEI）加工工序的生产信息来自于半成品超市中生产指示看板，半成品超市的数量同样依据PFEP进行计算。根据前面半成品超市PFEP的介绍，首先需要计算加工工序的EPEI。

关于EPEI的计算方法，在前面已经详细介绍，不再赘述，为了方便大家理解，在这里仅对表4-14略做解释。

表4-14 加工工序的EPEI计算

型号	日需求量	盒装量	圆整后日需求量 C=ROUNDUP (A/B,0)×B	换型时间	周期时间 (C/T) /分钟	有效运行时间（分钟）按照圆整后日需求计算 H=C×E	每天可利用时间（分钟） H=7.5×60×UT (UT=95%)	总的换型时间（分钟） J=SUM (D)	生产时间间隔（天）注：调整盒装量 L=ROUNDUP (J/(I-SUM (H)),0)
	A	B	C	D	E	H	I	J	L
BB-A11	54	10	60	30	2.0	120	428	120	3
BB-A12	50	10	50	30	2.0	100			
BB-A13	49	10	50	30	1.5	75			
BB-A15	45	10	50	30	1.5	75			

① 每天的可利用时间是计划的生产时间，但是要考虑实际的利用率，在上例的计算中设备利用率取值为95%。设备利用率（考虑时间宽放等因素）要基于历史统计数据而得出。

② 在计算每个型号的生产时间时，日需用量需要按照盒装量进行圆整。

③ 按照公式计算的EPEI需要进行圆整，取整数。

3）确定半成品超市的数量、看板及触发点。得到EPEI的值，根据PFEP可以得到半成品超市的数量、看板及触发点，见表4-15和表4-16。

表 4-15　半成品超市 PFEP

序号	型号	ABC-XYZ	安全系数	加工工序	总周期库存时间 F=I+J+K /天	不良率	停机率	加工工序 EPEI	工序间的生产周期时间	信息传递时间	使用工序	日用量	标准偏差	超市	标准包装	周期库存 U=ROUNDUP(F×M/Q,0)×Q	缓冲库存 V=ROUNDUP(D×N/Q,0)×Q	安全库存 W=ROUNDUP(U×(G+H)/Q,0)×Q	最大拉动库存 X=U+V+W
	B		D		F	G	H	I	J	K		M	N		Q	U	V	W	X
1	BB-A11	AZ	2	CN01/CN02	5.3	0.1%	1.0%	3	2	0.25	组装	54	80	WIP	10	290	160	10	460
2	BB-A12	BY	2	CN01/CN02	5.3	0.2%	1.0%	3	2	0.25	组装	50	90	WIP	10	270	180	10	460
3	BB-A13	CX	2	CN01/CN02	5.3	0.4%	1.0%	3	2	0.25	组装	49	30	WIP	10	260	60	10	330
4	BB-A15	CX	2	CN01/CN02	5.3	0.3%	1.0%	3	2	0.25	组装	45	30	WIP	10	240	60	10	310

表 4-16　半成品超市 PFEP 看板计算

序号	型号	周期库存 U=ROUNDUP(F×M/Q,0)×Q	缓冲库存 V=ROUNDUP(D×N/Q,0)×Q	安全库存 W=ROUNDUP(U×(G+H)/Q,0)×Q	最大拉动库存 X=U+V+W	每张看板数量	触发点看板数 Z=ROUNDUP(I×M/Y,0)	周期库存看板(张数) AA=U/Y	缓冲库存看板(张数) AB=V/Y	安全库存看板(张数) AC=W/Y	看板总数(张数) AD=AA+AB+AC
	B	U	V	W	X	Y	Z	AA	AB	AC	AD
1	BB-A11	290	160	10	460	10	17	29	16	1	46
2	BB-A12	270	180	10	460	10	15	27	18	1	46
3	BB-A13	260	60	10	330	10	15	26	6	1	33
4	BB-A15	240	60	10	310	10	14	24	6	1	31

（4）如何拉动供应商的原物料　当加工工序开始生产时，会消耗毛坯，拉动原物料超市，具体的流程如下：

1）生产指示看板到达触发点时，水蜘蛛从原材料超市中领取物料。

2）物料上的供应商看板卡释放到看板卡收集板。

3）当供应商看板卡到达触发点时，触发采购信息给供应商。

拉动原物料超市以及释放采购信息的过程如图4-18所示。

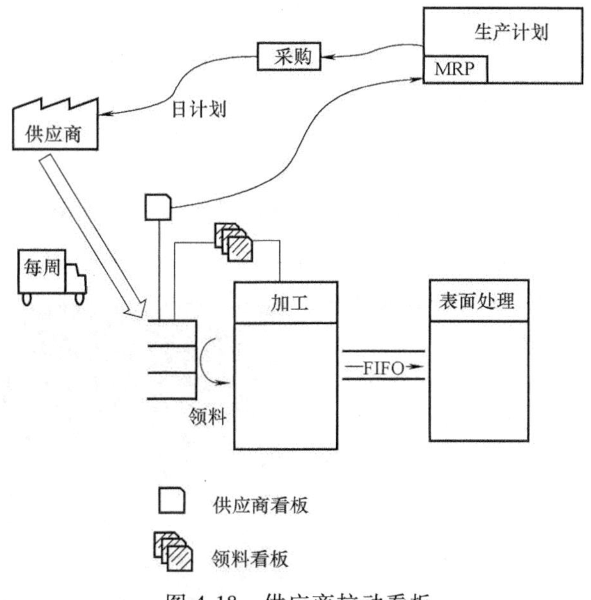

图4-18　供应商拉动看板

关于原物料超市数量和看板数量的计算，同样按照PFEP，上面已经作为PFEP的范例进行说明，不再重复。

（5）看板拉动中的紧急触发点　紧急触发点指当物料消耗一定程度的时候，必须采取紧急措施，否则会影响正常的生产。

原物料的紧急触发点=供应商最快的反应时间(天数)×下游工序的日平均需求量

内部产品的紧急触发点=内部最快的反应时间(天数)×下游工序的日平均需求量

根据上面公式可以计算一定的数量，物料被消耗到这个数量时，需要采取紧急措施。

在看板卡收集信息板上，通常有绿、红、黄三条线，其中，绿色代表最大库存点，红色代表紧急触发点，而黄色则代表触发点，即再订货点，如图4-17所示。

建立和管理实际的超市

1. 超市的建立原则

1）根据PFEP的计算原则，确定超市的数量，并建立实际的超市。

2）超市是开放的，物料是可以即时领取的。

3）每个物料在超市中有明确、清晰的库位。

4）超市中的库位要标识清楚，易于识别，并标出每个型号的最大和最小数量。

5）超市中的物料应拿取方便（通常使用流利架），并且必须实行先进先出。

6）使用超市里的物料，一定伴随着领料看板、生产信号看板、供应商看板的释放。

7）看板上要有明确的地址系统，并与厂区、库位等一一对应。

8）看板和包装的数量必须是匹配和对应的。

9）临时库存必须单独存放，并且在正常库存上有优先使用临时库存的标识。

10）对于辅助材料，如包装材料以及价值非常低的螺钉、防护盖等材料，可以单独设置库位并定义最小的库存批量。

11）建立超市可以使用高度合适、便于拿取的流利架，避免使用高货架，同时考虑与使用点的位置。图 4-19 所示为 BF 公司拉动系统中的超市。

2. 如何管理超市？

超市是开放的，水蜘蛛拿取物料非常方便，但是并不等于超市没有管理，恰恰需要更加严格的管理。

图 4-19　BF 公司拉动系统中的超市

1）至少每季度更新一次 ABC-XYZ 分类，超市里的型号要增加或删减。

2）至少每月更新一次 PFEP，超市里物料的数量也要及时更新。

3）建立超市审核制度，检查超市里物料的型号、数量、看板卡等与 PFEP 的一致性。

4）对于达到紧急触发点的物料，及时采取措施。

5）对于溢出物料要单独存放，放在明显位置，便于引起大家的注意，并对其出现的原因进行分析，对其后续消耗予以跟踪。

看板拉动系统的目视化管理

这天，肖老师和吕新在回顾看板系统方面的内容，肖老师特别做了如下总结：“虽然后续会建立专门的目视化管理系统，但看板拉动系统本身就体现着目视化管理的要求，所以需要提前特别说明：

1）看板卡、看板收集板、超市等实际的物理要素本身就够成可视化的看板拉动系统。

2）现在很多公司使用电子看板替代传统的实物看板，不过在看板系统建立初期建议使用实物看板，使大家容易掌握看板系统的运行原理。

3）看板拉动系统中的异常管理，可以通过安灯系统实现。”

要点梳理

1. 按照ABC-XYZ分类法，对物料从需求数量和需求波动两个维度进行分类，定义3个大类（9个小类）物料：执行者、重复者和陌生者。基于这样的分类，确定物料不同的库存策略：按照超市生产还是按照订单生产，对于成品来说特指“成品策略”。

2. 对于按照超市生产的产品，需要建立超市，超市的构成分为周期库存、缓冲库存、安全库存和临时库存。临时库存属于非正常状态的库存，所以要严格管理，高度关注。

3. 超市的再订货点不等于周期库存的消耗点，对于原料，触发点与物料的补充间隔时间有关，而对于内部加工的中间产品，触发点与生产间隔时间有关。

4. 通过“为每个产品制定计划”（PFEP）的方法，计算超市数量以及看板数量，包括成品超市、在制品超市以及原料超市。

5. 如何建立看板拉动系统？拉动系统的数据基础是PFEP，拉动开始点始于客户和上游工序的需求，其媒介就是“看板卡”。

6. 介绍如何建立和管理实际的物流超市，以及看板拉动的目视化管理。

情景5

“交货”风波——如何解决问题？

经过一年多时间的努力，吕新带领价值流部门进行了许多现场改善，通过应用流动和拉动等精益工具，生产线有了明显的进步，而且价值流也从BB-A系列逐渐向其他系列扩展。尽管每个系列的周期时间差异比较大，但由于工艺基本相似，所以，几个系列产品价值流的工作仍然由吕新负责。自从推行精益生产以来，整个团队经历了许多曲折和痛苦，不过每当看到看板能够基本流畅地运行，库存金额不断减少并维持在合理的水平，大家开始有了成就感。

当然并不是所有事情都一帆风顺，目前，困扰吕新的一个问题就是交货问题。虽然自从推行精益生产以来，准时交货率有了一定的提高，但总是没有想象的那样稳定，年初制定的准时交货率目标是96%，但还是经常出现交货率低于目标值的情况。

吕新经常思考：大部分的产品，尤其是建立成品超市的产品可以准时交货，但对于没有建立超市的产品，为什么总是有那么几种不能按时交货？自己管理的生产线所生产的品种有3000种左右，随着不断开拓市场，研发部门还在不断研发新的产品，产品型号还要继续增加，在这样的情况下，如何保证准时交货率？即使自己管理的生产线可以改进，原材料没有按时交货而影响订单交货如何处理呢？今年准时交货率的目标是96%，明年计划目标是98%，这样富有挑战性的目标怎么才能达到呢？

问题从何而来？

1. 问题与目标有关

当结果不能达到预期目标就会产生问题。所以，问题首先与目标有关，过去有些情况可能不是问题，但是随着时间的推移，目标改变，问题就产生了。情景8中提到的交货问题，如果昨天的目标是90%，那么基于目前的状况，大家感觉还不错，所以就没有人认为是问题，但是，今天的目标是96%，所以准时交货率就变成问题。因此，在推行精益的过程中，要不断提高目标，这样就会促使团队不断发现问题，并进行改善，避免停留在原地，沉浸在过去的成绩当中，失去前进的动力。

问题的发生与“波动”有关。有时，目标虽然没有发生变化，但是，由于过程的波动，曾经达到既定的目标，却又退回到原来的水平。

波动的来源来自于人员（Man）、机器（Machine）、物料（Material）、方法（Method）、环境（Environment）和测量（Measurement）等几个方面，通常称为5M1E。由于这些因素的影响造成波动的产生，出现变异和偏差。按照正态分布的概率统计，结果出现在正负3个西格玛以外的概率大约为0.27%，这样看来问题的发生似乎变成偶然中的必然，但是，解决问题的目标就是要消除这些造成变异的波动。

通常我们遇到的看得见的问题仅仅是冰山一角；看不见的问题才是冰山的主体。图5-1所示为问题的“冰山理论”结构。

2. 问题的分类

每天我们都会面临许多问题，但并不可能将所有的问题都解决，所以，要对问题进行分类。分类的方法如图5-2所示。第Ⅰ象限是重要而紧急的问题，第Ⅱ象限是不重要但紧急的问题，第Ⅲ象限是既不重要也不紧急的问题，第Ⅳ象限是不紧急但重要的问题。

一般情况下，管理者每天以处理重要而紧急和不重要但紧急的问题居多，但期望管理者能把更多精力放在处理不紧急但重要的问题上。

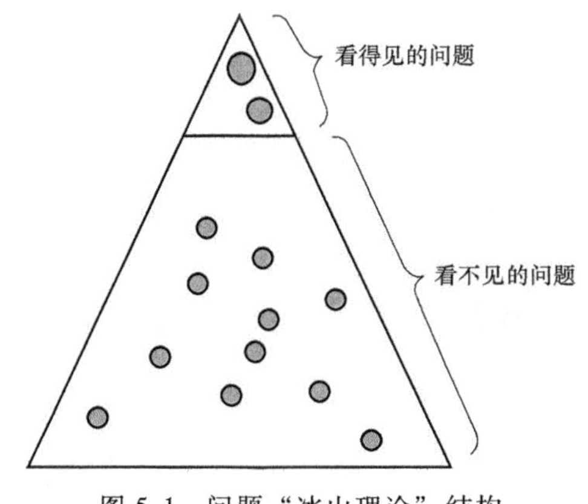

图5-1 问题“冰山理论”结构

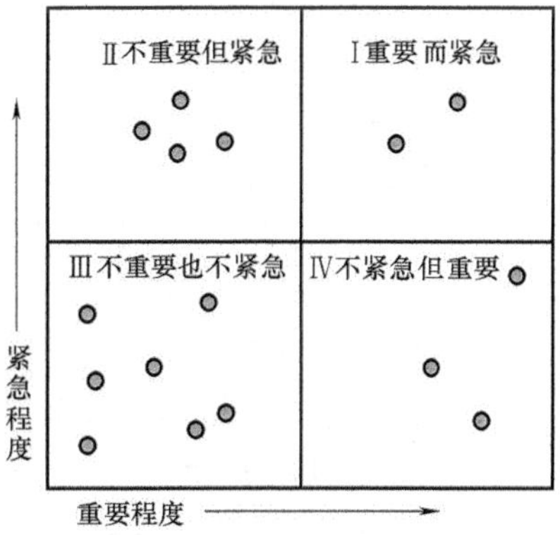

Ⅱ不重要但紧急
Ⅰ重要而紧急
Ⅲ不重要也不紧急
Ⅳ不紧急但重要
紧急程度
重要程度

图5-2 问题分类的方法

如何解决问题? 

1. 摒弃传统解决问题方法

问题解决（Problem Solving）是丰田模式的关键要素，因为只有问题得到快速和有效解决，才能不断提高企业的管理水平，让员工切实体会到精益的作用。常常听到许多企业的员工说，问题反馈了也没用，解决不了，这实在是对员工士气的极大伤害。出现这样的情况，除了大家解决问题的意愿不够强烈外，更多时候是由于问题解决能力的欠缺。因此，在推行精益生产的过程中，学习解决问题的方法是至关重要的。

应用精益解决问题的方法，就必须摒弃传统解决问题的思路、习惯和方法。表5-1列出了传统解决问题方法和精益解决问题方法之间的区别。

表 5-1　传统解决问题方法与精益解决问题方法对比

类别	传统解决问题方法	精益解决问题方法
什么样的问题(What)?	没有对问题进行分类,胡子、眉毛一把抓	需要优先解决的重要问题
谁来解决(Who)?	领导	团队
在哪儿(Where)?	忽视现场,遥控指挥	现地现物
何时来解决(When)?	救火式,哪里需要出现在哪里	按照计划有序安排
为什么(Why)?	被迫推动	持续改善
如何(How)?	凭地位、经验和感觉	PDCA 和 SDCA 的科学方法

2. 选择要解决的问题

根据问题分类和选择原则，我们希望解决重要但不紧急的问题，这些问题是内部改善的驱动力。那么，如何在这些问题中进行选择呢？一般要考虑以下因素：

1）对关键业务指标的影响程度。

2）实际情况和标准的偏离程度。

3）成本和收益。

在 BF 公司，定义了明确的触发问题解决的标准，例如，内部报废率超过 2%、过程良品率低于 98%、发生客户退货、准时交货率不达标等；另外，还要考虑问题出现的频次，是一次不达标就要去解决问题，还是连续几次等。

对于生产线发现问题立即停机的问题，都是紧急和重要的问题，这是另外一个主题，将在情景 7 中的目视化管理中讨论。

3. 问题解决十步法

解决问题是 PDCA 的一个过程，即计划（Plan）、实施（Do）、检查（Check）和行动（Act）；解决问题后，需要维持取得的效果，防止波动和倒退，这就要进入 SDCA 过程。SDCA 是标准化（Standardization）、实施（Do）、检查（Check）和行动（Act）的过程。PDCA 和 SDCA 相结合，使“问题”变成“机会”，实现持续改善，当然这是一个曲折渐进的过程，如图 5-3 所示。

下面介绍的问题解决十步法，其核心是 PDCA 和 SDCA 思想的体现，见表5-2。

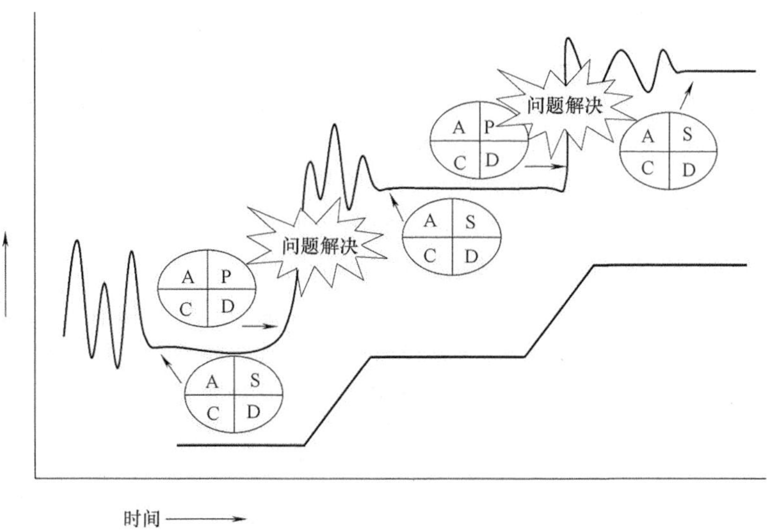

图 5-3 PDCA 和 SDCA

表 5-2 基于 PDCA 的问题解决十步法

PDCA 循环	问题解决的步骤
计划(Plan)	1. 定义和描述问题
	2. 了解目标和需求
	3. 采用团队的方法
	4. 识别潜在原因
	5. 收集和分析数据
	6. 制定和选择解决方案
	7. 确定行动计划
	8. 获得领导批准和支持
实施(Do)	9. 实施方案
检查(Check)	10. 衡量、监控和控制结果
行动(Act)	回顾和奖励进入 SDCA 的过程

下面和吕新一起应用十步法解决交货问题。

(1) 第一步：描述问题　描述问题，看起来好像比较简单，但事实并非如此。描述问题是前期对问题了解的过程，一个准确的问题描述，等于解决了问题的一半。在描述问题时，可以使用以下几种方法：

1) 趋势图。如果将目标值放到趋势图上，直观显示过去结果随着时间的变化情况，可以非常清楚地了解实际状态与标准的差别变化情况。

2) 帕雷托图 (Pareto Chart)。对缺陷和不良类型按照其对问题的贡献率进行排列，识别出其中的主要贡献者 (Contributor)。80%的问题是由 20%的因素决定的，这就是80/20原则，帕雷托图是80/20原则的直观展示。

3）“IS-IS NOT”比较法。“IS-IS NOT”比较法，是对问题进行调查和了解的一种方法，最初被用于解决质量问题时发现和寻找变异。它是通过对谁（Who）、什么问题（What）、什么地方（Where）、什么时候（When）、多少数量（How many）、多少成本（How much）几个方面进行“IS-IS NOT”提问和比较，找出问题的关键点，从而可以客观准确地描述问题，见表5-3。

通过使用”IS-IS NOT”比较法，避免大家在面对问题时，没有客观了解问题就立即跳到问题的结论。例如，当问题发生时，很多时候我们马上就会说，这是员工责任心问题、是工作态度问题、是设备问题、是原料不良问题、是管理问题等。

表5-3 “IS-IS NOT”比较法

类别	IS	IS NOT	不同	变化和差异
谁？	谁发现的问题？ 具体到人、班次、客户	谁应该发现这个问题但是并没有发现？	在“是”和“不是”之间有什么不同？	评估发生怎样的变化，这个变化可以解释“是”和“不是”的差异（如果有的话）
什么问题？	什么产品/项目/部门有这个问题？这个问题是什么？	什么产品/项目/部门应该有这个问题，但是并没有发生？		
什么地方？	在什么地方发现的问题？	什么地方应该发现这个问题但没有发现？		
	问题发生在产品的什么位置？在过程的哪个步骤？	问题应该发生在产品的哪个位置和过程的哪个步骤但没有发生？		
什么时候？	问题是在什么时候生产的？第一次发现这个问题是什么时候？ 具体的日期和时间	什么时候同样的问题应该发生但是并没有发生呢？第一时间应该发现问题但并没有发现是什么时候？		
多少数量？	有多少产品有这个问题？有多少客户发现这个问题？产品有多少缺陷？	有多少产品应该有这个问题但并没有呢？		
多少成本？	这个问题花费了多少成本、资源和时间？	这个问题应该花多少成本但是并没有？这个问题可能要花费多少成本、资源和时间？		
问题描述	在问题描述中不能只有一个方面，要包括以上比较和分析中得到的相关资料			

现在，对 BF 公司出现的交货问题进行描述。

1）BB-A 价值流的准时交货率趋势图如图 5-4 所示。

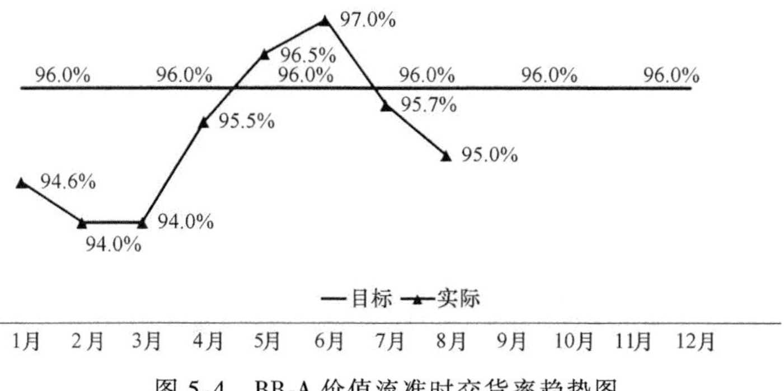

图 5-4　BB-A 价值流准时交货率趋势图

2）帕累托图。图 5-5 是交货影响因素一级帕累托图。

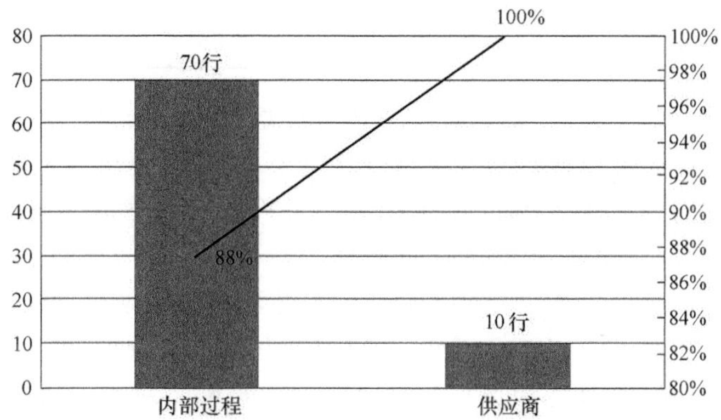

图 5-5　交货影响因素一级帕累托图

3）IS-IS NOT 的分析结果见表 5-4。

表 5-4　交货率问题 IS-IS NOT 分析

类别	IS	IS NOT	不同点	变化
谁?	客户服务部门	价值流部门	准时交货率由客户服务部门提供给价值流部门	
什么问题?	BB-A 价值流 7 月份准时交货率为 95.7%，8 月份准时交货率为 95%	其他还没有按照价值流运行的生产线	BB-A 价值流对产品的库存控制严格，当原料、过程发生问题时，没有多余库存来抵消过程的波动	按照精益的方式管理仓库的库存，生产过程的稳定性不够 产品型号增加，不易管理
什么地方?	客户服务部门（办公室）	组装现场和成品仓库	只有客户服务部门进行月度交货率统计	

（续）

类别	IS	IS NOT	不同点	变化
什么时候？	7月份和8月份的月初	每天没有准时交货率的统计，只有未交货的型号清单	准时交货率的监控频次不同	从3月份开始推行精益，准时交货率不断提高，但是，在7月份和8月份准时交货率又低于目标值
多少数量？	80行延期交货	其他1520行没有问题		
多少成本？	20000元的空运费 3000元的快递费	其他正常的发货费用为192000元	正常发货为陆运和海运方式，异常情况需要空运或快递	比正常的费用增加10%
问题陈述	根据客户服务部门统计的准时交货率数据，BB-A价值流7月份准时交货率为95.7%，8月份准时交货率为95%，没有达到96%的准时交货率目标要求。7、8月份总共交货行数为1552行，有80行没有按照给客户的承诺日期准时交货，其中，内部过程原因导致延迟交货行数为70行，占88%，由于供应商原因造成零部件没有按时到货导致延迟交货行数为10行，占12%。未准时交货造成23000元的额外运输费用，占总运输成本的10%			

（2）第二步：了解目标和需求　在描述问题后，开始第二步，了解目标和需求。第一步所描述的只是问题可见的表面现象，现在需要深入问题产生的过程细节。这一步所使用的方法有SIPOC工作表、工艺流程图、价值流图等，也可以通过使用帕累托图进一步缩小问题解决的范围。

值流图的内容在情景2中进行了介绍，工艺流程图大家也已经非常熟悉，现在重点介绍SIPOC工作表。SIPOC工作表是供应商（Supplier）、输入（Input）、流程（Process）、输出（Output）和客户（Customer）的英文缩写。通过使用SIPOC图表来界定过程范围，识别问题发生的主要过程。

供应商是指为所分析的过程提供材料、信息和资源的人员、部门或组织。

输入是指由供应商所提供的各项资源、信息。识别这些资源、信息的需求和目标，可以帮助了解问题发生工序目前的状态和目标之间的差距。

流程是指输入和输出之间的步骤。

输出是指过程的结果。

客户是指接受输出资源、信息的人员、部门或组织。识别目前输出的结果和客户目标的差距，可以了解问题发生的工序。

SIPOC法按照从S到C的顺序进行分析，从过程步骤开始向顾客和供应商扩展。

在六西格玛方法中，把SIPOC作为确定问题范围的方法，通常其过程步骤不超过6步。通过SIPOC法识别出问题的范围后，再使用过程流程图（Process Mapping）的方法继续细化对过程的分析。在实际的操作过程中，可以直接使用SIPOC的方法，进行过程的分析，了解过程的目标和需求，不必过分追求严格的步骤和方法。针对交货问题进行的SIPOC分析见表5-5。

表 5-5 SIPOC 分析表

供应商	输入	要求	流程	输出	要求	客户
毛坯供应商	毛坯准时到货	供应商准时交货率 100% 从下单到发货时间：18~21 天	毛坯 ↓ 检验 ↓ 加工 ↓ 表面处理 ↓ 组装 ↓ 入成品超市 ↓ 发货	毛坯超市	合格的毛坯；满足 PFEP 的库存量	满足客户要求
	及时送检	货物到达，当天送检完毕		在规定的时间内完成检验	2 天内完成检验 平均检验时间为 4 天[①]	
	合格的毛坯	满足加工要求		按照计划完成生产；质量合格	完成率 100% ；一次合格率大于 99% 完成率 99%	
组装零件供应商	加工后产品			按照计划完成生产；质量合格	完成率 100%；质量合格	
	供应商生产的零件，加工后产品	零件准时配送到现场 经常出现缺料状况		完成生产计划；质量合格	月度准时交货率大于 96%；合格率 100% 目前没有日准时交货率统计	
	组装后产品	提前一天入库		按照超市补充物料	及时补货	

① 划横线的内容为后续需要重点关注的。

由图 5-5 可见，内部过程因素造成的交货问题占了 86%的原因，再结合 SIPOC 分析表，目前供应商的交货准时率和交货周期时间均在要求范围内，所以我们把问题解决的范围确定为从原材料检验到成品出货。

通过 SIPOC 分析，发现几个需要关注的点：

1）供应商提供的零部件检验时间较长，目前平均的检验时间为 4 天。

2）组装工序经常出现缺料状况。

3）只有每月准时交货率数据，无固定的日交货率统计。

（3）第三步：采用团队的方法　许多公司在解决问题时，不是依靠团队，而是工程师自己解决问题。尤其是质量部门，当收到客户投诉时，为了尽快提供给客户 8D 报告，经常自己在办公室的电脑旁边编制报告，这实在是巨大的浪费和毫无意义的事情。

在问题解决时，要采用团队的方法，在组成团队时，要做到以下几点：

1）团队是一个多功能小组。

2）要让最了解现场的一线员工加入到团队中。

3）团队的组长负责组织和协调，并不是承担所有的工作任务。

4）运用头脑风暴法，坚持无责备原则。

5）制定一定的团队活动规则，如准时参加会议、人人发言等。

6）团队在一定范围内要被充分授权。

要有这样的观念：没有个人是完美的，但是团队可以是完美的，必须遵循“依靠团队的智慧解决问题”的原则。

（4）第四步：识别潜在原因　在问题解决的前两步，使用柏拉图以及 SIPOC 分析表对问题进行聚焦，初步确定问题的范围，接下来的工作就是识别问题发生的潜在原因，这个过程是团队观察现场、分析已有相关数据、运用头脑风暴法挖掘潜在原因的过程。这个过程可以通过使用二级帕累托图，进一步缩小问题解决范围，然后利用鱼刺图识别潜在原因，鱼刺图中所涉及的人（Man）、机器（Machine）、材料（Material）、方法（Method）、环境（Environment）、测量（Measurement）包含了造成问题的所有因素，简称 5M1E。

进行鱼刺图分析时，可以准备一些不干胶贴纸，将自己想到的原因按照 5M1E 的分类，粘贴到相应的类别。

利用头脑风暴法，会识别出很多潜在的原因，那么，究竟如何识别哪些原因是重要原因，哪些又是非重要原因呢？推荐的方法是将原因进行列表打分，打分赋值使用数字 0、1、3、9，分别代表无影响、次要影响、一般影响和重要影响，这样潜在原因的影响重要程度自然就从高到低的顺序排列出来。

1）对于有重要影响的原因继续进行 5 个“为什么”的提问，直至找到最终的根本原因。

2）对于无影响的原因则直接划掉。

3）那些次要影响和一般影响的原因由团队进行评估，如果可以采取快速改善措施直接消除，列入后续的措施执行。

根据上面一级帕累托图5-5的分析，交货问题的主要原因是“内部过程”，共70行，占比88%，接下来对这70行进行二级帕累托图的分析，识别出主要原因是“库存与系统不符”，共50行，占比71%，如图5-6所示。

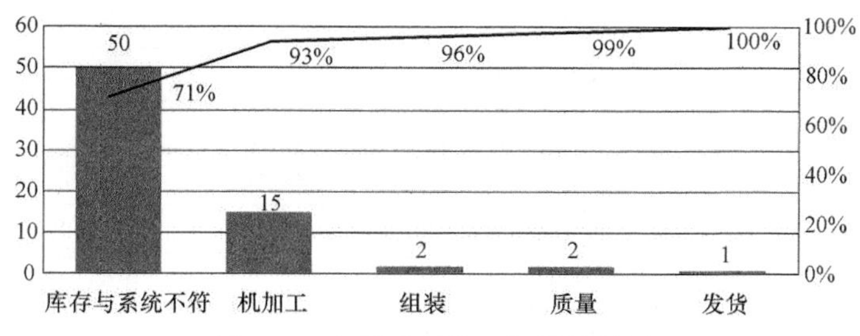

图5-6　内部过程的二级帕累托图

将问题的范围缩小到“库存与系统不符”的这个影响因素，之后团队成员一起通过头脑风暴，使用鱼刺图进行潜在原因的识别，如图5-7所示。

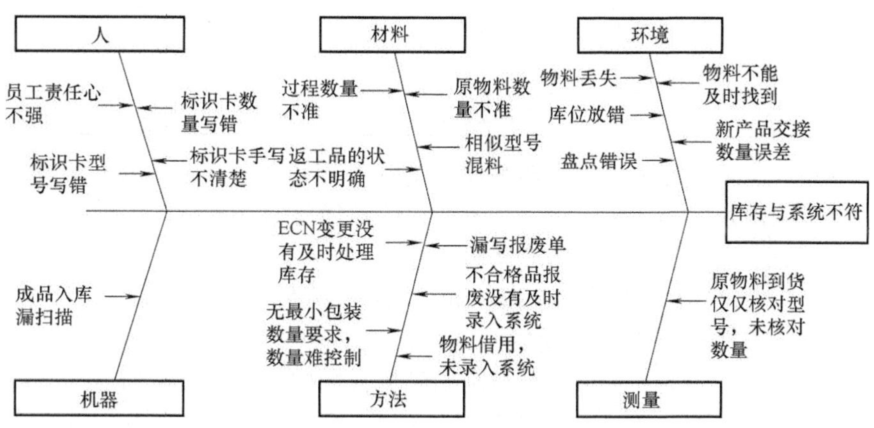

图5-7　库存与系统不符鱼刺图

根据鱼刺图的分析，团队总共识别出20项与问题有关的潜在原因，然后对这些潜在原因进行列表，并对每一项的影响程度进行分析和赋值，得到库存与系统不符的潜在原因，见表5-6。

表5-6　库存与系统不符的潜在原因

5M1E	潜在原因	影响程度
人	员工责任心不强	1
	标识卡型号写错	3
	标识卡数量写错	3
	标识卡手写不清楚	3

（续）

5M1E	潜在原因	影响程度
机器	成品入库漏扫描	3
材料	过程数量不准	3
	原物料数量不准	9
	相似型号混料	3
	返工品的状态不明确	9
方法	ECN 变更没有及时处理库存	3
	无最小包装数量要求,数量难控制	3
	不合格品报废没有及时录入系统	3
	漏写报废单	3
	物料借用,未录入系统	1
环境	库位放错	3
	盘点错误	3
	物料不能及时找到	9
	新产品交接数量误差	1
	物料丢失	1
测量	原物料到货仅仅核对型号,未核对数量	3

赋值完成后，按照从高到低的顺序对潜在原因项进行排列，可以清楚地看到，属于重要影响因素的有 3 项，可以采取快速改善措施的有 8 项，留作后续问题解决进行改善的有 7 项，没有影响的有 2 项。

在表 5-7 中，“员工责任心不强”这一项影响程度得分为“1”，那么，是不是就意味着“人”的因素并不重要呢？其实“人”的因素是非常重要的，正因为非常重要，任何一个问题，都可以简单地归结为人的问题，让大家找到一个轻松的借口，而不再去深入挖掘背后的真实原因。所以，在寻找原因时，有一条原则必须坚持：将问题发生的原因最后才归结为人的因素，即使是人的原因，也要找到系统发生什么才导致了这一结果。

表 5-7 潜在原因重要程度

序号	潜在原因	影响程度	对潜在原因的初步反应
1	物料没有及时找到	9	继续 5 个 Why
2	原物料数量不准	9	继续 5 个 Why
3	返工品的状态不明确	9	继续 5 个 Why
4	标识卡型号写错	3	快速措施,培训员工
5	标识卡数量写错	3	快速措施,培训员工
6	标识卡手写不清楚	3	快速措施,培训员工
7	过程数量不准	3	留作后续问题解决的改善项目

（续）

序号	潜在原因	影响程度	对潜在原因的初步反应
8	原物料到货仅仅核对型号,未核对数量	3	留作后续问题解决的改善项目
9	相似型号混料	3	留作后续问题解决的改善项目
10	ECN 变更没有及时处理库存	3	留作后续问题解决的改善项目
11	无最小包装数量要求,数量难控制	3	留作后续问题解决的改善项目
12	不合格品报废没有及时录入系统	3	留作后续问题解决的改善项目
13	漏写报废单	3	快速措施,培训员工
14	库位放错	3	快速措施,培训员工
15	盘点错误	3	快速措施,培训员工
16	成品入库漏扫描	1	留作后续问题解决的改善项目
17	物料借用,未录入系统	1	快速措施,通知到相关部门及时办理手续
18	新产品交接数量误差	1	快速措施,培训员工
19	员工责任心不强	1	忽略
20	物料丢失	1	忽略

（5）第五步：收集和分析数据　现在进入收集和分析数据的过程。在这个过程中，通过使用 5 个为什么（5Why）的方法，对识别出的重要影响因素不断进行“为什么”的提问，直至找到隐藏在表面原因背后的最根本原因。

在进行 5Why 时，常常会发现下一层的原因不只一个，这时就需要判断哪个是主要原因，在进行措施制定和改善时所花费的成本会更低。

通过 5Why 的方法找到的根本原因，是通过逻辑推理、基于一定知识和经验判断找到的，还需要通过收集过程的相关数据对根本原因进行进一步的验证和确认。第一个重要的潜在原因是“物料没有及时找到”，表面看它似乎和“物料与系统不符”的问题没有太多关联，但事实上，水蜘蛛配料时，确实没有及时找到物料，影响了当班组装工序的订单完成率，之后经过再次寻找，又找到该物料，所以，当时的现象就是物料与系统不符。

问题：物料与系统不符

Why1：物料没有及时找到

Why2：许多物料没有固定库位

Why3：库位数量不够

① Why4：物料型号太多

- ① Why5：客户多元化定制
- ② Why5：客户选型前期参与较少
- ③ Why5：缺少对产品型号的复杂性分析和简化的流程

Why3：库位数量不够

② Why4：仓库面积不够

在进行5Why的提问过程中，对于Why3“库位数量不够”的下一层原因出现了两个分项：一个是“物料型号太多”，一个是“仓库面积不够”。两个原因似乎都有道理，但是基于精益生产的原则和实际的经验判断，先不考虑“仓库面积不够”的原因，所以，选择Why4“物料型号太多”。

继续进行Why5的提问，得到3个分项原因，经过小组反复讨论，最后确定第③条是真正的根本原因。

① 客户多元化定制 ×

② 客户选型前期参与较少 ×

③ 缺少对产品型号的复杂性分析和简化的流程 √

现在进行相关数据的收集和分析，了解目前产品的复杂性状况，作为对根本原因的验证。

当识别出的根本原因涉及产品复杂性时，按照“陌生者”“执行者”和“重复者”进行三级帕累托图的分析，发现“陌生者”对问题的贡献最大，约占总数的84%，如图5-8所示。

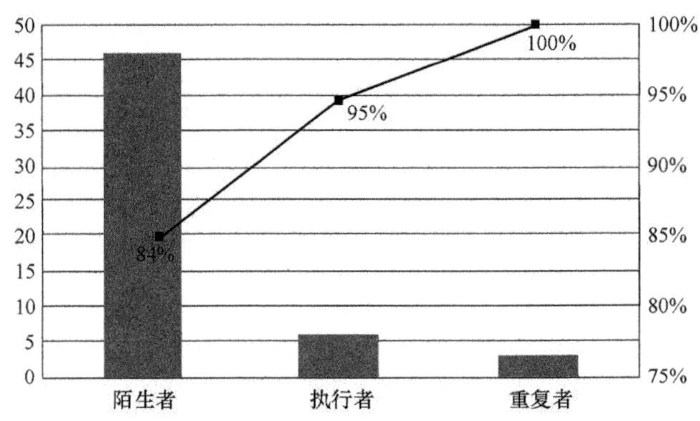

图5-8 库存与系统不符的三级帕累托图

据统计，目前销售的型号共4684个，其中221个型号贡献了销售额的88%，而另外4463个型号仅仅贡献了销售额的12%。

型号数量	销售额
221	88%
4463	12%

为验证根本原因而进行的统计分析，给大家带来许多意外的收获。目前，产品的型号复杂，品种繁多，这样的复杂性确实带来诸多的库存管理问题，造成管理和资源的浪费。

接下来就是对第2项潜在原因进行5Why分析：

问题：物料与系统不符

Why1：原物料数量不准

Why2：供应商来料数量短缺

对第 2 项潜在原因进行 5Why 分析时，得出的结论是可能由于供应商来料数量短缺，但是，这样的结论缺少依据，所以需要从“为什么没发现”的角度进行分析。

问题：物料与系统不符

Why1：原材料数量短缺没有发现

Why2：进料检验仅仅核对型号，没有对数量的检验

Why3：进料检验标准中，没有规定对数量的检验

在进行 5Why 分析时，除了考虑问题发生的根本原因外，还要考虑系统的原因。

使用同样的方法，团队完成了第 3 项潜在原因的 5Why 分析：

问题：物料与系统不符

Why1：返工品的状态不明确

Why2：不合格物料返工过程中，系统难以识别其过程的状态

Why3：缺少对不合格品数量和处理完成时间的追踪和控制

Why4：不合格品管理程序中缺少返工处理时间和数量核对的流程

（6）第六步：制定和选择解决方案　根本原因找到后，接下来的工作是针对原因制定措施，措施也包括那些可以进行快速改善的项目。

在制定措施时，针对原因的措施常常会有多种方案，并非所有方案都是必需的，要考虑其难易程度、投入成本以及带来的收益和效果。我们要摘取容易够着的果子。

下面介绍 3 种常用的方案选择方法。

1）立场分析法。立场分析法又称动阻力分析法，尤其是解决感性问题时，该方法是一种很好的将措施进行量化处理的方法。其原理是任何事物都处在一对相反作用力之下，且处在平衡状态。为了发生变革，驱动力必须大于制约力，从而打破平衡。

立场分析的结果就是建立立场分析模型图，其步骤是将所期望达到的目标放在上面，然后找出对目标影响的驱动力和阻力，并在图表上标出箭头，驱动力在右侧，制约力在左侧，用 1～10 的数字对每一力量强度进行判分，1 代表最弱，10 代表最强（注意：无论驱动力还是阻力都是正数，不是抵消的关系），选出最强的驱动力和阻力，对于驱动力要采取措施进行增强，对于阻力则要采取措施进行减弱或消除。

2）方案权重分析法（Weighted Decision Analysis）。在情景 3 中已经介绍过方

案权重分析法在 2P 中的应用，在此不再赘述。

3）容易实现目标矩阵法（Low Hanging Fruit Matrix）。将所有的潜在解决方案列表（见表 5-8），按照预期收益和执行的难易程度打分。10 分表示预期收益最好并且最容易执行，1 分表示预期收益最少并且最难执行。

然后，得到两个维度的容易实现目标矩阵，如图 5-9 所示。特别说明，在解决质量问题时，经常应用试验设计（DOE）的方法找到最优参数组合，这时使用容易实现目标矩阵法确定其优先性和必要性更加重要。

表 5-8 潜在解决方案列表

编号	方案	收益	难易程度
1	A	1	5
2	B	5	7
3	C	6	3
4	D	4	2
5	E	8	5
6	F	9	4
7	G	10	3
8	H	2	8
9	I	4	4
10	J	3	5

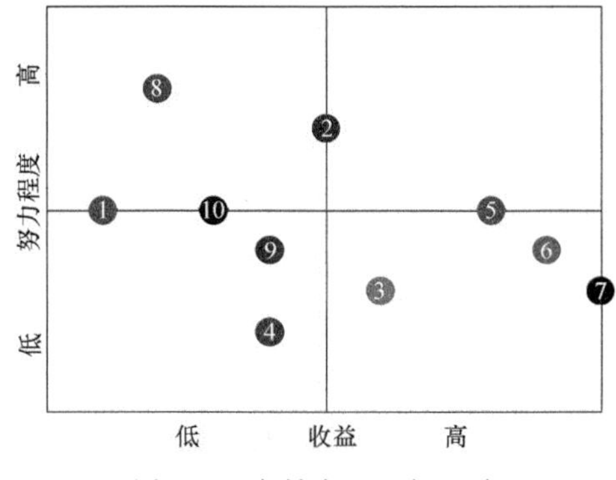

图 5-9 容易实现目标矩阵

对于 BB-A 价值流准时交货问题，针对 5Why 分析的根本原因，制定以下几项措施：

1）对目前产品进行简化。

2）对供应商的原物料进行数量控制。

3）修订不合格品管理和控制程序。

4）对员工书写流程卡进行标准化和培训。

这四项措施实施起来比较容易，并不需要使用容易实现目标矩阵进行分析。

（7）第七步：确定行动计划 根据第六步中选的方案制定行动计划，按照什么措施（What?）、谁来负责（Who?）、什么时候完成（When?）、哪个区域、地方（Where?）、如何完成（How?）以及多少成本（How much?）等方式形成措施清单，具体步骤如下：

1）列出高阶的任务清单。

2）对高阶任务进行分解，列出细化的任务清单。

3）确定每个任务的负责人、目标完成日期等。责任人必须是某个具体的负责人，而非某类岗位的统称，而且最好放一个负责人的名字，而非两、三个人的名字。

4）涉及成本投入的项目列出预计需要的金额等。

5）进行后续的追踪。

表 5-9 列出了 BB-A 价值流准时交货问题的具体行动计划。

表 5-9 BB-A 价值流准时交货问题的具体行动计划

项目	任务	负责人	W24	W25	W26	W27	W28	W29	W30	W31	W32
1	对目前产品进行简化	LX		○							
1.1	分析陌生者产品的历史销售数据	SH		○			△				
1.2	制定产品简化标准,依据标准对陌生者产品进行分类	SH						○			
1.3	修订产品目录清单,并与客户沟通	LX									
2	对供应商的原物料进行数量控制	ZZ			○					△	
2.1	修订进料检验标准,将数量检验纳入质量检验标准	ZZ			○	△					
2.2	收集至少一个月的原料数量检验结果,进行分析	HY				○				△	
2.3	对目前没有标准包装的原物料进行标准化	ZZ			○				△		
3	修订不合格品管理和控制程序	ZZ			○				△		
3.1	对目前各过程的不合格产品处理情况进行了解	ZZ			○	△					
3.2	对不合格品管理和控制程序进行初步修订	HY				○		△			
3.3	组织各部门讨论程序并最终确定和更新流程	ZZ						○	△		
4	对员工书写流程卡进行标准化和培训	LX	○		△						

项目	任务	负责人	W33	W34	W35	W36	W37	W38	W39	W40
1	对目前产品进行简化	LX								
1.1	分析陌生者产品的历史销售数据	SH								
1.2	制定产品简化标准,依据标准对陌生者产品进行分类	SH	△							
1.3	修订产品目录清单,并与客户沟通	LX		○						△
2	对供应商的原物料进行数量控制	ZZ								
2.1	修订进料检验标准,将数量检验纳入质量检验标准	ZZ								
2.2	收集至少一个月的原料数量检验结果,进行分析	HY								
2.3	对目前没有标准包装的原物料进行标准化	ZZ								
3	修订不合格品管理和控制程序	ZZ								
3.1	对目前各过程的不合格产品处理情况进行了解	ZZ								
3.2	对不合格品管理和控制程序进行初步修订	HY								
3.3	组织各部门讨论程序并最终确定和更新流程	ZZ								
4	对员工书写流程卡进行标准化和培训	LX								

○ 计划开始时间　△ 计划完成时间　准时 绿色

● 实际开始时间　▲ 实际完成时间　不准时 红色

（8）第八步：获得领导批准和支持　在完成行动计划后，需要获得领导的批准，批准的目的是得到领导的支持，特别是涉及较大资源的投入时。这样的批准过程也是沟通的过程。

在问题解决的过程中，领导更多地是扮演教练的角色，帮助和启发问题解决团队确实应用头脑风暴法对问题原因进行深入的寻找和挖掘。

（9）第九步：实施方案　根据第七步所制定的行动方案，责任人按照既定计划去执行。团队要定期对措施的完成情况进行回顾，并用红、绿色表示非准时和准时情况，达到目视化的作用。

（10）第十步：衡量、监控和控制结果　措施是否有效，要通过数据来显示结果是否得到改善，可以使用趋势图、帕累托图、控制图等各种直观的图表以及过程能力指数等方法进行监控和测量。结果的改进一定要与行动计划相关联。很多时候看到行动计划还没有开始，结果就变得很好，缺少逻辑关系，这说明要么数据有问题，要么就是没有找到问题的根本原因。在解决问题的过程中，我们并不希望问题“不治而愈”。

在问题解决后，很重要的一个工作就是后续的标准化，因为问题的改善常常会涉及失效模式和结果分析（FMEA）、控制计划（Control Plan）以及其他的作业指导书（Work Instruction）等文件的更新，以便维持所取得的成果。

学会使用 A3 报告

1. A3 报告及其作用

将问题解决的过程用 A3 纸的形式记录下来形成问题解决的报告，这种方式在丰田已经成为精益的标准方法，而“A3 报告”也成为问题解决的代名词。

在 BF 公司，将 5Why、鱼刺图以及 A3 报告的格式印刷在白板上，小组成员可以在现场应用这些白板“现地现物”地解决问题，然后将报告用拍照的方式进行存档，团队解决问题的氛围非常好，其中一个重要的原则是问题涉及的当事人必须参与问题解决。无论是使用纸质的 A3 报告还是其他形式的 A3 报告，解决问题的方法不变，现地现物的思想不变。

将 A3 报告编号，形成一个清单，包括解决的问题、涉及的文件更改、取得的效果、行动计划是否关闭、收益情况等，见表 5-10。

有的 A3 可能需要长期持续不断进行改进，例如上面提到的准时交货问题，第一次的 A3 报告仅仅解决问题大约 35%，初期的目标达到了，但是，后续潜在原因还要继续进行改善，也可能又有其他新的潜在原因。

2. A3 报告和 8D 报告的关系

吕新和肖老师正在分享自己通过解决问题方法来解决交货问题的心得。

“我过去曾经是质量经理，经常使用 8D 方法处理客户抱怨的质量问题，感觉 A3 和 8D 的方法有异曲同工之妙。”吕新说。

表 5-10 BB-A 价值流 A3 报告

BF 公司问题解决 A3 报告编号:2015-09-01
日期:2015. 9. 15
批准:FQ

1. 定义和描述问题

根据客户服务部门统计的准时交货率数据,BB-A 价值流 7 月份准时交货率为 95. 7%,8 月份准时交货率为 95%,没有达到 96%的准时交货率目标要求。7、8 月份总共交货行数为 1552 行,有 80 行没有按照给客户的承诺日期准时交货,其中内部过程原因导致延迟交货行数为 70 行,占比 88%,由于供应商原因造成零部件没有按时到货导致延迟交货行数为 10 行,占比 12%。未准时交货造成 23000 元的额外运输费用,占总运输成本的 10%。

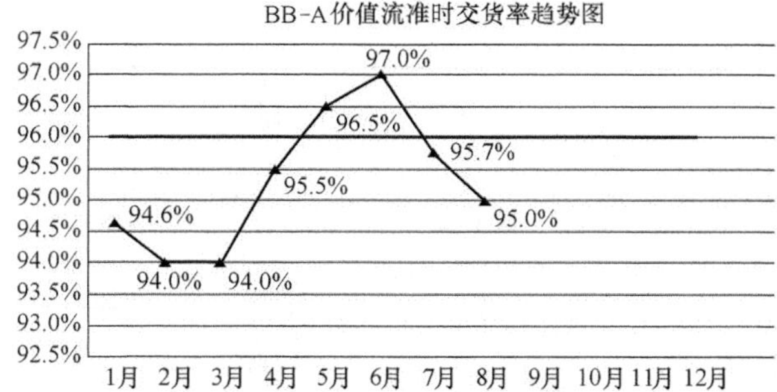

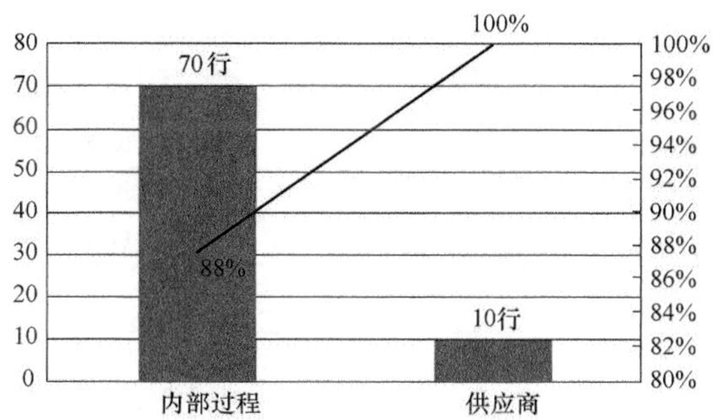

2. 了解目标和需求

通过 SIPOC 分析这两个过程,发现几个需要关注的点:
1)供应商提供的零部件的检验时间较长,目前平均的检验时间为 4 天。
2)组装工序经常出现缺料状况。
3)只有每月准时交货率数据,无固定的日交货率统计。

3. 采用团队的方法

组长:LX
组员:SH,ZZ,HY。
活动规则:头脑风暴,知无不言,言无不尽。

（续）

4. 识别潜在原因

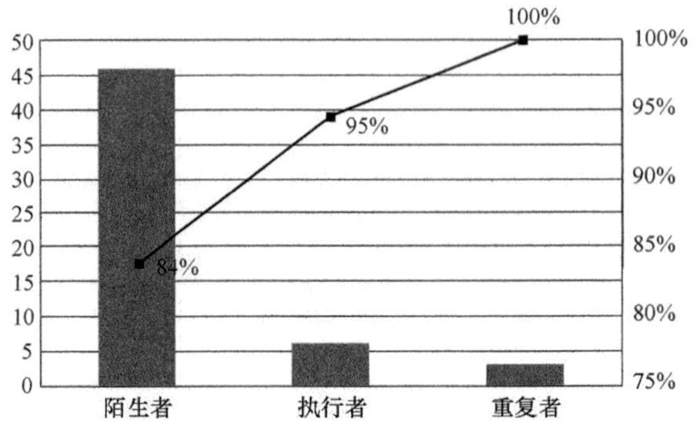

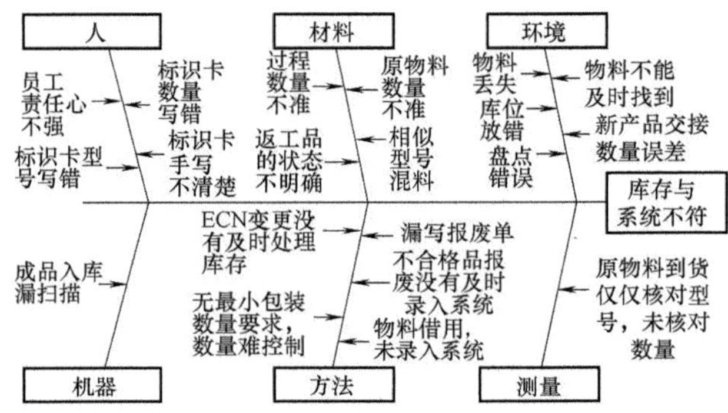

	潜在原因	影响程度	对潜在原因的初步反应
1	物料没有及时找到	9	继续 5 个 Why
2	原物料数量不准	9	继续 5 个 Why
3	返工品的状态不明确	9	继续 5 个 Why

5. 收集和分析数据

问题：物料与系统不符

Why1：物料没有及时找到

Why2：许多物料没有固定库位

① Why3：库位数量不够

Why4：物料型号太多

① Why5：客户多元化定制

② Why5：客户选型前期参与较少

③ Why5：缺少对产品复杂性分析和简化的流程

② Why3：库位数量不够

Why4：仓库面积不够

问题：物料与系统不符

Why1：原材料数量短缺没有发现

Why2：进料检验仅仅核对型号，没有对数量的检验

Why3：进料检验标准中没有规定对数量的检验

（续）

问题：物料与系统不符

Why1：返工品的状态不明确

Why2：不合格物料返工过程中，系统难以识别其过程的状态

Why3：缺少对不合格品数量和处理完成时间的追踪和控制

Why4：不合格品管理程序中缺少返工处理时间和数量核对的流程

6. 制定和选择解决方案

· 对目前产品进行简化。
· 对供应商的原物料进行数量控制。
· 修订不合格品管理和控制程序。
· 对员工的书写进行培训。

7. 确定行动计划

项目	任务	负责人	W24	W25	W26	W27	W28	W29	W30	W31	W32
1	对目前产品进行简化	LX		○							
1.1	分析陌生者产品的历史销售数据	SH		○			△				
1.2	制定产品简化标准，依据标准对陌生者产品进行分类	SH						○			
1.3	修订产品目录清单，并与客户沟通	LX									
2	对供应商的原物料进行数量控制	ZZ			○					△	
2.1	修订进料检验标准，将数量检验纳入质量检验标准	ZZ			○	△					
2.2	收集至少一个月的原料数量检验结果，进行分析	HY				○				△	
2.3	对目前没有标准包装的原物料进行标准化	ZZ			○				△		
3	修订不合格品管理和控制程序	ZZ			○				△		
3.1	对目前各过程的不合格产品处理情况进行了解	ZZ			○	△					
3.2	对不合格品管理和控制程序进行初步修订	HY				○		△			
3.3	组织各部门讨论程序并最终确定和更新流程	ZZ						○	△		
4	对员工书写流程卡进行标准化和培训	LX	○		△						

项目	任务	负责人	W33	W34	W35	W36	W37	W38	W39	W40
1	对目前产品进行简化	LX								
1.1	分析陌生者产品的历史销售数据	SH								
1.2	制定产品简化标准，依据标准对陌生者产品进行分类	SH	△							
1.3	修订产品目录清单，并与客户沟通	LX		○						△
2	对供应商的原物料进行数量控制	ZZ								
2.1	修订进料检验标准，将数量检验纳入质量检验标准	ZZ								

（续）

项目	任务	负责人	W33	W34	W35	W36	W37	W38	W39	W40
2.2	收集至少一个月的原料数量检验结果，进行分析	HY								
2.3	对目前没有标准包装的原物料进行标准化	ZZ								
3	修订不合格品管理和控制程序	ZZ								
3.1	对目前各过程的不合格产品处理情况进行了解	ZZ								
3.2	对不合格品管理和控制程序进行初步修订	HY								
3.3	组织各部门讨论程序并最终确定和更新流程	ZZ								
4	对员工书写流程卡进行标准化和培训	LX	○		△					

○ 计划开始时间　△ 计划完成时间　准时 绿色
● 实际开始时间　▲ 实际完成时间　不准时 红色

8. 获得领导批准和支持

该项目的投入：没有实物资源的投入。

批准人：FQ

9. 实施方案

依据第七步行动计划实施

10. 衡量、监控和控制结果

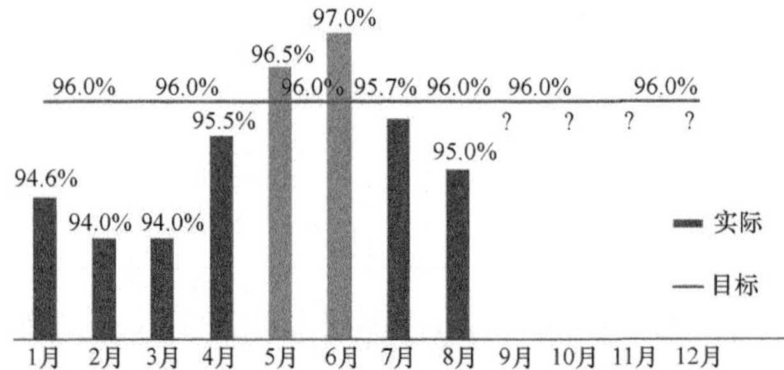

对后续的准时交货率持续进行跟踪：红色（深色）柱子代表没有达到目标，绿色（浅色）柱子代表达到目标要求。

“你说的没错。将问题解决的过程总结成A3纸格式大小的报告进行总结，称为A3报告。开始推行精益时，提到A3报告许多人感觉比较陌生，但提到8D报告大家非常熟悉，都是利用团队进行问题解决方法，虽然名称都叫“报告”，但已经成为问题解决的代名词，只是大多数企业并没有像丰田一样将这种解决问题用 A3 纸报告的方法提高到企业文化的高度。”肖老师解释说。

“我查阅了相关的资料，对 A3 和 8D 进行了比较。”吕新兴奋地说。

表 5-11 就是吕新总结的 A3 和 8D 的对比表。

表 5-11 A3 和 8D 的对比表

	A3 方法	8D 方法
目的	问题解决	问题解决
起源	日本丰田公司	美国福特公司
发展历程	1)随着丰田公司的发展而逐渐形成 2)丰田公司的标准方法 3)成为精益企业文化的一部分	1)提出于 20 世纪二三十年代,成型于 20 世纪 80 年代 2)为大多数导入 ISO9000 认证的企业所应用 3)作为解决客户抱怨的常用方法
应用范围	解决与企业运营相关的问题	解决与质量相关的问题
工作步骤	没有绝对固定的标准步骤,一般按照以下步骤进行,最后将内容呈现在一张 A3 大小的纸上 1)描述问题 2)确定目标和需求 3)成立小组 4)分析潜在原因 5)确认根本原因 6)制定行动计划 7)效果追踪和验证	按照以下 8 个步骤进行: 1)问题描述 2)制定并实施临时围堵措施 3)原因分析并确认根本原因 4)制定长期行动计划 5)执行行动计划并确认最终效果 6)预防再发生及标准化 7)恭喜小组 8)形成一定格式的报告

看完对比表，肖老师接着说：“你的总结很好。从对比表可以看出，二者虽有所区别，但原理基本相同，都是体现 PDCA 循环的思想。”

精益问题解决方法和六西格玛方法相得益彰

吕新和肖老师的谈话继续进行。

“六西格玛方法同样是问题解决的方法，那么和精益中的问题解决方法有什么区别呢？总感觉 A3 方法比六西格玛方法简单。”吕新问。

“精益问题解决方法（A3 报告）起源于日本丰田汽车公司，而六西格玛方法则起源于美国的摩托罗拉，并被美国通用公司发扬光大。就解决问题的方法论而言，精益问题解决方法确实比较简单，也更加关注现场和基层团队的作用，而六西格玛方法则更加关注个人能力以及基于大量数据基础下的统计技术分析。”肖老师说。

“用一个形象的例子说明它们二者区别，精益问题解决方法像中医，通过提高整个机体的综合能力而达到标本兼治；而六西格玛方法则像西医，经过一系列的化验、仪器检测，然后使用手术刀直奔病灶解决问题。当然我们的目的不是要评价孰重孰轻和进行取舍，而是综合应用这些方法，达到相得益彰。例如，前面情景中介绍的问题解决十步法、SIPOC 方法就是六西格玛常用工具；当确定根本原因时，可以使用六西格玛方法中的假设性检验、方差分析等统计方法科学地选择和确定潜在原因。”肖老师接着说。

事实上，BF 推行精益时，同时也培养了多名黑带、绿带，让他们来协助和指导运用六西格玛工具解决问题，取得了非常好的效果。

培养团队解决问题的能力

培养问题解决的能力决非朝夕之功，需要花时间反复训练，从领导层开始，学习使用科学的系统性问题解决方法，改变直接跳到问题结论上面的惯性思维。

（1）确实改变对待问题的态度　虽然人们经常说“问题就是机会”，但是，当问题真正发生时，绝大多数的人并不认为是机会，而仅仅看到问题本身，甚至更多时候，大家并不是讨论如何解决问题，而是很快将问题发生的原因归咎于某个人。所以，面对问题的态度很重要，问题的出现使我们看到不增值的部分，从而使流程更加优化，过程更加受控，结果更加完美。许多人不愿面对问题，采取回避的做法，但是，由于问题没有得到解决，最后造成的后果越来越严重，好的结果不是自然发生的，而一定是经过努力取得的。

（2）善于在现场发现问题　在前面谈到选择问题的原则，将优势资源运用到最增值的地方，同时还有一个重要原则就是善于在现场发现问题，及时解决问题。现场永远是管理者解决问题最大和最重要的舞台，管理者要学会在现场观察和收集第一手资料，这就是为什么丰田公司将“现地现物”作为精益管理模式基本原则的原因。管理者要以身作则，在现场解决问题的同时，也培养下属处理问题的方法和能力。

（3）建立问题解决的培训机制　将解决问题的方法形成一套完整的培训教材，最好所有人员都能够接受问题解决技能的培训。当然，对于不同层级的人员，要求掌握的标准和内容有所不同。例如，一般员工要了解什么是变异和波动、造成波动的 5M1E 的因素等；而工程师及管理人员则要掌握更多与问题解决相关联的技能和技巧，包括许多质量工具、精益工具。

（4）将问题解决作为工作技能要求　将解决问题的能力作为对管理者乃至基层员工的一项基本技能要求，逐级形成一个从上到下都善于解决问题的团队，从而确保决策符合运营目标。

（5）将问题解决扩展到非生产价值流领域　使用 A3 报告解决问题，决不是价值流部门、质量部门、供应链等部门的专利，同时要扩展到人力资源、财务、行政以及IT等每一个部门。例如，员工的离职率超过预定的控制限、净利润低于目标值、非生产性用品的消耗超过季度预算等问题，都可以用A3报告进行解决。

(6) 培养问题解决的正确思维和习惯　前面反复提到要正确对待问题，培养问题解决的正确思维和习惯，下面的问题清单可以作为检查表帮助团队进行自我评估，了解团队在问题解决方面的实际状况。

1）解决问题时，花费更多的时间在现场而不是在办公室吗?

2）解决问题时，使用了结构性的系统方法吗?

3）解决问题时，是组成团队通过面对面的头脑风暴法来找到根本原因吗?

4）团队解决问题时，不是领导层来决定问题解决方案，而是邀请最接近问题的人员一起讨论解决吗?

5）解决问题时，使用5个为什么刨根问底，而不是直接跳到结论吗?

6）出现问题时，没有首先把原因归咎于人吗?

7）解决问题时有对成本进行分析吗?

8）解决问题后，有进行标准化吗?

9）解决问题后有持续的追踪和验证吗?

10）解决问题后有给予团队鼓励和表扬吗?

以上10个问题，如果9~10个问题的回答是“yes”，那就说明团队形成了问题解决的正确思维和习惯；如果回答是“yes”的个数小于6个，那么，说明团队还没有形成问题解决的正确思维和习惯，需要持续努力。

要点梳理

1. 应用流动和拉动的精益工具，会收到很好的改善效果，但这并不代表就一帆风顺，例如，按照超市生产的产品可以准时交货，但是按照订单生产的产品就有可能遇到交货不准时的问题。

2. 正确理解和对待发生的问题，将问题看作改善的机会。

3. 解决问题时，不是使用传统解决问题的方法，而是使用精益问题解决方法。前者的特点是解决问题没有计划，依靠领导的经验、地位和感觉以救火式的推动方法解决问题，而后者则是按照计划依靠团队以PDCA和SDCA的科学方法解决问题。

4. 解决问题十步法是系统的问题解决方法，基于PDCA和SDCA。其中前8步，即①定义和描述问题、②了解目标和需求、③采用团队的方法、④识别潜在原因、⑤收集和分析数据、⑥制定和选择解决方案、⑦确定行动计划、⑧获得领导批准和支持属于计划（Plan）部分，占的篇幅最大，说明计划的重要性。

实施（Do）和检查（Check）分别包含⑨实施方案和⑩衡量、监控和控制结果两个步骤，然后进入行动（Act）和SDCA的阶段。

5. 将问题解决的过程用A3纸的形式记录下来形成问题解决的报告，这种方式在丰田已经成为精益的标准方法，而“A3报告”也成为问题解决的代名词。

6. A3报告和8D报告比较，前者使用范围更广泛，而后者主要应用为解决质量问题，回复客户抱怨。

7. 对于精益问题解决方法和六西格玛方法，不是比较孰重孰轻，而是相互结合、相得益彰。

8. 培养团队解决问题的能力，重要的是确实改变对待问题的态度；利用检查清单评价团队在使用系统方法解决问题方面是否形成了正确的习惯和思维。

情景6

紧急救火还是TPM?——通过TPM实现“零”损失

在BF公司最初导入精益时，大家开始的感觉是新鲜、陌生，继而是排斥甚至恐惧；对于许多精益方法和工具的使用，大多是迫于公司领导的压力而不得以为之，表面上是按照精益的模式进行，暗地里还是按照老的方法我行我素。不过随着精益生产推行的不断深入，大家逐渐意识到精益所带来的收益。

进步虽然不可否认，但存在的问题也仍然很多。例如，吕新感觉到，现在最需要解决的问题就是设备问题，本来设计好的拉动系统，常常因为设备的异常停机而出现看板库存被拉断的情况。当找到设备维修人员，问他们为什么不能及时修复设备，维修人员一脸无辜地说，工作节奏很紧张，操作者只是按照看板生产，他们几乎没有时间来事前检查设备，所以出现问题很正常。例如，前天设备异常停机，就是因为排屑机的铁屑没有及时清理，造成排屑机堵塞而停止工作。当找到操作者时，操作者则说，铁屑清理其实很及时，主要的问题还是由于排屑机很长时间没有维护，内部的摩擦片磨损而出现排屑机无法正常工作。类似的事件还有很多，维修人员和操作者双方总是各执一词。

除了设备本身故障外，维修人员抱怨最大的还有设备备件的问题。急用的备件常常没有库存，即使要求采购部门去紧急采购，采购周期也非常长，所以这也是造成维修效率低下的主要原因。吕新和采购部门沟通了好多次，希望仓库能备一些常用备件，但由于成本因素，最终也没有达成一致。

设备使用多年，由于没有良好的维护和保养，很多设备漏油严重，不仅影响生产拉动的正常运行，而且现场的5S也一直让吕新感到头疼。

精益之“TPM屋”

精益系统运行中经常提到三大损失，即“浪费”、“波动”和“僵化”，而其中设备问题就是造成“波动”损失的非常重要的原因，例如“异常停机”、“制造

废品”、“设备性能下降而产出波动”等。尽管设计了非常好的流动和拉动系统，但是由于设备的种种异常，无法按照预期的计划完成正常的生产。正如BF公司，操作者一直认为设备问题就是设备维修部门的事，对待设备的态度就是“我来用，你来修”，所以，维修人员始终处在“救火式”的紧急抢修状态。

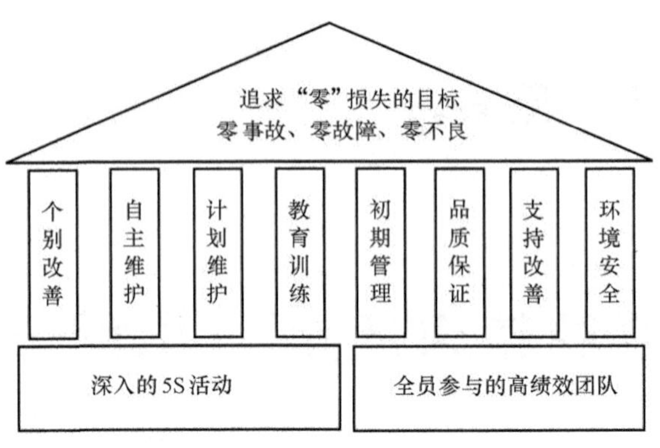

图 6-1　TPM 屋

为了保证精益生产的正常运行，BF公司正式开始TPM活动的推行。TPM就是全员生产力维护（Total Productivity Maintenance）。顾名思义，TPM虽与设备管理有关，但又不只局限于设备管理，而是一种范围更广、参与人员更多的保证生产力的活动。

很多人认为TPM很复杂，实施起来很难，不知如何开始。为了让大家对TPM有清晰的了解，我们用“TPM屋”概括其内容，如图6-1所示。

屋顶：基于“零”损失的目标，即零事故、零故障和零不良。

地基：深入的5S活动和全员参与的高绩效团队。5S是比较简单的精益工具，但做好并非易事，不是做表面文章，而是要深入贯彻，起到提高效率的作用；TPM必须是全员参与，既要关注群众性、普及性，又要关注团队的效率。

TPM八大支柱：连接屋顶和地基的支撑部分，它们分别是个别改善、自主维护、计划维护、教育训练、初期管理、品质保证、支持改善和环境安全。

TPM屋直观展示了TPM体系的构成，几个支柱之间相辅相成，缺一不可。

基于八大支柱实施 TPM

1. TPM 支柱之一：个别改善

在初期进行TPM时，不可能对所有的设备进行立刻的改善，所以需要从关键设备开始，然后根据80/20原则识别出目前最大的损失及来源，然后决定实施个别改善的设备和项目。个别改善的流程如图6-2所示。

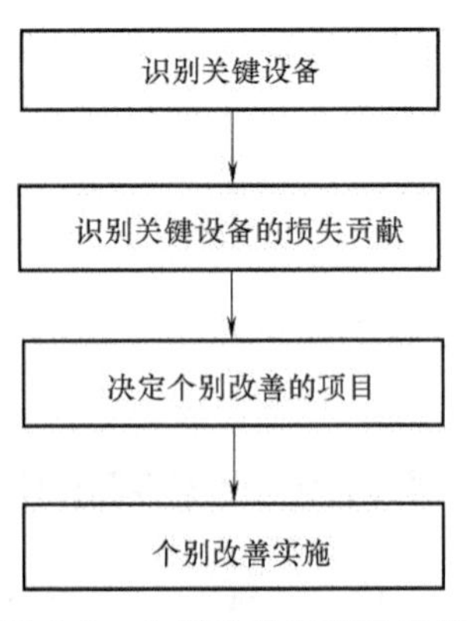

图 6-2　个别改善流程示意图

（1）关键设备的选择方法　使用情景3介绍的“权重分析法”，找出关键设备，见表6-1。

假设定义总分数大于100为关键设备，那么，根据各个设备的评价得分，找出哪些设备是关键设备，并在设备的台账中进行标注。当然，关键设备并不是一成不变的，需要定期进行再评估。

表 6-1 关键设备评估表

			权重							得分
			严重失效的可能性	设备可替代性	产能利用率	是否特殊过程	关键特性的 CPK	维修的成本	是否需要外包技术性支持	
机器名称	设备编号	使用区域	4	9	7	6	8	6	3	
切割机	BX-001	BB-A	3	7	9	1	1	1	3	167
压力机	BX-002	BB-A	3	7	8	1	1	1	3	167
弯管机-L	BX-003	BB-A	3	9	3	1	1	1	3	143
弯管机-M	BX-004	BB-A	3	9	3	1	1	1	3	143
真空炉	BX-007	BB-A	3	3	3	9	1	1	3	137
装配-M1	4#	BB-A	1	1	3	1	1	1	3	63
装配-M2	5#	BB-A	1	1	3	1	1	1	3	63
装配-M3	6#	BB-A	1	1	3	1	1	1	3	63
装配-M4	7#	BB-A	1	1	3	1	1	1	3	63

注：评估项设定权重：1~10 代表评估项目对设备关键性的影响程度等级。1 代表影响非常小，10 代表影响非常大。
设备对权重项目的赋值：1、3、7、9 分别代表设备在相关项目的关联程度从低到高。

（2）个别改善设备的选择　在决定关键设备后，对设备的停机时间、存在问题进行统计分析，然后运用柏拉图找出影响程度最高的设备。由图 6-3 所示的柏拉图可以看到月度停机工时排第一位的是 CNC-S 设备，其故障原因是设备漏油，所以可以选择该设备作为个别改善的设备。

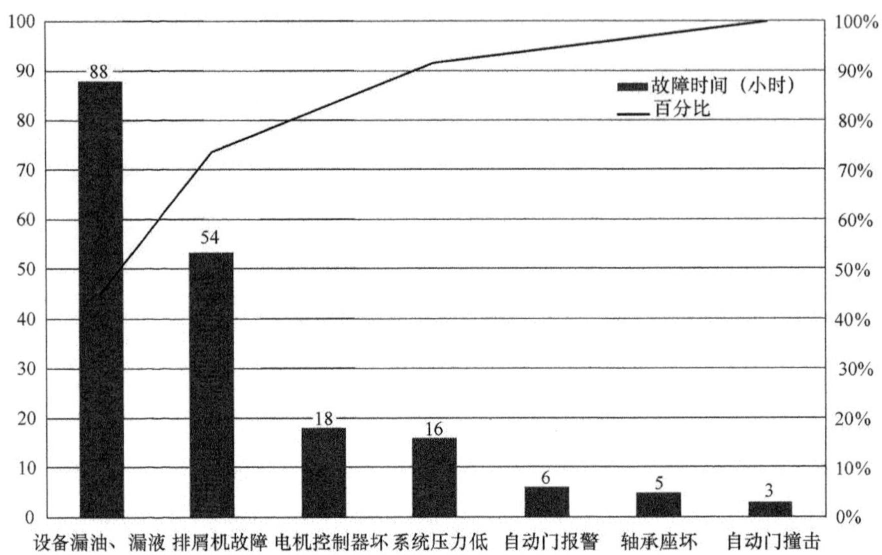

图 6-3　月度停机工时柏拉图分析

（3）实施个别改善的步骤

1）确定目标。以“零损失”的思想为指导，制定具有挑战性的目标。对于 CCN-S 设备，由于该设备使用了较长时间，漏油问题似乎是非常难解决的事情，但这恰恰就是要进行个别改善的原因。

2）建立团队。首先需要确定个别改善团队的负责人。负责人并非必须要来自设备管理部门，也可以来自生产部门，团队成员可由专业的维护人员和来自一线的操作设备员工组成。在组建团队时，最好邀请一位上级领导作为支持者给予资源上的支持以及对团队进行必要的指导。

3）改善之前要识别潜在原因。要充分发挥小组的作用，对设备存在的问题、故障进行原因分析，透过现象看本质。使用鱼刺图从人、机器（部件、备件等）、材料、方法等 4M 因素方面寻找可能的潜在原因，然后利用 5Why 法不断提问，确定最终的根本原因。图 6-4 所示为对排在月度设备停机工时柏拉图中第一位的因素进行鱼刺图分析的结果。

从鱼刺图中找出潜在的可能原因，然后进行 5Why 分析，如图 6-5 所示。

4）编制项目计划。制定行动计划时，一定要列出具体的措施项目负责人以及完成时间，并得到团队领导的批准。改善的项目常常会涉及较大的成本投入，获得领导的批准就是事先沟通的过程，这样也加快了后续工作的进展。

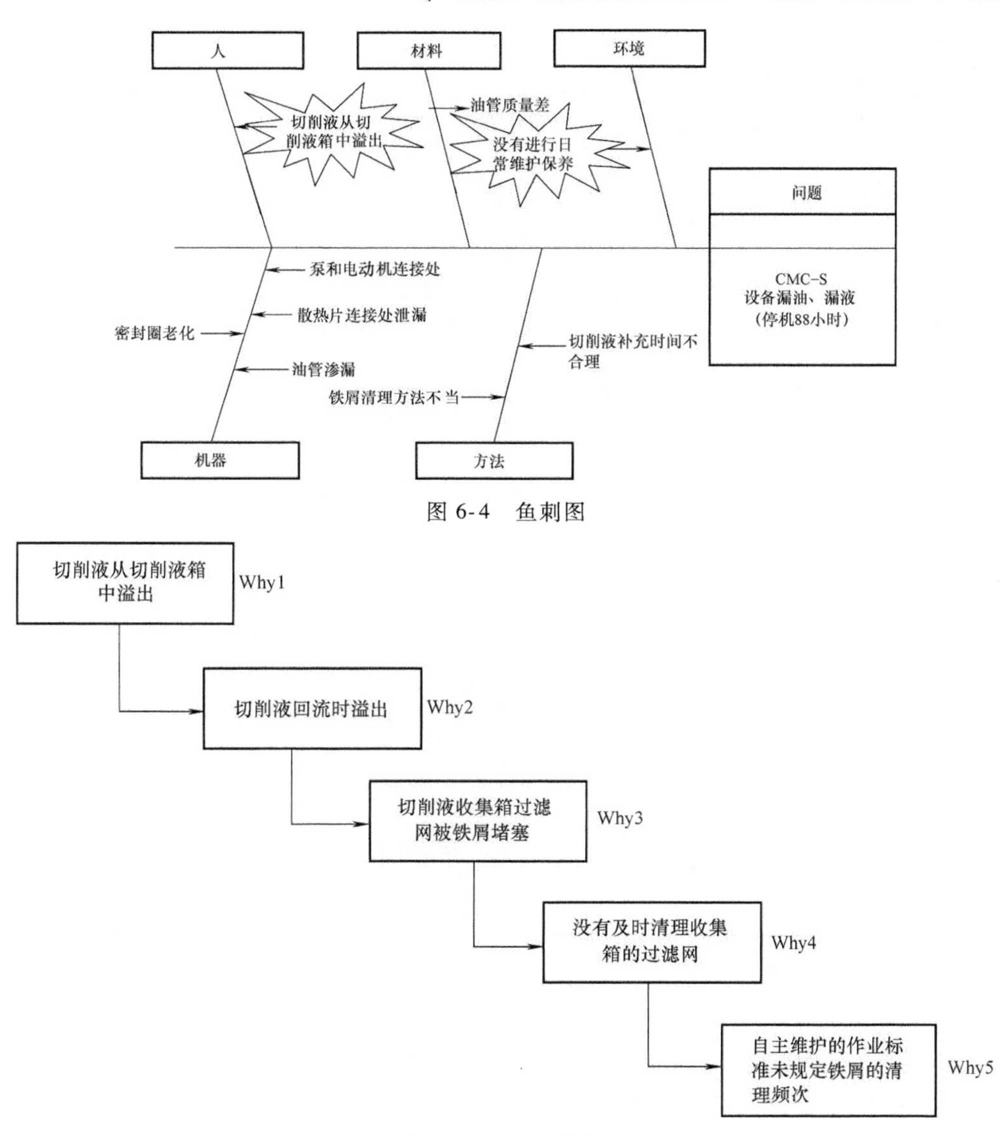

图 6-4 鱼刺图

图 6-5 5Why 分析

5）实施方案并衡量结果。按照项目计划具体实施，在措施完成后，团队成员要对效果进行验证和评估，确定是否达到了预期的目标。如果没有达到目标，则需要重新进行原因分析和方案的再修订，直至达到预期目标。

6）进行标准化。团队成员要对个别改善项目及时进行经验和方法的工作总结，必要时重新修订相关的作业维护标准，并对相关的作业人员进行培训和教育，也可以制成 PPT，作为 TPM 的资料归档保存。

2. TPM 支柱之二：自主维护

自主维护是推行 TPM 的关键活动，是体现全员参与的关键环节，也是真正体现预防为主、实现“零损失”的最主要途径。通过自主维护，不仅使设备达到良好状态，而且可以提高员工的技能，使员工有成就感，营造“我的设备我做主，我的设备我管理”的良好氛围。自主维护的具体步骤见表6-2。

表6-2 自主维护步骤

输入	自主维护步骤	输出
1）团队小组 2）计划维护的设备 3）设备说明书 4）相机	彻底的5S——初期的清扫	1）5S后的改善图片 2）临时5S作业标准 3）困难部位、发生源及现场挂签标识
1）团队小组 2）困难部位及发生源	困难部位处理 发生源处理	1）对发生源进行“个别改善” 2）困难部位改进，为清扫、点检、作业的易于操作进行改进
1）团队小组 2）5S清扫、注油、点检、紧固等活动回顾及记录	临时标准的制定	1）临时5S标准作业，包括所需时间记录 2）点检、加油、紧固等临时标准
1）团队小组 2）临时维护标准 3）设备结构了解	总点检	1）全面设备内部点检： · 自主维护团队可以恢复的部分进行自主维护 · 自主维护团队不能恢复的，邀请专业维护人员支持 2）OPL
1）团队小组 2）活动总结	自主点检	1）更新临时自主维护标准及自主维护检查清单 2）培训教育
1）团队小组 2）所有的临时维护标准	标准化	正式的自主维护标准： · 5S标准 · 注油、润滑标准 · 自主点检作业标准 注：所有标准最好附图片、规定频次以及所需时间。

表6-3是经过自主维护后，在专业维护人员的指导下，由现场作业者制作的自主维护点检标准。

基于自主维护标准，制定相应的自主维护点检记录，以保证日常的执行，见表6-4。

3. TPM支柱之三：计划维护

当自主维护成为现场设备管理的重要活动时，至少80%以上的故障可以得到预防和提前解决，设备的管理进入良性运转阶段。此时，专业维护团队的精力从原来的“救火”状态转向对设备真正的“管理”状态，其工作主要包括以下内容：

（1）对自主维护团队的支持　在自主维护团队的成长过程中，特别是TPM的初期，专业维护团队需要协助其进行发生源和困难部位的处理，同时对操作者进行设备知识和现场培训。

（2）对操作者的教育和训练　专业团队要对设备的相关知识和操作技能要求进行归纳和总结，对操作者进行现场培训，提高自主维护团队成员解决问题的能力。

表 6-3　自主维护点检标准

序号	检查部分	检查内容及要求(操作者)	检查方法/工具	检查频次	检查点
1	整机	1)设备是否振动/异响	触摸/耳听	每班	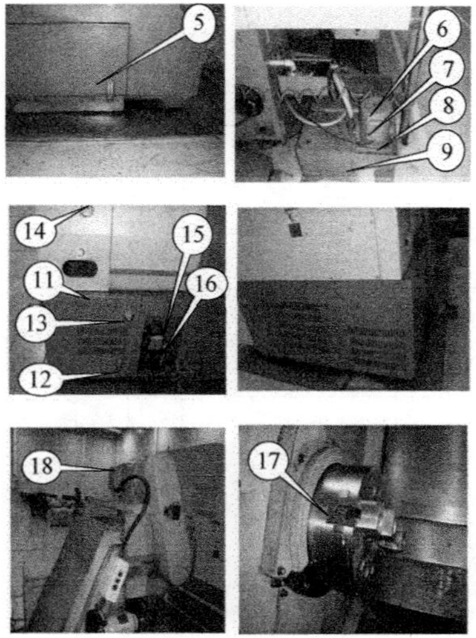
		2)清洁机床表面及防护玻璃	抹布	每天	
		3)清洁各电磁阀、电动机风扇滤网及空调滤网	抹布	每周三	
		4)检查防护门限位开关工作是否正常	目测	每班	
2	冷却系统	5)检查切削液液位	目测	每天	
		6)确认切削液流量正常、泵工作正常	目测/触摸	每天	
		7)清洁切削液箱过滤网			
		8)清洗切削液过滤网			
		……			
4	润滑系统	15)确认润滑油液在指示范围内	目视	每班	
		16)润滑油管路无泄露	目视	每班	
5	其他	17)卡盘润滑	加油枪	每班	
		18)铁屑输送机电动机检查	目视/触摸	每天	
		19)机器内部铁屑清理(每班清理)	目测/刷子清理	每班	

编制：　　　　审核：　　　　批准：

表 6-4　自主维护点检记录表

		设备编号：									年/月：			负责人：									
序号	检查部分	检查内容及要求	1	2	3	4	5	6	7	8	9	10	……	22	23	24	25	26	27	28	29	30	31
1	整机	1)设备是否振动/异响											按照每月30或31天进行日常的点检记录										
		2)清洁机床表面及防护玻璃																					
		3)压缩空气管路有无漏气																					
		4)安全门推拉是否正常																					
		5)电气控制线路是否有破损情况																					
2	冷却系统	6)检查切削液液位																					
		7)确认切削液流量正常、泵工作正常																					
		8)清洁切削液箱过滤网																					
		9)清洁切削液箱过滤器																					
		10)清洗切削液喷嘴																					
3	液压系统	11)检查液压电动机是否异常																					
		12)检查油位是否在指示的范围之内																					
		13)夹紧油压检查(5~27kgf/cm^2)																					
		14)系统油压检查(35kgf/cm^2)																					
4	润滑系统	15)确认润滑油液在指示范围内																					
		16)润滑油管路无泄漏																					
5	其他	17)卡盘润滑																					
		18)铁屑输送机电动机检查																					
		19)机器内部铁屑清理																					
		班长确认																					

设备操作人员完成相关检查，请在空白处画√；G 为公休标记；F 为放假标记；X 为修理标记；W 为没生产标记。每日班长确认。

（3）进行个别改善 选择损失影响较大的设备进行改善，并对改善案例定期总结沟通。

（4）设备管理

1）与使用部门一起，在设备采购初期提出技术要求，并组织设备的验收工作。

2）建立设备管理制度以及设备台帐，并对设备的说明书、图样等资料进行归档管理。

3）对备品、备件的采购需求进行分析和提出采购需求。

4）对设备维修成本的分析、控制和改进。

（5）预防性维护管理

1）建立定期维护计划。维修人员依据预防性维护标准，定期对设备进行预防性维护，见表6-5。

2）实施定期维护。根据预防性维护标准，维护人员按照计划完成各个项目后，填写维护记录表，见表6-6。

除了对单台设备制定预防性维护标准外，BF公司还建立了全部设备（尤其是关键设备）的整体预防性维护保养计划，便于统一协调和安排。计划完成后，可以张贴在TPM的目视化管理中心。关于TPM的目视化管理情景7将进行介绍。

（6）设备维护评价体系的建立

1）建立TPM体系评价指标。

2）故障统计和分析。

3）设备状态分析。

4. TPM支柱之四：教育训练

对于TPM而言，对员工的教育和训练是非常关键的，只有这样才能真正达到全员参与的目的，“零损失”的目标才能变为现实。

（1）利用单点课程（One Point Lesson，OPL） 在TPM的活动中，推行单点课程是非常好的方法。所谓OPL由员工自己编写相关设备方面的培训教材，并对其他员工进行培训。对于教材的内容，要求每次一个主题，要简洁、明了、图文并茂，放在一页纸里，5~10分钟左右就能够完成培训。制作OPL的人员既可以是专业的设备维护人员，也可以是现场的操作者，只要他们是排除故障、解决问题并熟悉所要培训内容的人员即可。OPL的素材源于以下几个方面：

1）个别改善案例。

2）自主维护方法。

3）故障分析和解决问题的过程。

4）设备操作技巧以及心得。

5）设备安全操作注意事项。

表 6-5 设备预防性维护标准

序号	检查部分	检查内容及要求(操作者)	检查方法/工具	检查频次	检查点
1	整机	1)设备是否振动/异响	触摸/耳听	每周	
		2)主轴同步带胀紧	专用工具	每半年	
		3)安全门动作灵活、限位开关工作正常	目测	每周	
		4)设备水平检测(±0.04mm 之内)	水平仪/目测	每年	
2	冷却系统	5)检查切削液液位	目测	每周	
		6)确认切削液流量正常、泵工作正常	目测/触摸	每周	
		7)检查冷却管路无老化、泄漏	目视、试车	每月	
		8)清洗切削液过滤器/切削液箱	手动	每三月	
4	润滑系统	14)确认润滑油液在指示范围内	目视	每周	
		15)润滑油管路无泄漏	目视	每周	
		16)润滑油箱清理	清理	每半年	
5	其他	17)检查卡盘润滑情况(润滑脂自然外漏)	目视	每周	
		18)铁屑输送机电动机以及减速装置检查	目测/触摸	每周	
		19)确认操作人员班后将铁屑清理干净	目测	每周	

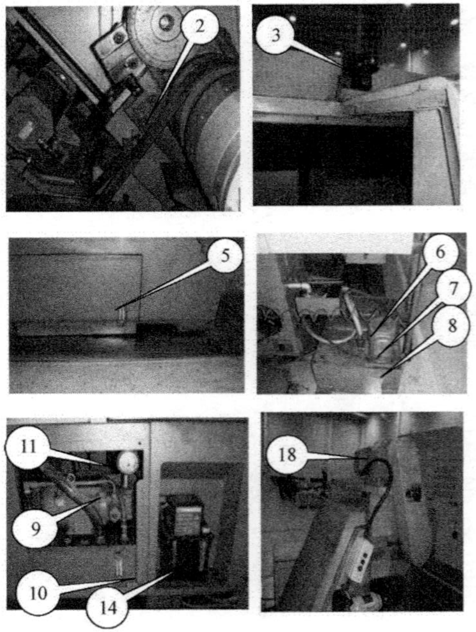

按照设备的状况,制定预防性的维护标准:维护的项目、具体要求、检查方法以及检查频次等。

编制： 审核： 批准：

表 6-6 设备预防性维护记录表

设备编号：											年/月：											负责人：					
检查部分	项目序号	频次	1月				2月				3月				……	10月				11月				12月			
			W1	W2	W3	W4	W1	W2	W3	W4	W1	W2	W3	W4	……	W1	W2	W3	W4	W1	W2	W3	W4	W1	W2	W3	W4
整机	1	每周	○	○	○	○	○	○	○	○	○	○	○	○		○	○	○	○	○	○	○	○	○	○	○	○
	2	每半年																						○			
	3	每周	○	○	○	○	○	○	○	○	○	○	○	○		○	○	○	○	○	○	○	○	○	○	○	○
	4	每年																									○
冷却系统	5	每周	○	○	○	○	○	○	○	○	○	○	○	○		○	○	○	○	○	○	○	○	○	○	○	○
	6	每周	○	○	○	○	○	○	○	○	○	○	○	○		○	○	○	○	○	○	○	○	○	○	○	○
	7	每月	○				○				○					○				○				○			
	8	每三月									○													○			
液压系统	9	每周	○	○	○	○	○	○	○	○	○	○	○	○		○	○	○	○	○	○	○	○	○	○	○	○
	10	每周	○	○	○	○	○	○	○	○	○	○	○	○		○	○	○	○	○	○	○	○	○	○	○	○
	11	每周	○	○	○	○	○	○	○	○	○	○	○	○		○	○	○	○	○	○	○	○	○	○	○	○
	12	每周	○	○	○	○	○	○	○	○	○	○	○	○		○	○	○	○	○	○	○	○	○	○	○	○
	13	每半年																						○			
润滑系统	14	每周	○	○	○	○	○	○	○	○	○	○	○	○		○	○	○	○	○	○	○	○	○	○	○	○
	15	每周	○	○	○	○	○	○	○	○	○	○	○	○		○	○	○	○	○	○	○	○	○	○	○	○
	16	每半年																						○			
其他	17	每周	○	○	○	○	○	○	○	○	○	○	○	○		○	○	○	○	○	○	○	○	○	○	○	○
	18	每周	○	○	○	○	○	○	○	○	○	○	○	○		○	○	○	○	○	○	○	○	○	○	○	○
	19	每周	○	○	○	○	○	○	○	○	○	○	○	○		○	○	○	○	○	○	○	○	○	○	○	○
预防维修操作人（签字）																											
工程师（签字）																											

○计划实施　●实际实施

OPL 的内容完成后，开始进行培训，培训必须是现场培训。现场可以准备活动的白板，将纸贴到白板上进行现场培训。培训者就是 OPL 的制作者，培训后，所有参加培训的人员要在 OPL 表签名。

表 6-7 是 BF 公司 BB-A 价值流现场的 OPL 实施规范。

表 6-7　OPL 实施规范

<table>
<tr><td>设备编号</td><td colspan="3">CNC-S1</td><td>确认日期</td><td colspan="2">确认</td></tr>
<tr><td>部门</td><td>BB-A 价值流</td><td>制作人</td><td>DLK</td><td>确认日期</td><td colspan="2">××××-××-××</td></tr>
<tr><td>OPL 规范</td><td colspan="3">加工设备 TPM 维护及方法技巧</td><td>实施对象</td><td colspan="2">加工工序作业者</td></tr>
<tr><td colspan="7">液压站维护作业步骤：</td></tr>
<tr><td colspan="4">第一步：清理液压站周边</td><td colspan="3">第二步：拆开冷却风扇管路</td></tr>
<tr><td colspan="4">

将液压站①周围油及杂物清理干净，并检查各个辅助元件②有无损坏和老化。
所需时间：30 分钟</td><td colspan="3">

将管路接口③、螺钉④、过滤器⑤拆下放入准备好的容器中。
所需时间：20 分钟</td></tr>
<tr><td colspan="4">第三步：清理电动机油污，更换过滤器</td><td colspan="3">第四步：打开油箱盖</td></tr>
<tr><td colspan="4">

电动机的散热筋⑥后端盖⑦清理后，将风扇⑧取下后放入容器中并清理。
所需时间：50 分钟</td><td colspan="3">

拆下油箱盖上面的螺钉⑨。
注意：需要两个或两个以上的人共同作业。
所需时间：20 分钟</td></tr>
<tr><td colspan="4">第五步：清理油箱内部</td><td colspan="3">第六步：零部件清洗</td></tr>
<tr><td colspan="4">

先将油箱内部⑩的油清理后，用煤油或汽油进行全面清理。
注意：煤油易燃请远离火源并佩戴好防护用品！
所需时间：20 分钟</td><td colspan="3">

清洗时请将零部件的进出油口⑪进行封口避免杂物进入。
注意请远离火源！</td></tr>
<tr><td colspan="2">注意事项</td><td colspan="5">注意佩戴防护用品，遵守所有安全事项。</td></tr>
<tr><td colspan="2">员工培训签字</td><td colspan="5"></td></tr>
</table>

实施 OPL 时，注意以下几点：

1）不要让 OPL 成为专业维修人员的工作，而是鼓励全员参与。

2）不要只重视教材编写，而轻视现场培训。

3）不要闭门造车，而是总结现场经验。

4）要持之以恒，而非一时的热情。

通过 OPL 的教育训练方法，使员工不断成长和积累经验，并及时向其他员工分享和表达自己的心得及经验，可以使企业更加有活力，员工更有成就感。

（2）通过参与编写维护作业指导书和点检表进行培训　通过自主维护活动，员工在现场的参与过程中逐渐了解设备的基本构造和重点关注部位；同样，员工在参与编写维护作业指导书和点检表的过程中，既了解了设备方面的知识，又为后续执行打下了基础，做到“润物细无声”和“潜移默化”。只要长期坚持，员工不仅提高了技能又感觉到被重视和认可，从而建立依靠团队和尊重员工的企业文化。

（3）利用厂外资源　非常专业的设备，可以利用厂外资源对员工进行培训。这样的培训千万不要成为专业维修人员的专利，要尽量邀请现场员工参与培训。如果涉及费用等问题，也要要求专业人员在培训后进行内部培训。通过这样的活动，使所有培训人员更有动力和责任感，在日后设备的维护管理中才有更多的资源。

5. TPM 支柱之五：初期管理

设备初期管理是指对设备从最初的需求规划到设备投入使用的过程进行管理。设备初期管理需要多功能小组共同参与，而非设备管理部门或者价值流部门的责任。表 6-8 为设备初期管理检查清单。

表 6-8　设备初期管理检查清单

评价结果（是/不是）	准则	注意事项
	投入设备是为解决生产中的瓶颈工序吗?	1)如果是,目前 CT 和 TT 的比较结果如何？现在和将来所需要的产能是多少？ 2)如果不是,需要增加的产能是多少？投入这样的设备是不是产能过剩？ 3)投入一个比目前设备自动化级程度低一个等级的设备可以吗？ 4)设备投入所需要的投资是否与产品的生命周期相匹配？
	计划采购的设备其性能与最初的技术要求一致吗?	1)如果是标准的设备,是否有相关的国家标准或技术要求？（如果有,要参考其相关要求） 2)设备必须符合有关国家安全方面的法律、法规要求 3)通常设备供应商有更丰富的相关经验
	是否根据生产工艺的要求对设备的设计进行了核对?	1)在提出设备的技术要求时,是否考虑了曾经在生产过程中所得到的经验和教训？ 2)新购买的设备是否可以杜绝曾经发生的问题从而保证高品质？

（续）

评价结果（是/不是）	准则	注意事项
	是否对设备的下料/上料（unload/load）方式及自动化程度进行了考虑？	1）是否考虑其他的自动化方式提高效率和质量？ 2）尽可能在设备的设计中考虑自动下料
	设备设计时是否考虑了设备调试和换型的时间？	1）在设备设计时要考虑快速换型 2）如何能比目前设备的换型有大的提高？
	考虑设备的可维护性了吗？	设备维护人员参与设备初期管理，以便保证设备维护的方便性
	设备的增加影响目前物料流动的合理性吗？	1）设备的投入要适合目前的布局或通过2P方式对布局进行调整 2）材料是否能够被送到员工操作位置（POU）？拿走加工后产品能够不影响操作者吗？ 3）设备的投入是否需要增加额外的空间？如果在安全、质量以及生产效率上没有足够的提升，就不应该投入设备
	操作者的标准化作业是否建立？	1）设备投入时，同时要考虑人员的需求 2）在设备设计时，有没有考虑对员工的培训，从而防止造成安全和质量问题？
	是否进行了设备投入对价值流的损益分析？	应该计算投资回报率（ROI）
	设备的高度是否影响视线？	1）清晰的视线对于生产管理非常有帮助 2）设备的高度最好不要超过1.7米
	设备的投入是否需要进行FMEA？	1）要进行实效模式和效果分析，并在设备的设计中进行防止 2）设备设计时要考虑防错和自动化

6. TPM支柱之六：品质管理

（1）影响产品品质的设备因素　TPM就是要保证设备的精度和性能，在确保效率的前提下不制造不良品。另外，需要特别注意，无论是自主维护、预防性维护还是个别改善，设备在修理和维护后，一定要进行设备的性能和过程能力的再确认，其方法可以是首件检验、参数对比以及过程能力研究等。

（2）使用防错方法　日本的新乡重夫（Shigeo Shingo）提出了防错的概念，丰田精益中的Poka-Yoke（日语）就是指这种防止错误发生的“防呆”系统，英文翻译为Error-proof，即“防错”的意思。

防错是指当人或机器发生错误时，通过一定的过程控制阻止缺陷产品的发生或者流出，从而防止发生品质问题，实现产品“零缺陷”的目标。在失效模式和后果分析（FMEA）中，如果采取防错的方式，则会降低问题发生率的等级（Opportunity）或降低探测级别（Detect）。

自动化离不开防错。防错的两个重要途径是设计防错和过程防错，而这两个过程与设备初期设计和后期改进有着重要的联系。表6-9列举了防错的类型及防错范例。

表6-9 防错的类型及防错范例

防错类型	解释和说明	防错范例
预防性	通过控制和自动纠错的方式消除发生错误的条件	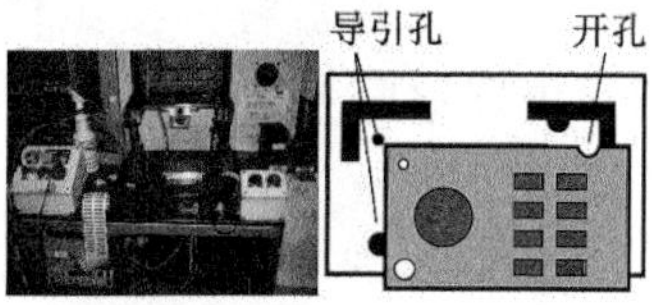 导引孔 开孔 双按钮的安全装置及固定位置防反装置
报警性	发生错误时马上报警	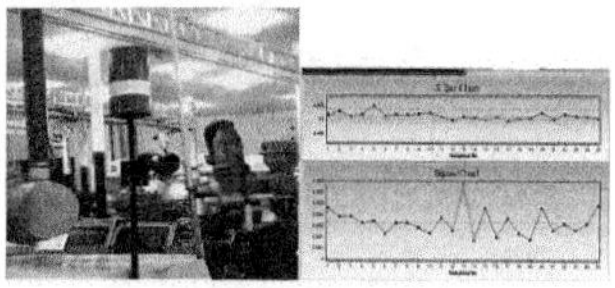 报警系统控制图
探测性	错误发生后，可以探测到错误的发生	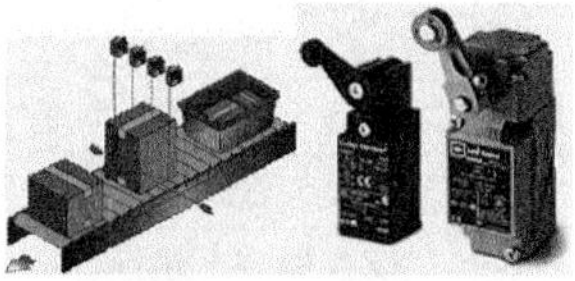 传感器探测系统及限位开关

一种值得推广的方法就是将价值流中所有关于防错的设计、装置和方法进行列表，形成一份动态防错清单，既可以作为共享资料，又可以促使大家不断创新，不断设计出新的防错方法。

7. TPM支柱之七：支持改善

支持改善是指管理和支持部门工作效率的改善。在生产现场进行全员生产力维护的同时，管理部门和支持部门工作的改善必不可少。

（1）备件管理 备件管理问题是TPM过程中经常遇到的难点问题，到底如何进行备件管理呢？

1）识别关键备件。和识别关键设备一样，使用权重分析法识别关键备件，评价项目可以考虑备件的易获得性、与故障的相关性、成本等。

2）设置安全库存，利用 PFEP 计算备件的库存量以及简单的拉动触发需求方式。

3）建立备件的出、入库管理台账。

建立备件台账并定期统计使用情况，为分析维修成本提供数据支持。另外，要减化备件的领用手续，不要让维修工拿着领料单跑来跑去找人签字，造成许多浪费。

除了备件外，如油、液、辅料等辅助材料，同样可以利用设置最小安全库存量管理库存和触发采购需求。

（2）采购流程　按照精益的方式来尽可能消除中间的浪费环节，缩短采购周期，更好地服务于生产现场的 TPM 活动。采购流程可以使用非生产型价值流的方法进行改善。

（3）培训　人力资源部门要依据员工的技能要求提供培训机会，不仅仅包括设备知识、操作等方面的训练，也包括问题解决、高绩效团队等方面的训练。

8. TPM 支柱之八：环境安全

“零事故”是 TPM 的重要目标，其中，重要的环节是对新购入设备和现有设备进行安全和环境方面的评价，了解其安全状态，才能真正实现“零事故”的目标。设备安全和环境评估表见表 6-10。

表 6-10　设备安全和环境评估表

设备名称：					
序号	环境、健康、安全评审内容	评价结论			说明
		是	否	不适用	
1	设备无废水、废气、有害废物产生				
2	烟、尘、毒设备有防护装置或排放装置				
3	设备噪声未超标（≤85dB（A））				
4	设备无跑、冒、滴、漏等现象				
5	设备属节能、低能耗产品				
6	设备的操作运行需要使用化学品，但不是法律所禁止的				
7	警告标志齐全（高温、高压、辐射等）				
8	设备有安全操作说明书				
9	温度、压力、液面超限报警、释放装置				
	设备行程负荷限制装置				
	过载保护				
	机电安全联动装置				
	电力线符合规范并有接地、接零装置				
	照明和应急照明系统符合标准				

（续）

设备名称：					
序号	环境、健康、安全评审内容	评价结论			说明
		是	否	不适用	
10	设备的操作、维修符合人体生理特点				
11	设备的设计、造型和色泽符合人的心理特点				
12	通风系统符合设计标准				
13	设备上暴露的传动部件有机械防护罩				
14	无暴露在设备外的紧固件、销或带有尖锐毛边的零部件				
15	控制盘标明各按钮的功能				
16	动力中断再恢复时，必须经人工重新起动后设备才能运转				
17	其他：				
		评审结论：			
		填写人： 日期：			

如何建立TPM“零损失”的目标？

1. TPM的目标是“零损失”

实现“零损失”目标，需要通过TPM系统的管理方法预防和消除这些损失（见图6-6）。

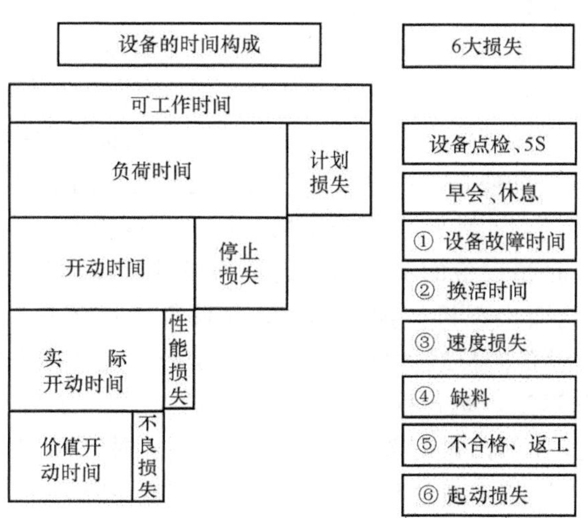

图6-6　设备6大损失

1）设备停机损失。设备由于故障不能正常运转而造成的损失叫作设备停机损失。设备停机损失是明显的，是被重点关注的，也是在大多数企业里人们花费大量时间去解决的损失，TPM 的工作则是杜绝和降低这类损失。通过 TPM，最重要的是改变大家“设备故障不可避免”这种根深蒂固的传统思想，并不断向“预防为主”的思想转变，从而防止和不断降低设备故障的发生频率。

2）换型损失。由于产品品种之间的切换而造成的损失。这个损失看上去与设备本身的状态没有关系，但实际上生产不同产品需要切换不同的工装、模具，造成设备事实上的损失。所以，丰田公司提出单分钟快速换型（Single Minute Exchange of Die，SMED），指产品之间切换的目标时间控制在 10 分钟以内，当然越快越好。实现 SMED 要尽可能减少机内的换型时间，机内时间是指需要停机进行换型操作的时间。SMED 是对管理者智慧和勇气的挑战，是不断精益求精的过程。随着个性化、小批量定制时代的来临，实现 SMED 减少换型损失显得尤为重要。

3）较小停机的损失。是指由于误操作、报警停机等原因造成设备短时间停顿的损失。这种损失常常不被人们所关注，例如，由于设备卡料、加工时崩刀、出现不合格报警、过载保护等原因所造成设备的较小停机。将较小停机列入损失之列，提醒我们要留意各种损失，尽管这种损失单个看来似乎微不足道。所以管理者要培养“现地现物”的工作习惯，并且要有敏锐的眼光发现和关注这些损失。同时，调动全体人员的积极性，对这些损失及时发现和报告。

在 BF 公司，有一台自动化程度属于四级的设备，经常发生某个时间段不能完成产量的问题。因为该设备效率比较高，整个班次的产量还暂时可以满足客户订单要求，所以，没有人过多关注设备的问题。但是由于订单增加，尽管从理论计算产能是足够的，但实际产出却不能满足订单要求。所以，吕新到现场了解情况，经过观察很快发现了其中的原因：由于毛坯反向进入机器的加工部位，造成机器卡料停顿，当发生这种情况时，操作者需要手动进行处理。再进一步观察，原来毛坯是通过自动上料装置首先进入振动物料盘，经过拨爪对毛坯的方向筛选后，排列好的毛坯一个个进入轨道，然后进入机器加工部位，出现毛坯反向的原因是拨爪磨损，不能 100%保证毛坯的正常方向。所以，即使是较小停顿的损失，也需要找到根本原因进行解决。除此之外，最重要的是不要对小停顿“视而不见”和“习以为常”。

4）速度损失。是指设备的实际速度达不到设计速度而造成的损失。速度损失常常由于设备的劣化而出现机械配合不佳，用降低速度解决出现的质量问题。所以，通过 TPM 预防设备的自然劣化和强制劣化是防止速度损失的关键。

5）质量缺陷和返工。是各种综合因素作用的结果，与设备的原始设计、稳定性、原材料、员工操作等因素有关。在生产过程中，使用统计过程控制（Statistics Process Control，SPC）技术对过程的变异进行探测和预防。

6）起动损失。是指从设备起动到稳定生产产生的损失。这些损失与工艺要求、设备状态、夹具和模具的设计、维护水平以及操作技能的熟练程度等有关。这项损失常常是潜在的，被认为是理所当然的，但是，需要所有人有对现状的挑战精神尽可能加以改进和消除。

2. 建立评价“零损失”的关键绩效指标（KPI）

（1）故障停机率

$$故障停机率=\frac{故障停机时间}{故障停时间+设备实际开动时间}\times 100\%$$

计算故障停机时间时，可以按照价值流分别进行计算，设备是指价值流的所有设备。价值流的所有设备必须保证完好，即使是因订单原因暂时没有运行的设备也要确保状态良好，任何时候开机都可以正常生产。例如，BF 公司 BB-A 价值流里有许多相同或类似的加工设备，很多时候，遇到故障时，维修人员会从某台暂时没有进行生产的设备上拆下备件更换到有故障的设备，造成该设备没有及时恢复成为故障机器。

故障停机时间要按照周或月的频次进行统计并制作趋势图，如图 6-7 所示，对于达不到目标的情况，要触发 A3 报告。

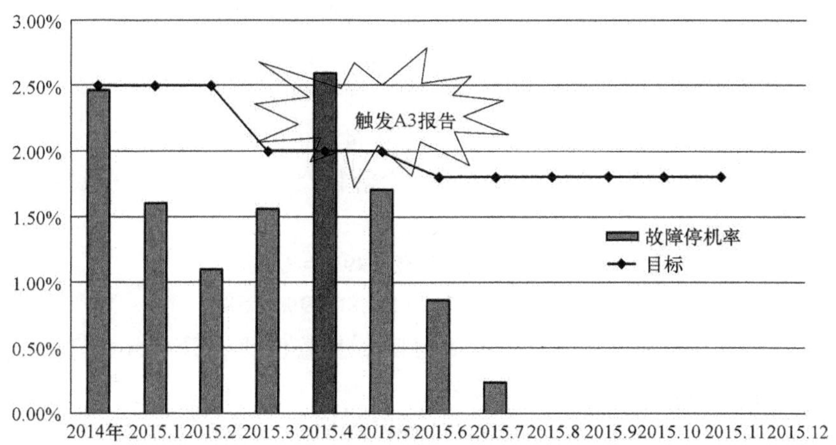

图 6-7 BB-A 价值流设备故障停机率趋势图

（2）平均故障恢复时间（Mean Time To Repair，MTTR） 设备从出现故障到修复的这段时间。例如，某台设备一个月发生 3 次故障，修复的时间分别为 30 分钟、70 分钟和 80 分钟，那么，MTTR=(30+70+80)分钟/3=60 分钟。MTTR 越小越好。

（3）平均故障间隔时间（Mean Time Between Failure，MTBF） 指设备故障发生之间的时间平均值，MTBF 越长表示设备的可靠性越高。

例如，某台设备在某个月运行 130 小时时发生一次故障，修复后运行 150 小时又发生一次故障，然后设备运行 110 小时后又发生一次故障，这样，MTBF=(130+150+110)小时/3=130 小时。MTBF 越大越好。

（4）设备综合效率（Overall Equipment Effectiveness，OEE） 评价设备整体效率的综合性指标。通过 OEE 的计算，可以了解设备的整体利用状况，为“零损失”的目标提供可衡量的数据基础。

有的企业计算完全有效生产率（Total Effective Efficiency of Production，TEEP），

即把所有与设备有关和无关的因素都考虑进去评价整体的设备利用率。例如，计划停机时间也要考虑。这个计算更加严格，意味着在标准的工作时间里，只要有设备的停机情况，无论何种原因都认为是损失，毕竟设备停止就没有创造价值。

OEE 的计算公式为：

OEE＝时间开动率×性能开动率×质量比率

1）时间开动率：反应设备的时间反映情况，其计算公式为：

时间开动率＝开动时间/负荷时间

其中，

负荷时间＝日历时间－计划停机时间

开动时间＝负荷时间－设备故障时间－换型时间

2）性能开动率：理论加工时间与开动时间的比值，反映生产中设备空转和小停顿的情况，其计算公式为：

性能开动率＝理论加工时间/开动时间

理论加工时间＝加工数量×加工周期时间（CT）

3）质量比率：设备加工产品的合格率，其计算公式为：

质量比率＝合格品数量/加工数量

例如，表 6-11 记录了价值流 BB-A 中弯管机（编号 BX-M）的设备损失数据，通过公式可以计算出：

OEE＝73%×89%×99%＝64%

TEEP＝91%×73%×89%×99%＝58%

计算 TEEP 时包含计划停机的损失时间，其数值比 OEE 低，其目的是衡量完全有效生产率，即设备的整体利用水平。

表 6-11　OEE 计算　（单位：分钟）

弯管机 BX-M	标准工作时间	计划损失			负荷时间	停止损失		开动时间	性能损失		理论加工时间	不良损失				价值开动时间	计算 OEE 要素			
		设备点检时间	5S时间	计划休息时间		换活时间	设备故障时间		速度损失时间	缺料时间		不合格品损失时间	材料缺陷损失时间	返修损失时间	起动稳定时间		计划停机率	时间开动率	性能开动率	质量比率
损失时间	10560	220	110	660	9570	2000	600	6970	697	100	6173	29	30	20	0	6094	91%	73%	89%	99%
		10340	10230	9570		7570	6970		6273	6173		6144	6114	6094	6094					

注：1. 标准工时按照 22 天，每天 480 分钟计算，得出该设备每月的标准工时为 10560 分钟。
2. 为方便案例说明，理论开动时间用开动时间减去性能损失时间，在实际操作中可以按照定义的理论公式计算。

图 6-8 直观地显示了影响 OEE 数值的各项时间损失，从标准工作时间、计划

生产实际、开动时间到最后的价值开动时间，由于中间的时间损失，柱子越来越低，数值越来越小。

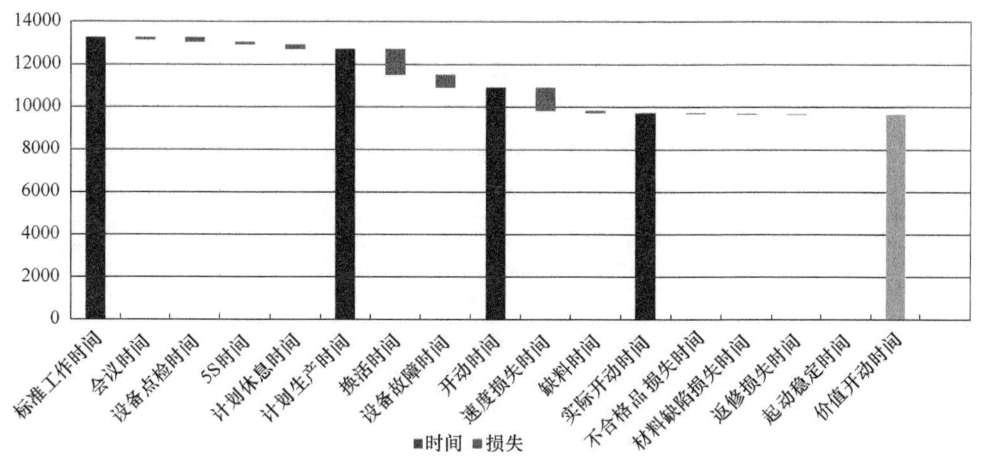

图 6-8 BB-A 弯管机设备损失

3. 从关键设备开始计算“零损失”衡量指标

BF 公司最初将价值流所有设备的数据放在一起计算，但是很快发现一个问题，尽管这个月 MTTR 和 MTBF 的数据比上个月好，但是，设备实际对生产造成的损失反而大，原因就是关键设备停机 2 小时造成的影响可能比非关键设备停机 10 小时造成的影响还要大。所以，为了使 MTTR 和 MTBF 更加有意义，需要从计算关键设备的 MTTR 和 MTBF 开始。

当然，这样的原则同样适用于 OEE 的计算。

没有时间进行 TPM 怎么办?

经过 TPM 体系的培训和一系列改善活动的开展，BF 公司的团队逐渐体会到 TPM 的重要性，但是，价值流部门的同事也提出一个实际的问题，那就是生产安排比较满，经常很难留出时间进行 TPM，所以 TPM 的计划不得不一再推迟。

这样的问题，不仅发生在 BF 公司，其他公司也常常遇到，那么，如何解决呢?

（1）态度决定一切　TPM 是精益生产的一部分，正如大野耐一所说，“实施拉动需要领导者的勇气、智慧和决心”，这句话同样适用于推行 TPM。中国有句古话，叫做“磨刀不误砍柴功”，所以首先解决的是态度问题。

（2）考虑业务变化的周期性　在大多数的公司里，业务是有明显的周期性变化的，所以要学会利用数据分析和发现这种周期性变化，然后利用这种周期变化将维护设备的时间安排在合理的时间段内。例如，从 BF 公司 BB-A 价值流加工设备的负荷情况看，确实有明显的周期性变化，如图 6-9 所示，所以，可以根据这样的变化来排定不同设备的 TPM 计划。

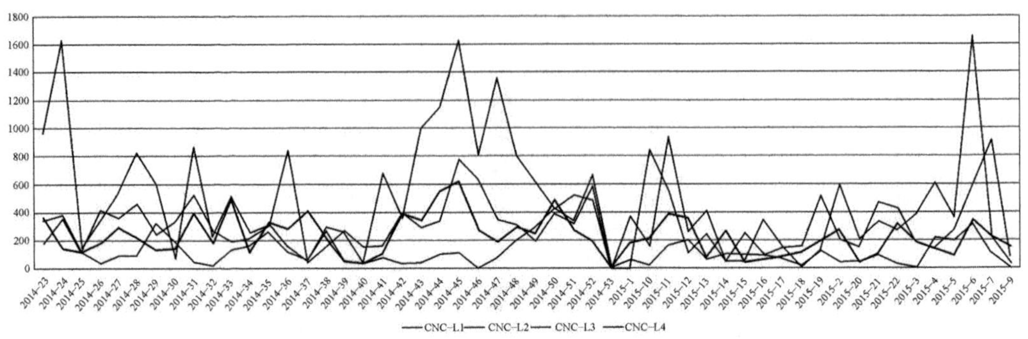

图 6-9　加工设备生产变化趋势图

（3）考虑设备的可替代性　对于某些设备，常常因为专用性太强，没有可替代设备，很难停机进行 TPM。例如，前面提到 BF 公司的自动化程度为四级的设备，起初就是因为专用性的原因，无法按计划实施 TPM 活动。但是，经过技术改进和设备调整，另外一台相似的设备可以生产这台设备所生产的产品，最后问题迎刃而解。

要 点 梳 理

1. TPM 屋

目标：追求“零”损失的目标。

八大支柱：①个别改善；②自主维护；③计划维护；④教育训练；⑤初期管理；⑥品质保证；⑦支持改善；⑧环境安全。

根基：深入的 5S 活动和全员参与的高绩效团队。

2. 推行 TPM，需要从关键设备入手，利用“权重分析法”识别关键设备。

3. 设备的 6 种损失：①设备故障时间；②换活时间；③速度损失；④缺料；⑤不合格/返工；⑥起动损失。

4. 建立“零”损失的关键绩效指标包括：

故障停机率：数值越低越好。

平均故障恢复时间（MTTR）：数值越低越好。

平均故障间隔时间（MTBF）：数值越高越好。

设备综合效率（OEE）：数值越高越好。

5. 无法推行 TPM 的借口往往是没有时间，解决的办法是：改变对待 TPM 的态度，因为态度决定一切；考虑业务变化的周期性，合理安排 TPM 计划；对于关键设备，要考虑设备的可替代性。

情景 7

记忆中的“板子”工程——目视化使管理变得简单

当走进 BF 公司的工厂和车间，你会看到以下情景：

· 车间内物料整齐、设备清洁、灯光明亮。

· 生产线信息指令明确，物料、人员移动流畅，井然有序。

· 一眼就可以知道多少台设备、多少条生产线在正常工作。

· 前几个小时的时间里，产量的完成状况一目了然。

· 设备的保养状态和情况清完好状况清晰、明了。

· 各项指标的年度、月度以及每周的完成情况无需询问，在现场就可以了解是否满足目标要求。

· 所有达标和不达标的状况通过绿色和红色进行指示，对于不达标情况，现场可以清楚看到相应的解决措施。

……

这一切都要归功于清晰的目视化管理。

吕新每当回想起当初推行目视化管理时的情景都感受颇多，因为很多人包括自己当初并不认同在现场放置那么多的“目视化信息板”的做法。理由似乎很充分：现在是信息化时代，绝大部分的资料都存储在电脑里，需要的时候稍微动动键盘，都可以查到，还非得用这么多的板子展示出来吗？为了表达他们的这种不理解，大家经常戏称目视化管理为“板子”工程。

时至今日，吕新逐渐感觉到目视化管理的好处，每天的工作也越来越得心应手，虽然仍然很忙碌，但大多数的时间是在进行相关的改善活动，而非救火。

精益中的目视化管理

1. 目视化管理的定义

目视化管理是指所有的工具、物料、生产活动以及业务绩效状况通过简单、直观的方式被展示出来的一种管理方式。目视化管理所要达到的效果是让人可以一眼就能够了解目前系统运行及管理状态，它让复杂的管理变得简单、明了。

目视化管理看起来简单，但是做起来却需要付出很大的努力，因为目视化管理很容易被理解为“形式主义”、“表明文章”，甚至是“负担”，原因是并没有从目视化管理中获得实质性的收益，反而成为另外一种浪费。

2. 目视化管理的三个层次

（1）初级阶段　仅仅知道是什么（What），如现场推广初步的5S、有一些基本的可视的生产信息等。

（2）中级阶段　可以判断怎么样（How），如现场可以知道生产的正常和不正常状态、绩效指标达标还是不达标等。

（3）高级阶段　可以知道为什么（Why），对于出现的异常，有清楚的问题解决证据、明确的升级计划，以及正在实施的团队改善活动等。

3. 目视化管理的内容

1）5S。

2）TPM。

3）安灯（Andon）系统。

4）绩效系统的目视化。

5）持续改善活动的目视化，如问题解决、精益改善小组活动等的目视化。

以上所列出的目视化管理不是层级递进的关系，每一项内容目视化的层次都有初级、中级和高级之分。

以上归纳了一些常见的目视化管理方式，但是并不需要统一和固定的模式，只要你愿意，就可以找出各种需要目视化的内容，通过目视化方法使管理变得简单，不断提高管理水平，从而体会其真正的价值和意义。

目视化管理之5S

1. 重新认识5S

在精益工具中，5S应该是大家最熟悉的基础工具，在制造业甚至是服务业，绝大多数的人都知道什么是5S。

5S虽然不复杂，容易理解，但是真正能够将5S推行成功的并不多，更准确地说，能够将5S这种简单的目视化管理活动坚持下来的并不多。凡是推行5S的企业都有这个体会，最初推行5S的时候轰轰烈烈，很快见到成效，但是随着时间的推移，现场就只剩下布满灰尘的5S宣传标语，一切又恢复原始的状态。即使有的企业能够坚持下来，但是到了一定程度，大家认为能够维持就可以，最后没能持续提升到5S的更高级水平。

5S是基础，是推行精益的过程中体现员工参与程度、领导力水平的一个衡量指标。

在BF公司，当精益推行到一定程度进行精益评估时，专家团队评估的结果是5S是最为薄弱的环节，需要继续提高。为了更深入地理解5S，我们还是看看5S的概念、意义以及丰田公司究竟是怎样看待5S的。5S管理是通过规范现场，营造井然有序的工作环境和工作秩序，并培养员工良好行为习惯的一种现场管理方法。5S具体的含义和要点见表7-1。

表7-1 5S的含义和要点

日语5S	英文5S	汉语5S	含义	要点
Seiri	Sort	整理	将需要的和不需要的物品区分开，并将不需要的物品移出	1）区分“要”与“不要” 2）“不要”的移出现场
Seiton	Straighten	整顿	物有其位，物在其位，做好标识	“三定”原则： ·定品 ·定量 ·定置
Seiso	Shine	清扫	清洁物品，并保持，清洁，即检查物品有无丢失、损坏	1）彻底大扫除 2）按照标准实施清扫 3）实施必要的紧固、润滑、整修、点检 4）建立污染源和困难部位清单，与TPM的个别改善相结合
Seiketsu	Standardize	清洁	对前3个S进行可视化，建立其标准	1）3个S的标准化 2）实施标准化
Shitsuke	Sustain	素养	建立定期点检、巡查的制度，以维持改善	1）检查标准化 2）落实标准化 3）奖励持续化

在最初丰田的精益体系中，其实只有4个S，没有第5个S，因为在丰田日常的审核制度中，每天、每周以及每月的分层审核已经包含了定期巡查的内容。在中国的很多企业里，甚至将5S又增加其他内容将其发展为6S、7S等，初衷是好的，但如此繁杂，还不如简化一点更符合精益的思想。

2. 如何实施现场5S

（1）1S——整理　在工作现场，区分要与不要的东西，留下有用的东西，将不要的东西清理掉，整理后，可以减少现场的空间浪费，减少寻找浪费，提高生产效率。

红单是一种5S管理中针对整理时出现的较难处理、较难判断物品的处理工具，对于不要的物品进行挂牌标示，限期整改处理。因其颜色通常为红色，故称红单，如图7-1所示。

在5S推行初期，特别是进行整理的时候，“红单作战法”是非常有效果的方法。

整理之后要达到如下标准：

1）现场无杂物。

2）通道顺畅，无堵塞。

3）物品分类清楚，没有混放。

4）物料数量合乎规范，无多余。

5S 整理前后的对比如图 7-2 所示。

红单编号：
日期：
描述：
数量：
处理结论： □ 移走 □ 报废 □ 归还 □ 卖出
批准：

图 7-1　红单实例

改进前　　改进后

图 7-2　生产现场 5S 整理前后的对比

（2）2S——整顿　将需要的物品按规定位置摆放，定量并做好标识加以管理。

物品整顿原则：

1）容易拿取和归位。

2）减少移动。

3）先进先出。

4）考虑安全和人机工程。

5）整齐美观。

整顿后，接下来的工作就是对物品、区域进行标识，所使用的方式有标识牌、标识线等。为了统一和美观，最好用尺寸、字体大小、颜色等对这些标识进行标准化。标识应遵循一些基本的规则，尤其对于红色和黄色：

黄色：一般用于标识通道、临时存放、移动及待检品。

红色：一般用于标识不良品区、不良品标识卡、安全管制及危险区域。

5S 整顿范例如图 7-3 所示。

（3）3S——清扫　完成基本的整理、整顿后，需要清除所有的脏污，并不断寻找方法保持整洁、干净，防止脏污的发生。清扫的意义不仅在于表面的干净和整洁，更重要的是防止清扫不良导致的设备故障、速度低或设备劣化，提升作业质

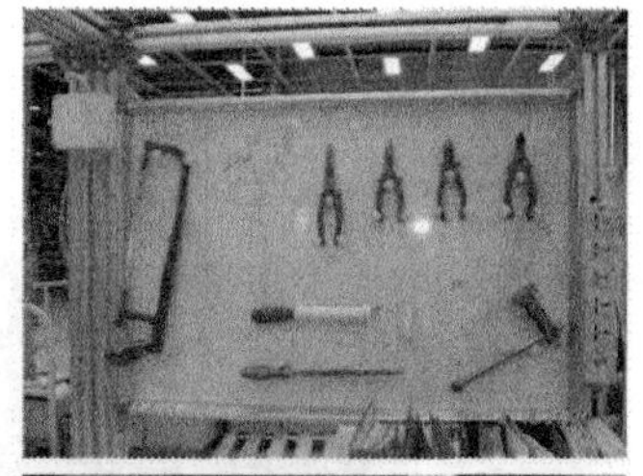

图 7-3　生产现场 5S 整顿范例

量、产品品质以及保障安全和减少事故。清扫常常和 TPM 中的“个别改善”相联系，也是 5S 当中比较较困难和花时间的一个环节。

清扫时，要绘制区域责任图，确定清扫责任区、责任人以及清扫标准。在清扫的过程中，除了通常意义的清理打扫外，对于设备要实施必要的紧固、润滑、整修，对于困难部位，建立污染源和困难部位清单，然后实施个别改善。

5S 的清扫范例如图 7-4 所示。

改进前　　改进后

图 7-4　生产现场 5S 清扫前后对比

（4）4S——清洁　制度化、标准化、日常化地彻底实施前三个 S。

建立各个区域的 5S 作业标准，做到每个 S 的实施程序标准化，见表 7-2。

表 7-2 工位 5S 要求标准书

序号	部分	内容	要求	工具/方法	频次	局部图
1	设备表面	机床表面、电气箱、排屑机、切屑液池表面	无污渍	抹布、去污剂、一次性手套	每天	局部图
2	门滑道	自动门下部的滑道两侧	无污渍、铁屑	抹布、去污剂、一次性手套、气枪	每天	
3	操作面板	机床及附件面板、按钮	清洁、无污渍	抹布、去污剂、一次性手套	每天	
4	托盘	整个下部托盘周边	清洁，无污渍	抹布、去污剂、一次性手套、气枪、扁铲	每天	
5	置物台	内部	清洁，无污渍	抹布、去污剂、一次性手套、气枪	每天	
6	加工室	护板、卡盘、刀塔	无明显铁屑	铁钩、钳子、气枪	每天	
7	排屑机	机床内部履带	无堆积铁屑	铁钩、排屑机	每天	
8	砂轮	砂轮机	砂轮机无灰尘	抹布、去污剂、一次性手套、气枪	每天	
9	踏板	表面及周边地面	无铁屑、无污渍	气枪、抹布、去污剂、一次性手套	每周	
10	导轨油箱	油箱盖表面及周边	油箱盖常闭，表面无油渍	抹灰、去污剂、一次性手套	每周	
11	顶部凹槽	顶部、导流孔	槽内无切屑液，导流孔通畅	抹布、去污剂、一次性手套	每周	
12	导轨接油盒	废导轨油液位	不溢出	抹布、去污剂、一次性手套	每周	
			……			
备注	1. 每周清理包含每天的内容。2. 月度清理包含全部内容。					

注：表格为部分内容，以下章节采用相同省略方式。

依据标准化作业，制定日常检查记录表，即对每个 S 实施的表单进行标准化，见表 7-3。区域责任人按照标准作业实施日常的 5S 并在记录表上进行记录。

表 7-3 是 BB-A 价值流加工工序的工位 5S 每日点检记录表。

表 7-3　工位 5S 每日检查记录表

区域代号：		F1-1-3				监督员：				单元长：		年/月：					
序号	检查部位	频次	负责人	1	2	3	4	5	……	24	25	26	27	28	29	30	31
1	设备表面	每天	当班						按照每月30或31天进行日常的5S点检								
2	门滑道	每天	当班														
3	操作面板	每天	当班														
4	托盘	每天	当班														
5	置物台	每天	当班														
6	加工室	每天	当班														
7	排屑机	每天	当班														
8	砂轮	每天	当班														
9	踏板	每周	当班														
10	导轨油箱	每周	当班														
11	顶部凹槽	每周	当班														
12	导轨接油盒	每周	当班														
……																	
负责人签字确认																	
备注				完成请在空白处打“√”；未完成请在空白处打“×”；G 为公休标记；F 为放假标记；X 为修理标记；W 为无生产标记													

（5）5S——素养　提升人员素质，培养员工按公司规范行事，养成良好的行为习惯。通过 5S，提升员工整体素质，培养员工自动维护良好工作环境的素养，避免 5S 中断，有效传承。

3. 建立 5S 审核机制

持续实施 5S 并有效保持其效果的方法就是建立定期审核机制，例如，每周或每两周公司组织一次 5S 大检查，以保证 5S 改善活动的气氛。BF 公司所使用的 5S 检查评估标准范例见表 7-4。

在后续的情景中会提到分层审核制度，其中，5S 审核是很重要的一项内容，不仅包括对 5S 活动本身的审核，也包括对管理层是否执行定期检查这项内容进行同样的审核，因为管理者本身常常没有持续坚持自己应该进行的审核活动，致使 5S 活动无疾而终。

4. 建立 5S 奖励制度

这里只提到奖励制度，而非奖惩制度，目的是让 5S 成为一种改善活动，而非

表 7-4 5S 检查评估表

等级	分数范围	整理 将需要的和不需要的物品区分开，并将不需要的物品移出 每发现一处不合格扣 2 分	整顿 物有其位，物在其位，做好标识 每发现一处不合格扣 2 分	清洁 清洁物品，并保持。清洁即检查物品有无丢失、损坏 每发现一处不合格扣 2 分	标准化 对前 3 个 S 进行可视化，建立其标准 每发现一处不合格扣 2 分	维持/素养 建立定期点检、巡查的制度，以维持改善 每发现一处不合格扣 2 分
0	0	还没有开始	还没有开始	还没有开始	还没有开始	还没有开始
1	1、2	已建立物品判定的标准，并根据标准识别出有用的物品。区域内部不需要的物品不超过 5 件	所有需要的物品已存在，判定哪些物品正在使用不是很难。区域内待整顿物品不超过 5 件	区域的清洁活动是随机的。待清洁物品/区域不超过 5 件	5S 可视化的标准已建立。前 3 个 S，每个 S 的得分至少 1 分	工作区域内 25% 的员工（所有班次）已接受 5S 培训。前 4 个 S，每个 S 的得分至少 1 分
2	3、4	开始使用红标签标识无用的物品，并将无用的物品移出区域。区域内部不需要的物品不超过 4 件	确定所需物品（包括刀具、工具、流程文件等）的位置，使用阴影板和阴影槽标识出来。区域内待整顿物品不超过 4 件	初始清洁的活动（地面、墙面、楼梯、物品的表面）已完成。机器、设备的清洁已完成。待清洁物品/区域不超过 4 件	5S 文件化、可视化的标准工作区域内张贴。前 3 个 S，每个 S 的得分至少 2 分	工作区域内 50% 的员工（所有班次）已接受 5S 培训。前 4 个 S，每个 S 的得分至少 2 分
3	5、6	5S 保留区已建立，保留区的物品的清单已建立，并张贴。区域内部不需要的物品不超 3 件	整个工作区域已可视化，包括过道、工作点、设备、存储区域等。区域内待整顿物品不超过总数的 10%	清洁责任人已明确、文件化，并每天执行。清洁物品易于拿到。待清洁物品/区域不超过总数的 10%	需要的物品，标准和可视化控制已在工作区域内使用。前 3 个 S，每个 S 的得分至少 3 分	工作区域内所有的员工（所有班次）已接受 5S 培训。前 4 个 S，每个 S 的得分至少 3 分
4	7、8	定期实施红标签活动，定期评估，处理保留区的物品。区域内部不需要的物品不超过 1 件	物品用过后，马上归位。易于判定哪些物品在用。区域内待整顿物品不超过 1 件	清洁被用作预防维护的一种检查工具。清洁问题已识别，并采取预防措施。机器设备喷漆完好，待清洁物品/区域不超过 1 件	实施 5S 检查，检查结果在工作区域内展示。前 3 个 S，每个 S 的得分至少 5 分	工作区域内所有的员工实施完成每天和每周的 5S 活动，并作为其标准化作业的一部分。前 4 个 S，每个 S 的得分至少 5 分
5	9、10	只有需要的物品进入工作区域。区域内没有不需要的物品	高度和数量限制已很好地可视化。区域内没有待整顿物品	整个工作区域都很清洁，甚至可以在此实施外科手术。没有待清洁物品/区域	5S 相关的文件定期评估，更新。前 3 个 S，每个 S 的得分至少 7 分	区域员工建立行动计划表以维持 5S 的标准。5S 活动成为员工标准作业指示书的一部分。前 4 个 S，每个 S 的得分至少 7 分

运动，在鼓励的文化中形成真正的素养，创造公司尊重人性的文化。

千万不要以为只有大额奖励才能吸引员工。如果奖励得当，既节省费用，又会起到事半功倍的作用。

当然，对于那些在5S方面存在问题的区域，需要持续进行跟踪，并通过对比的方法显示其落后的情况。

5. 安全及人机工程

建立安全管理体系，不要让“安全第一”变成口号。

人机工程根据人的心理、生理和身体等结构因素，研究人、机械、环境相互间的合理关系，保证员工安全、健康、舒适地工作，从而取得满意的工作效果。很多时候，大家对安全、效率、质量的重视程度很高，但是，在人机工程学方面的关注度普遍较低。

在BF公司，通过对员工的岗位分析以及细致的人机工程学设计，不断改善人机的适配度，优化作业条件，使工作流程顺畅，大大提高了生产效率，减少了意外事故并增加了员工的满意度。图7-5所示为人机工程学在工作岗位中的应用范例。

图7-5 人机工程学应用范例

6. 建立5S和安全目视化管理看板

建立5S和安全目视化管理看板，可以起到对员工和管理层的提醒和督促作用，使得日常5S和安全管理可以正常、持续有效运行。

5S+安全目视化管理看板如图7-6所示。

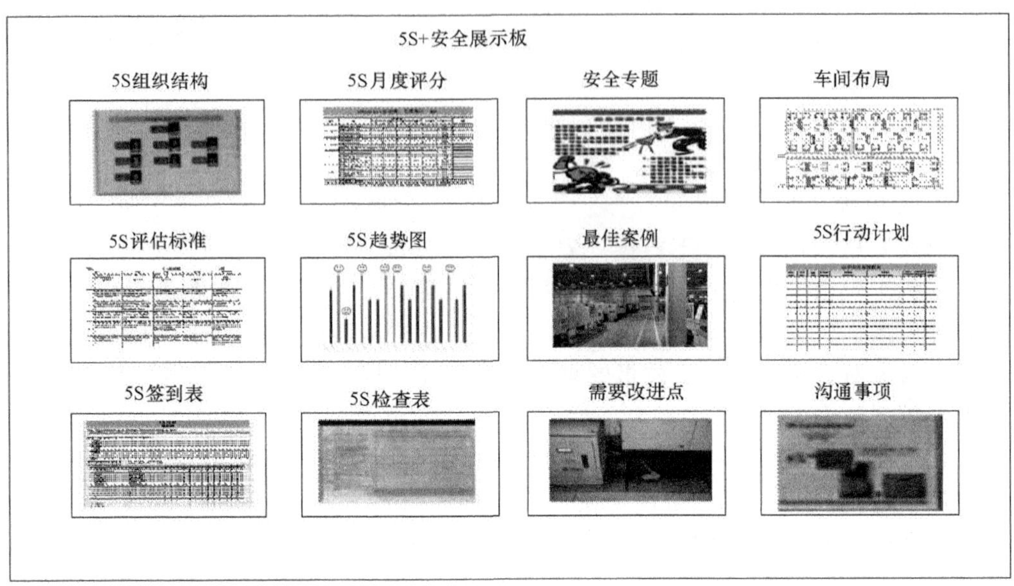

图 7-6　5S+安全目视化管理板

目视化管理之 TPM 

情景 5 重点介绍了 TPM 的概念和如何实施 TPM，其实 TPM 和目视化是密不可分的，为了内容和结构的统一性，所以将 TPM 的目视化放在此情景中。

（1）通过目视化管理异常　通过目视化的“异常标识卡”识别和管理异常是 TPM 经常使用的方法。如图 7-7 所示，异常标识卡通常分为白、黄、红三种。白色代表异常可以由员工自己解决，例如，明显的脏污、漏液等；黄色代表异常需要由专业的维修人员处理，例如，反复出现的漏油、难以处理的深度油污等；而红色代表存在安全隐患，需要立即处理，例如，防护罩缺失、破损等。当异常处理完成后，及时将卡摘掉。通过悬挂异常标识卡可以了解设备的整体状态，起到异常提醒和督促解决问题的作用。

设备异常标识卡	
设备名称:	
发现日期:	
发现人:	
问题描述:	
处理人:	
计划完成日期:	

图 7-7　设备异常标识卡

（2）设备运行条件的目视化　用颜色对设备上仪表的压力、液位等指示范围进行标识，可以快速识别设备的运行状态是否正常。

图 7-8 所示压力表的绿色（深色）区域部分就是压力正常工作的范围，如果指针不在这个区域范围内，说明压力出现异常。

（3）AM/PM 点检记录的目视化　将自主维护和专业维护的日常点检记录表放在设备上，实施点检和维护后及时记录，使设备维护状况一目了然，既起到提醒作用，又非常容易进行审核，如图 7-9 所示。

图 7-8　压力表目视化示意图

图 7-9　日常维护点检记录板

（4）建立 TPM 跟踪板　建立 TPM 活动跟踪中心，直观展示整个 TPM 的活动情况，起到 TPM 活动计划、跟踪、信息传递和宣传教育的作用。TPM 活动中心包括的内容有：

1）TPM 实施计划和实施情况。在 TPM 活动中心展示区域内所有设备 TPM 的年度计划，并使用卡片安排具体的月度、季度以及年度计划，同时用红色、绿色来显示准时和超期的实施情况。通过这样的目视化管理，可以非常清晰地了解具体的实施计划和完成情况。如果没有按照计划完成，需要及时调整计划，并继续跟踪。

2）TPM 活动小组人员。可以分成若干个小组，列出小组所承担的项目，并将小组成员的照片放在上面，可以展示团队风貌，提升团队士气。

3）指标跟踪及成果展示。将衡量 TPM 的关键绩效。例如，停机率、MTBF、MTBR、OEE 等指标的趋势图放在 TPM 活动中心上，可以直观衡量团队活动的所带来的价值和成果，如图 7-10 所示。

4）A3 报告。确定一个明确的 A3 报告触发标准，例如，连续两个月指标不达标，或者某些“个别改善”难以得到彻底解决等。A3 报告完成后，将报告张贴在 TPM 的活动中心，及时追踪完成情况。

5）OPL 展示。利用团队经验，制作 OPL 培训教材，使 TPM 的团队成为不断总结、不断成长、永葆活力的团队。保留 OPL 的资料，隔一段时间将其汇总成册，这样就变成非常宝贵的内部 TPM 培训资料。

6）会议签到记录。将会议的签到表放在 TPM 活动中心，每次（最好每周一次）的 TPM 活动会议后，记录成员参加会议情况，这样做的目的，除了出勤记录

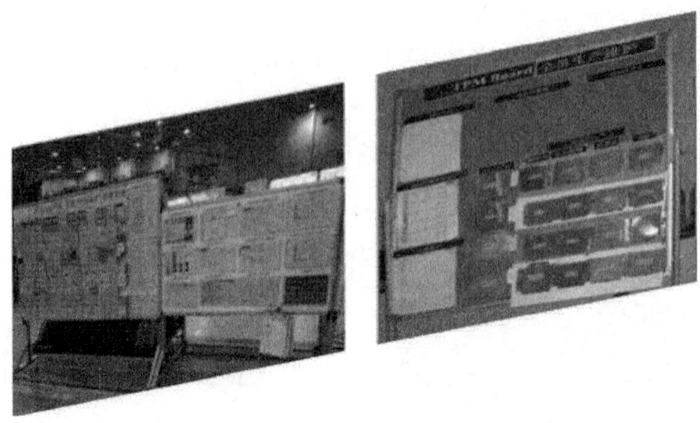

图 7-10　TPM 活动中心

外，更要督促 TPM 的领导者能够以身作则，自我监督，保证 TPM 活动的持续进行。

安灯系统

安灯（Andon）系统是目视化管理的一种工具，通过这种管理方式识别运行过程中的异常，例如，设备停机、质量问题、生产节拍滞后、材料短缺等。

"安灯"是日语，有"暗灯"的意思，通过亮灯、暗灯的方式指示异常。丰田公司最初通过安灯系统，创造了出现问题立即停机解决问题的文化。例如，当某个工位的操作者发现滞后于生产节拍、质量问题、设备异常时可以通过拉绳启动安灯系统进行报警，将异常信息传递出去；还有通过传感装置发现设备异常或出现质量问题时能够立即停机，同时触发信号，启动相应的指示灯显示设备异常。当班组长、工程师收到异常信息时，马上到达现场解决问题，问题解决后安灯系统恢复到正常状态，如图 7-11 所示。

图 7-11　操作安灯系统

用来反映设备运行状态的三色灯（如红色代表异常、绿色代表正常运行、黄色代表调试）也属于安灯系统的一种，如图 7-12 所示。

图 7-12 设备上的安灯

随着精益的发展，安灯系统应用所涵盖的内容也越来越多，不但用于反映生产操作中遇到的问题，而且应用到质量异常、物料异常、发货异常等各个方面，并且安灯系统的展现方式也越来越多，例如，通过 LED 显示屏、电脑屏幕显示生产进度、库存实际水平等。

同时，安灯系统所覆盖的范围也不仅局限于某一个点或某一个过程，而是贯穿于整个价值流的过程，使过程信息清晰、明确，问题解决迅速、高效。图 7-13 简单示出了 BF 公司 BB-A 价值流拉动生产系统中各个环节中的安灯系统。

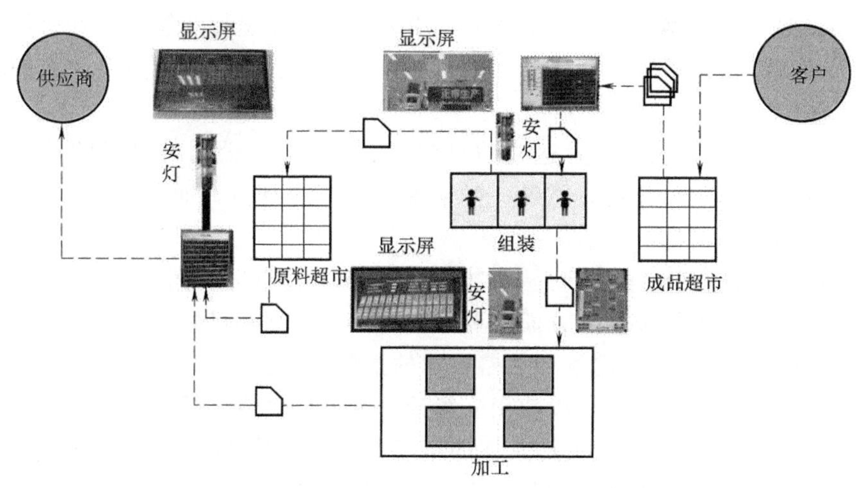

图 7-13 BB-A 价值流拉动生产中的安灯系统

将安灯系统和电子看板相结合，既可以实施拉动，又可以起到安灯警示异常的作用，如图 7-14 所示。

物料管理电子可视化看板　　采购

	数量	PFEP MAX	PFEP MIN	Trigger poin	Trigger QTY	库存状态	已触发次数	是否采购
-10-BLANK-CH	8740	3850	489	3080	770	超过最大库存	0	
-12-BLANK-CH	2676	5600	838	3360	2240	触发采购1次	1	
-16-BLANK-CH	3302	2925	380	2340	585	超过最大库存	0	
-4-BLANK-CH	19692	13500	2135	9000	4500	超过最大库存	0	
-5-BLANK-CH	11480	8400	1198	6720	1680	超过最大库存	0	
-6-BLANK-CH	9030	14400	2468	9600	4800	触发采购1次	1	
-8-BLANK-CH	8915	16800	2971	12000	4800	触发采购1次	1	
-6-BLANK-CN	8050	1470	209	1260	210	超过最大库存	0	
-10-BLANK-CN	6080	640	108	480	160	超过最大库存	0	
-12-BLANK-CH	5221	1200	167	960	240	超过最大库存	0	
-6-BLANK-CH	34240	1170	47	780	390	超过最大库存	0	
-8-BLANK-CH	4800	800	115	640	160	超过最大库存	0	
-12-BLANK-CH	7500	400	48	300	100	超过最大库存	0	
-16-BLANK-CH	2135	480	76	360	120	超过最大库存	0	
0LPZRO	671	1600	84	1200	400	触发采购2次	2	
2LPZRO	1705	1600	125	1280	320	超过最大库存	0	
5LPZRO	2340	480	62	360	120	超过最大库存	0	
3LPZRO	1632	840	69	630	210	超过最大库存	0	
2LPZRO	1864	480	40	400	80	超过最大库存	0	
3LPZRO	116	432	39	360	72	触发采购4次	4	
0LPZRO	1752	600	44	500	100	超过最大库存	0	
06LPZRO	4278	600	7	400	200	超过最大库存	0	
08LPZRO	5000	4000	342	3200	800	超过最大库存	0	
10LPZRO	2300	4800	375	3600	1200	触发采购2次	2	
12LPZRO	2552	5600	472	4800	800	触发采购3次	3	
12SPZRO	0	600	41	500	100	采取紧急措施	6	
15LPZRO	4302	4800	398	4200	600	无需操作	0	
18LPZRO-CH	692	1800	216	1440	360	触发采购3次	3	

库存状态颜色说明	
	超最大库存
	已达到加急点
	无需操作
	触发采购

触发状态颜色说明	
	异常
	需采购
	正常

图 7-14　BB-A 价值流原料拉动可视化电子看板系统

绩效管理的目视化

1. 精益中的绩效管理

提到绩效管理，大多数人想到的是对员工的绩效考核系统，但是这里提到的绩效管理系统是一个大概念，也就是基于丰田公司的精益思想和管理方针所形成的整个公司的业务绩效系统，包括愿景、战略、年度目标、部门目标以及个人的绩效目标等。

1）愿景：公司要长期努力达到的目标，例如，丰田公司的愿景就是最受尊重和景仰的伟大汽车制造公司。愿景一般来说不是非常具体，而是阐述公司的使命、期望甚至价值观和信仰。

2）战略：为达到愿景目标所要实施的策略和方针目标，例如，在客户和市场、财务绩效、运营、组织成长等方面所要达到的指导性纲领目标。

3）3~5 年计划：基于愿景和战略目标的指导方针，制定 3~5 年内具体要达成的目标。在精益的企业中，可以使用平衡计分卡进行战略执行规划。

4）年度计划：通过制定更加具体的年度目标来支持 3~5 年的计划，以保证未来目标实现的可能性。年度计划包括安全、质量、客户服务、库存水平、生产效率等指标以及简单的财务指标。年度计划不同于远景和战略目标，一定要按照 SMART 的原则详细制定计划以及具体实施措施等。

5）部门计划：将年度计划分解到各个职能部门，同样必须按照 SMART 的原则制定详细的计划以及具体实施措施等。关于 SMART 的原则将在情景 8 中详细介绍。

6）个人绩效目标：按照部门目标以及个人所承担的职责，将目标分解到关键岗位人员。制定个人绩效目标的目的是激励员工对公司和部门整个绩效的贡献，而不是仅仅实现个人目标。如果强调个人绩效目标的重要性，其重点则是用以评估个人的学习和成长以及解决问题的能力。

金字塔式绩效管理系统如图 7-15 所示。

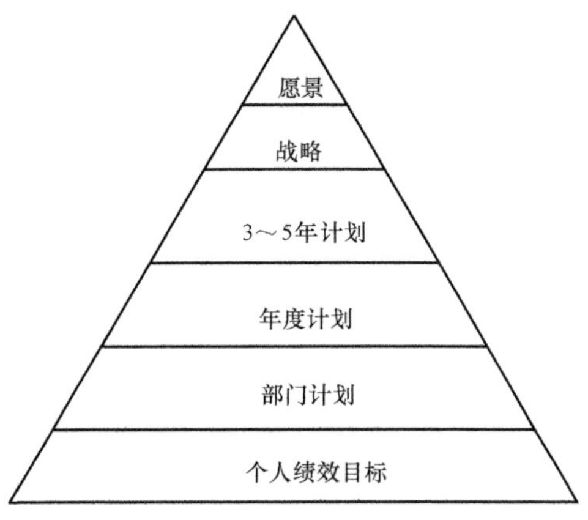

图 7-15 金字塔式绩效管理系统

2. 绩效管理的目视化

（1）愿景、战略、年度目标的目视化 绩效管理要让所有员工很容易了解目前的绩效目标和实际状况，这就是绩效管理的目视化。在 BF 公司里，可以非常清楚地看到愿景、战略、年度目标及实际绩效表现状况；在生产车间里，每个价值流和所属生产单元的目标及实际表现也一目了然，如图 7-16 所示。

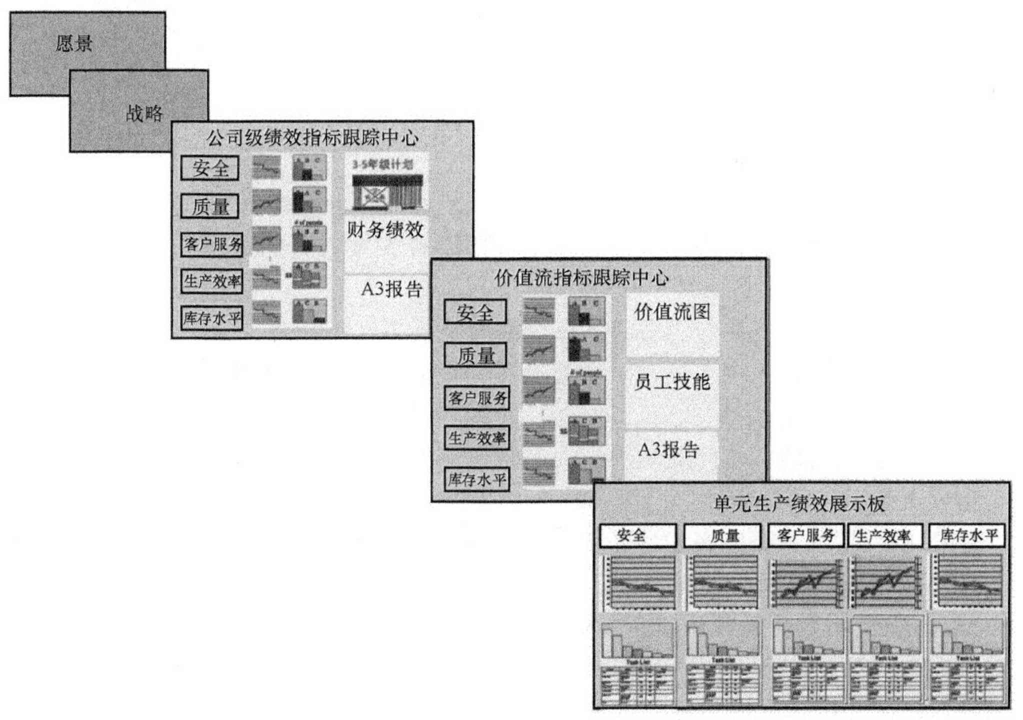

图 7-16 目视化绩效管理展示

（2）日常运营绩效的目视化

1）建立早会的目视化管理。许多企业没有开早会的习惯。其实早会非常重要，目视化的早会则更加重要。那么，BF 公司如何建立目视化的早会呢？

① 必须在现场进行早会活动。

② 定早会地点，并建立早会的信息沟通中心。

③ 早会分为公司级、价值流级的早会，在最初确立开展早会活动时，需要明确早会的流程。

④ 公司级的早会不仅包括与生产直接相关的价值流、供应链等部门，而且包括安全、人力资源、行政等所有支持辅助部门。

⑤每个部门根据所承担的职责及关键绩效指标，在早会现场建立部门的可视信息展示板。例如，人力资源部门除了展示人员的流动率趋势、培训等信息外，还可以沟通有关公司内部活动、公司人事政策等信息。而对于价值流部门，则要展示昨天的订单完成状况、生产状况以及需要相关部门支持的事项信息等。

⑥ 用红色、绿色来显示指标达标或不达标，行动计划完成准时或不准时状态，使人在早会现场 3 分钟内就可以基本了解公司及价值流到目前为止大概的运营状况。

2）现场早会的实施规则。若想成功实施早会，开会的规则要明确。如果用领导的影响力可以开好早会，那就不用制定正式的早会实施规则，否则，初期需要写一个简单的早会实施规则。

① 必须准时。

② 3 分钟的时间进行身体放松活动。

③ 早会不是一言堂，领导负责组织、简短点评和营造融洽氛围。

④ 固定发言顺序，安全部门、质量部门要首先发言，因为安全和质量永远是公司第一重要的关注点。

⑤ 每个人发言要简短、守时，每个部门不要超过 5 分钟。

⑥ 坚持倾听，当别人发言时注意倾听，既表示尊重，又可以听清所分享的重要信息。

⑦ 早会的目的不是问题解决，而是信息共享和沟通，会后大家分别带着任务行动或再沟通。

⑧ 坚持“少责备、多表扬”原则，不要将早会变成批斗会，一日之计在于晨，让每个人带着好心情开始一天的工作。

在 BF 公司召开早会初期，大家总是感觉早会不是一个正式的会议，所以总是出现迟到、数据没有及时更新、互相推诿、指责等状况，但是随着早会的开展，逐渐形成团队合作、互相支持、信息共享的早会氛围，早会确实起到了非常好的效果。图 7-17 是 BF 公司的早会现场示意图。

（3）生产绩效的数据基础　无论是绩效评估系统还是早会，生产数据是最基础

图 7-17　早会现场示意图

和最重要的信息组成部分。将一天的时间按照小时进行分解安排、监控生产的方法称为“一天分成每小时生产方式”，英文叫作 Day By the Hour（DBH）。DBH 是非常有用的数据收集工具，它测量实际产出和工序能力或顾客需求之间的差异。

实施 DBH 时，根据节拍时间 TT（如果 TT 不等于 CT，则根据 CT）计算出每个小时应该完成的目标产量，然后每个小时记录实际生产的完成状况，并与目标产量进行对比，这样可以及时了解生产的完成状况。由于将计划按照小时进行了分解，所以异常不会被延误一天的时间才进行解决。

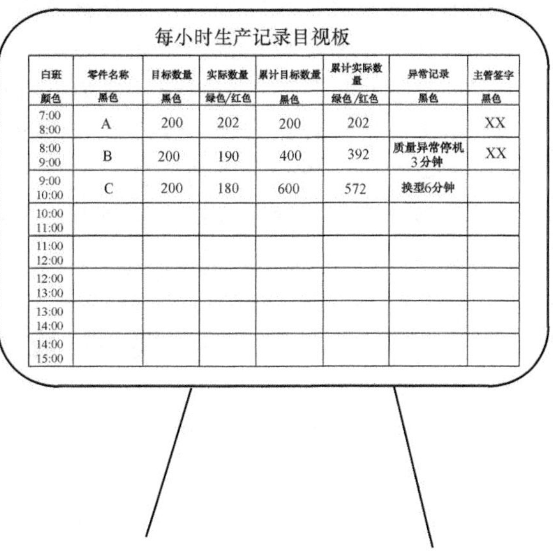

每小时生产记录目视板

白班	零件名称	目标数量	实际数量	累计目标数量	累计实际数量	异常记录	主管签字
颜色	黑色	黑色	绿色/红色	黑色	绿色/红色	黑色	黑色
7:00 8:00	A	200	202	200	202		XX
8:00 9:00	B	200	190	400	392	质量异常停机3分钟	XX
9:00 10:00	C	200	180	600	572	换型6分钟	
10:00 11:00							
11:00 12:00							
12:00 13:00							
13:00 14:00							
14:00 15:00							

图 7-18　按小时生产记录目视板

在工序设立目视化 DBH 信息板，如图 7-18 所示。员工每小时进行生产记录、异常记录，仍然使用醒目的红、绿色表示达标还是没有达标，领班或线长要每小时进行一次确认签字，以便及时了解生产状况并随时解决存在问题。

另外，建立异常状况的升级制度，例如，一个小时没有达标，领班进行解决；两个小时没有达标，升级到主管解决；三个小时没有达标，则要升级到经理或者更高级领导解决。

如何保证目视化管理的有效性？

（1）不断扩展目视化管理的范围　将目视化管理扩展到更大的范围，不仅适用于生产价值流部门，也适用于支持性管理部门，使这些部门的管理绩效同样清晰可视。例如，供应链部门想看到供应商的开发、采购物资价格波动、物流费用等情况；财务部门想了解回款、成本控制、盈利状况等的情况；研发部门则想看到新产品开发、具体项目进展的状况等。通过建立目视化的部门级团队信息展示板，很容易获得相关信息，了解正常、异常状况，使问题无处躲藏。

（2）目视化管理的前提是问题解决　目视化管理的关键点是"信息可视化"，不是通过电脑、文件，而是在现场可以马上知道"正常"和"非正常"的状态。但是，仅仅显示异常还不够，关键是要及时解决问题，也就是要进入目视化的高级阶段。如果团队不去解决问题，那么，目视化最终就会成为形式主义，甚至本身变成一种浪费。所以，对目视化所显示的异常要明确问题解决流程，例如，如何升级、如何触发 A3 等。

（3）目视化管理的必要条件是持之以恒　目视化管理要想持续有效，管理层必须以身作则。目视化管理的好坏，本身就是管理层领导力好坏的"可视化"展示。我们常常看到，许多推行精益的企业，经过一段时间后，热情消退，目视化信息板上的内容经常好几个月不进行更新，成为一种摆设。

（4）持续改进目视化管理　在情景 8 中我们会介绍关于建立持续改进文化的内容，通过目视化展示持续改进的信息，如分层审核、精益改善团队活动、非生产区域的价值流跟踪等，同样是目视化管理方法的应用，具体内容参见情景 8 的介绍，在此不再赘述。

要点梳理

1. 目视化管理是精益活动和效果的直观展示，使管理变得简单、明了。通过目视化管理，不仅要知道"是什么"、"怎么样"，而且要知道"为什么"。这几个层次代表目视化管理的初、中、高三个阶段。

2. 目视化管理之 5S：简单但难以坚持，考验管理者本身的执行力。

3. 目视化管理之 TPM：将 TPM 的计划、活动、指标、问题解决等管理项目进行目视化管理。

4. 目视化管理之安灯系统：丰田公司最初通过安灯系统，创造了出现问题立即停机解决问题的文化。随着精益的发展，安灯系统应用所涵盖的内容也越来越多，扩展到质量异常、物料异常、发货异常等各个方面，并且安灯系统的展现方式也越来越多，例如，通过 LED 显示屏、电脑屏幕显示生产进度、库存实际水平等。

5. 目视化管理之绩效管理：大的方面包括公司的愿景、战略、年度目标的目视化；小的方面包括一天分成每小时的生产方式（DBH），以及通过早会目视化的方式达到日常运营绩效管理的目视化。

6. 保证目视化管理：不断扩展目视化管理的范围；目视化管理的前提是问题解决；目视化管理的必要条件是持之以恒；目视化管理同样需要持续改进。

情景 8

精益才刚刚开始——建立持续改进的文化

自从三年前开始推行精益生产以来，BF 公司正经历着巨大的变化，如设置价值流部门、绘制现在和将来价值流图、通过单元化生产实现流动、建立看板拉动系统、TPM 的推行、目视化管理等。吕新和他的团队共同见证和经历着精益所带来的改变。

- 思想上的改变

回顾一路上的精益之旅，其中最重要的改变莫过于思想上的改变，大家从最初的被动和排斥到逐渐接受和主动，从做表面文章到真正实际的应用，从不习惯到习惯，确实在思想上经历了一个质的飞跃。

- 实际绩效的提升

在思想改变的同时，大家也看到了各项指标的提升和改善。表 8-1 展示了 BB-A 价值流所取得的成绩。

表 8-1　BB-A 价值流所取得的成绩

指标	之前	之后	提升比例
安全	只关心安全事故发生的次数，没有关注与员工有关的人机功效风险	建立岗位安全风险评估机制 安全管理以事故预防为主 评估岗位人机功效风险，制定改善措施	100%的岗位人机功效风险评估 针对人机功效风险评级高的岗位，100%制定措施
质量	退货 PPM:470	退货 PPM:56	88%
准时交货率	92%	97%	5%
生产效率	26 秒/件	18 秒/件	30%
库存周转天数	72 天	33 天	54%

取得这样的成绩，大家当然很高兴，有的主管和工程师甚至笑称他们已经步入“后精益时代”，不过吕新一直记着总经理的告诫：“虽然目前精益生产体系的框架基本搭建起来，但是离精益的‘完美’还相去甚远，不要被胜利冲昏头脑，躺在功劳簿上沾沾自喜，不仅要保持目前建立的精益生产系统，还要持

续改进。”

这几天，吕新也逐渐从兴奋中冷静下来，他和团队一起总结了几个问题点，准备和咨询公司的肖老师认真探讨一下。

1）如何持续保持精益体系的持续稳定运行？

2）精益方法的应用目前还基本停留在主管、工程师这个级别，如何使基层的领班和员工不是被动遵守，而是对精益方法同样深入理解和应用呢？

3）如何设定合理的绩效指标呢？

4）如何不断提高员工的士气呢？

5）如何使非生产性部门为价值流部门提供更好的支持呢？

精益之路永无止境

正如《丰田模式（领导力篇）》一书中所提到的，虽然世界上许多公司都在效法丰田公司，通过推行精益改善流程，但是只有不到2%的公司宣称自己成功推行了精益。可见，搭建一个精益框架很容易，但是能够将精益之路坚持走下去却非常难，究其原因，精益的成功其实不是精益工具的应用，而是精益思想在公司管理中的持续贯彻和落实。

保持精益有效运行，其中重要的秘诀就是持续改进，是PDCA和SDCA交替循环的过程。在这样的过程中，需要建立和形成持续改进的系统，而这样的系统最终要依靠背后公司的文化来支撑。

许多公司推行精益走到最后才发现，最难的不是精益本身，而是企业文化的建立。企业文化的建立需要长期的坚持，甚至要以牺牲短期利益为代价。

建立分层审核制度

精益持续改进的前提是维持现有的系统，而其中维持这个系统一个重要方法就是分层审核。

在质量管理中，有过程分层审核的方法，其关注点是质量，同样，要确保精益体系的正常运行，借鉴过程分层审核的方法，引入对精益体系的分层审核方法，形成分层审核制度。

之所以叫作分层审核，是因为审核的人员不是固定在一个层级，而是各个层级，包括总经理、厂长、价值流经理、其他部门经理、工程师、组长等各个层级，其意义在于精益与所有人有关，而非只是价值流部门的事。特别是高层管理人员的参与，既贯彻“现地现物”的精益理念，也起到发现问题督促改进和现场培训、指导的作用，通过分层审核机制，使精益体系始终处在“受控”的状态。

1. 分层审核的建立

（1）确定审核的层级　根据价值流的情况，组织团队讨论确定哪些部门和层级参与审核。

（2）确定审核的项目和内容　审核的项目要覆盖精益所有的核心要素，例如，价值流图的审核、标准化作业、拉动系统、团队绩效跟踪板、5S 和安全、TPM 等。

之后要细化每个审核项目的具体内容，制成审核卡并放在现场的分层审核目视化板上，然后审核人员按照具体的审核内容进行审核。表 8-2 是超市审核内容清单。

表 8-2　超市审核内容清单

审核结论		审 核 内 容
是	否	
□	□	选择一个看板料号,检查:物料存放的库位是否与看板标识一致？是否先进先出？实际库存盒数和看板的数量是否一致？
□	□	选择一个看板料号,检查:其盒装量是否与标准包装数量一致？包装是否符合标准？相似件是否区分摆放？
□	□	PFEP 是否定期更新并张贴？
□	□	看板数量是否定期更新？
□	□	看板升级程序是否按照标准执行？
备注:		

（3）确定审核计划　审核计划就是每个层级按照一定频次对不同区域、不同项目进行的审核安排。

1）确定审核的区域和范围。

2）确定每个层级审核的频次，例如，总经理的审核频次为 1 次/月，价值流经理的审核频次为每天 1~2 个项目，而工程师、组长则同样要每天审核所有规定项目等。总之越靠近现场的人员，审核的频次越高。

3）确定每个层级每次审核的项目。

表 8-3 是 BB 价值流分层审核计划，清楚定义了各个层级要审核的项目和频次等。

2. 建立定期回顾制度

分层审核的内容和审核方式、频次等建立后，并不是一成不变的，随着关注点的不同，同样需要进行持续的改进和更新。

完成审核后，审核者要对审核的问题进行记录，并在现场与责任人共同制定改善措施，确定完成日期等。定期回顾的方式包括：

（1）每周回顾制度　保持分层审核的效果，需要有一个良好的监督制度，所以，价值流经理每周组织一次周会，对审核问题进行总结，以及改进审核本身的不足。这样的周会最好在现场进行，每次不超过 20 分钟。

表 8-3 BB 价值流分层审核计划

第三层	总经理	每月随机选一个项目进行审核				
第二层	价值流经理		看板拉动	标准化作业	团队绩效板	价值流中心
		TPM	5S+安全	均衡化看板	质量	
第一层	维护工程师	TPM 加工工序	TPM 表面处理工序	TPM 组装工序		
	质量工程师	质量 加工工序	质量 组装工序	质量 表面处理工序	质量 不合格品处理	
	物料组长	看板拉动	看板拉动	看板拉动	看板拉动	看板拉动
	组长	快速换型 组装工序		快速换型 加工工序		
			团队绩效 组装工序	团队绩效 加工工序	团队绩效 表面处理工序	
		标准化作业 组装工序	FIFO 表面处理工序	标准化作业 加工工序		
		5S+安全 加工工序	5S+安全 表面处理	5S+安全 组装工序	5S+安全 超市	
		星期一	星期二	星期三	星期四	星期五

（2）每季度进行问题汇总 每个季度将所有的问题按照审核的项目分类，通过帕累托图找出重要影响因素，使用问题解决方法进行改进，并制作 A3 报告。

图 8-1 是 BF 公司的分层审核季度帕累托图。“5S+安全”、“拉动系统” 和 “质量” 排在审核发现项的前三位，接下来的工作就是使用问题解决的方法对其进行改善。

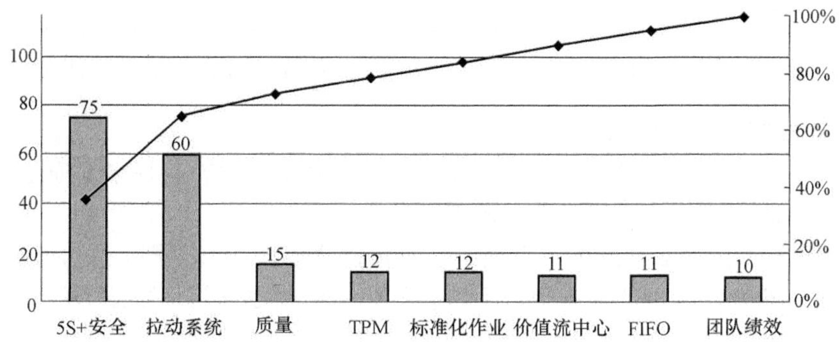

图 8-1 分层审核季度帕累托图

（3）持续改进分层审核 随着现场的持续改进，分层审核的项目、内容和审核频次也要随着关注点的不同而进行改进，方式有多种，例如：

1）定期与小组成员讨论改进的机会。

2）跨部门的经验交流。

3）来自第三方的建议

全员参与持续改进

1. 漏斗形和金字塔形的精益推行模式

精益生产需要全员参与。BF 公司在开始推行精益时，管理层对精益知识的掌握以及精益活动的参与比较多，但基层员工更多地是处在被动执行的状态，并不知其所以然。如图 8-2 所示，越到基层，大家对精益的理解和参与度越少，这时的精益推行是漏斗形的模式。

精益开展初期，领导者首先要参与到精益的推行活动中，这种漏斗形的模式可能是必需的。但是，随着精益活动不断深入，BF 公司的领导职责逐渐开始转变，他们的责任主要是创建持续改进的精益文化，制定方针目标，培训、指导下属和参与精益活动，而基层员工则要成为主要的发起者。此时，精益的推行就要变成金字塔形的模式，如图 8-3 所示。

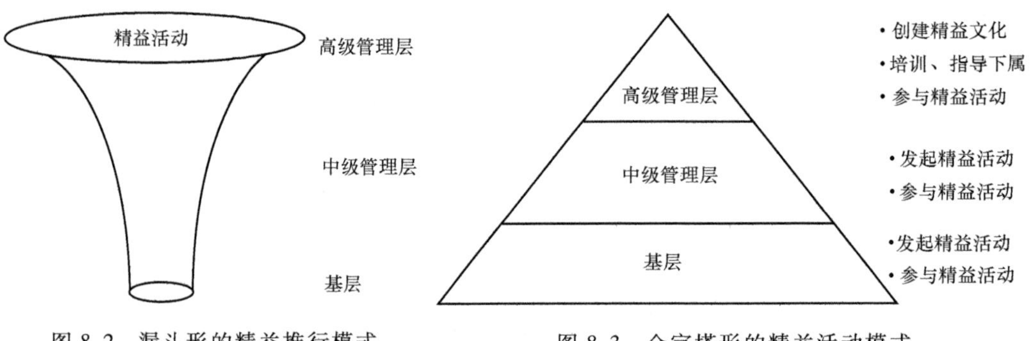

图 8-2 漏斗形的精益推行模式

图 8-3 金字塔形的精益活动模式

2. 建立精益改善提案制度

一种非常好的员工参与精益持续改进的方式就是精益改善提案。通过精益改善提案，公司的任何员工都可以参与改善活动。

在 BF 公司，常常看到员工手里有一份精益改善提案（见图 8-4），他们将自己身边观察到的可以改善的地方记录下来，然后交给精益部门，精益部门对员工的提案进行记录。

在改善提案制度中，要鼓励员工不仅对与安全、质量、准时交货、生产效率以及库存等有关的指标提出改善建议，也包括公司运营的其他各个方面，例如：

1）防止安全事故的对策。

2）工作环境的改善。

3）降低成本，如能源（水、电、气等）的节约。

4）产品质量改善，新产品提案。

5）不良品、废品再利用。

6）提高生产效率，工作的合理化。

7）工作方法、工艺改善。

8）设备、工具、设施的改善。

9）销售业绩的提高。

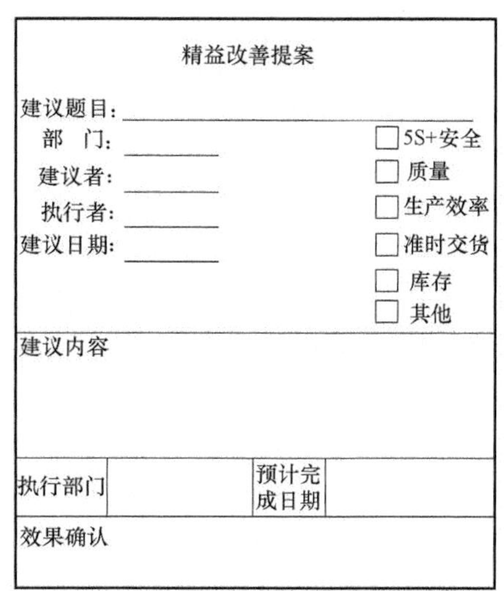

精益改善提案

建议题目：

部　门：

建议者：

执行者：

建议日期：

□ 5S+安全

□ 质量

□ 生产效率

□ 准时交货

□ 库存

□ 其他

建议内容

执行部门		预计完成日期	

效果确认

图 8-4　精益改善提案

精益改善提案制度鼓励大家尽可能多地提出改善提案，不过还是有一些不被认为是改善提案的情形，例如：

1）必须要做的固有任务。

2）没有具体想法和内容的。

3）同样或类似的内容重复提出。

4）已经被认可，正在执行中的提案。

5）不切合实际、无法实施或投入与收益不成比例的提案。

在公司，凡是被认可记录的提案，提案者都会得到一定的奖励，这样就调动了大家的积极性和热情。虽然在最开始时，管理层对是否给与奖励以及对于何种提案给与奖励讨论了很多次，但是最终决定对于这样的奖励不要设置太高的门槛和复杂的审批流程，由精益生产委员会授权的改善提案评估小组进行审批。

另外，实际操作中，常常会遇到为判断是“必须要做的固有任务”还是“改善提案”而争论不休的情形，判断的基本原则是尽量选择后者，特别是在改善提案实施的初期。

改善提案评估小组除了进行审批提案外，另外一个重要的职责是对改善提案的执行进行分配和追踪，对提出的改善提案数量、收益进行汇总，定期向精益生产委员会汇报总结。

例如，BF 公司每半年进行一次库存盘点，每次至少需要 3 天时间。员工就提出改善提案，建议对于那些半年没有使用的物料从系统里拉出清单，对这些物料可以不进行盘点，并且对这些呆滞库存重新进行库位分配，放在显著位置，以便引起大家的关注，仓库管理人员及时组织相关部门进行评估和处理。这样，盘点的时间从 3 天缩短到 1 天，节约了 67%的时间。

精益改善提案更深层次的意义在于培养员工不断进步、不断改善的意识，让每一个人认识到今天的状态决不是最好的状态，永远有很多需要改善的空间。

3. 建立精益改善小组

精益改善小组，就是为解决问题和提高绩效，以项目的形式而组建的团队。这些团队可以是长期的，也可以是短期的，无论何种形式，其目标总是一致的：不断提高企业的绩效。

现在不是单打独斗的年代，应该充分发挥团队的力量，这些早已不是新鲜的理念，没有一个人会否定这样的说法。但是，在实际的管理中，能够以科学的方法带领团队、培养团队、尊重团队却并不是一件容易的事情。

随着市场环境的飞速变化，为保持竞争力，使企业立于不败之地，必须使组织更加灵活，能够快速适应各种挑战，在决策和解决问题方面更具协作性，以便更好地对客户需求做出响应；同时提高组织内各级员工的创造力，促进公司的发展。要达到这样的目的，就不得不依靠团队，确实发挥团队的力量。

在丰田公司有被称为质量圈（Quality Control Circle，QCC）的改善团队，最初关注点更多地与质量有关，活动是基于团队，在丰田公司取得了非常好的效果。质量圈就是精益改善小组的一种形式，将其推广与公司运营有关的每一个方面，这是精益改善小组的工作。

精益改善的活动流程见表 8-4。

表 8-4　精益改善小组活动流程

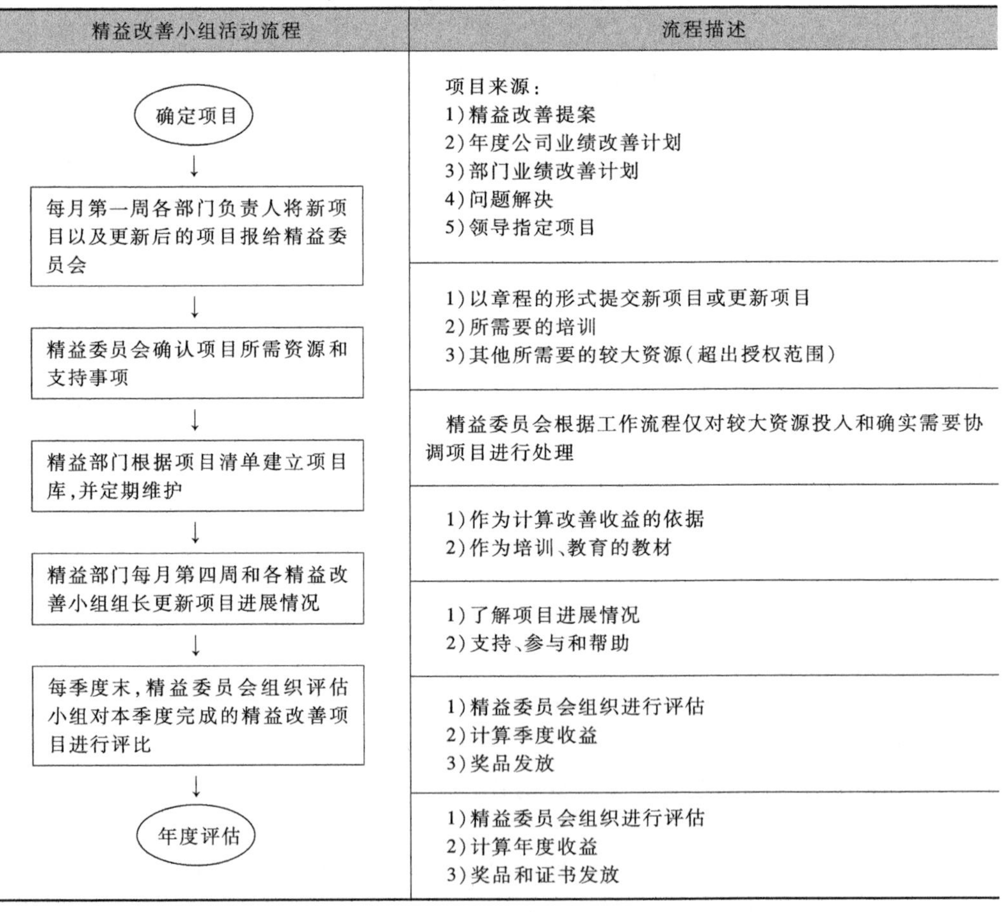

精益改善小组活动流程	流程描述
确定项目 ↓	项目来源： 1)精益改善提案 2)年度公司业绩改善计划 3)部门业绩改善计划 4)问题解决 5)领导指定项目
每月第一周各部门负责人将新项目以及更新后的项目报给精益委员会 ↓	1)以章程的形式提交新项目或更新项目 2)所需要的培训 3)其他所需要的较大资源(超出授权范围)
精益委员会确认项目所需资源和支持事项 ↓	精益委员会根据工作流程仅对较大资源投入和确实需要协调项目进行处理
精益部门根据项目清单建立项目库,并定期维护 ↓	1)作为计算改善收益的依据 2)作为培训、教育的教材
精益部门每月第四周和各精益改善小组组长更新项目进展情况 ↓	1)了解项目进展情况 2)支持、参与和帮助
每季度末,精益委员会组织评估小组对本季度完成的精益改善项目进行评比 ↓	1)精益委员会组织进行评估 2)计算季度收益 3)奖品发放
年度评估	1)精益委员会组织进行评估 2)计算年度收益 3)奖品和证书发放

(1) 建立目标 精益改善小组的目标必须和公司的目标相关联，团队仅出于“组成团队”的目的而聚集在一起是错误的，团队必须为了挑战特定的绩效目标而并肩战斗。当人们朝着一个共同目标努力时，信任和责任感也会随之产生。当团队为了达成共同的目标而努力时，不管作为个人还是团队，他们都会开始为其结果负责，一个高绩效的改善小组的真正标志是团队成员每个人可以承担实现公司和部门目标的责任。

在建立目标时，有一个很重要的原则，叫做 SMART 原则，见表 8-5。

表 8-5 SMART 原则表

S	Specific	具体的	清楚准确描述所要改进的项目和解决的问题，例如，使用 is/is not 法等
M	Measurable	可测量的	要用动词、名词和量词使项目的结果可以测量，即使对于感性问题，如提高员工士气等项目亦要进行量化，否则就不要作为项目来进行改进，例如，减少库存天数从 X 天到 Y 天
A	Attainable	可达到的	目标制定要合理、可以达到，既不能好高骛远，难以达到，也不能唾手可得，没有挑战性
R	Relevant	相关的	与整体的运行绩效相关联
T	Time-bound	时效性的	定义开始和完成时间，并定期回顾项目的进展，使用红、绿色表示没有按时完成和按时完成

(2) 培养团队的技能 团队的技能通常包括两类：一类是专业知识技能，例如，问题解决技能、各种精益工具、质量工具、岗位专业知识技能等；另外一类就是人际交往技能和团队协作技巧，例如，沟通、决策、解决冲突等。

培养团队技能需要资源投入，更需要领导者的亲自参与，不仅是在精益活动的开展初期，就是精益管理已经到了稳定期的阶段，同样需要领导者的持续推动和参与。

领导者亲自参与，对于这一点 BF 公司的吕新感受特别深。精益开展的初期，吕新亲自画价值流图，与工程师一起进行时间观测，共同制作标准化作业，和团队一起应用 2P 法进行布局改善等，不仅提高自己的技能，更拉近了与团队成员的距离。现在吕新同样参与到高绩效团队中，进行更深入的改善，对团队的培养不仅仅局限于主管、工程师这个级别，而是扩展到领班和单元长。

(3) 让精益改善小组在被充分授权的环境下工作 要想发挥团队的力量，就要给团队创造被充分授权的工作环境，让团队可以在一定范围内获得更大的自由度去发挥其创造力和想象力。领导者可以通过以下方式授权团队成员：帮助团队成员提高能力，与团队成员共享权力、资源和信息，同时使团队成员保持责任感。

表 8-6 列出了基于利克特四型领导理论的授权模式，帮助企业判断自己的授权水平。

表 8-6 基于利克特四型领导理论的授权模式

领导类型	独断型	开明式	协商式	参与式
领导特点	命令	推行	商讨	授权
授权级别	1 级：管理层做出决策，通知员工执行	2 级：管理层做出决策前通知员工	3 级：员工参与讨论后执行	4 级：员工做出决策并行动
授权水平描述	• 告知 • 指示 • 管理层处于控制地位 • 管理层全权负责 • 员工被告知有关决定	• 销售 • 指导 • 咨询员工 • 员工有一定的参与	• 参与 • 推动 • 责任分工明确 • 员工行动前必须获得领导批准	• 委派 • 联络 • 员工充分参与 • 员工可以在一定范围内决策并采取行动

（4）让员工有成就感　定期对精益改善小组的成果进行评价，对那些取得显著成绩的团队给予奖励。奖励的方式有许多种，包括物质奖励和精神奖励。不管是何种方式的奖励，让员工感觉到有成就感和荣誉感是最重要的。

在 BF 公司，按照季度和年度进行评选，有非常清晰的评价标准，其中很重要的一项标准就是实际收益，由财务部门的计算为最终依据。年度评选是对前四个季度的项目进行汇总，评出前三名。物质奖励并不是很大的数额，团队成员特别自豪的是，从总经理手里接过获奖证书并拍照留念，每一个人感觉到自己存在的价值和对公司的贡献。

（5）让管理从“推动”变为“拉动”　尽管在推行精益初期，领导作用非常重要，但是，随着精益推行的深入，管理方式要由自下而上的强制“推动”方式转变为自下而上主动进行改善的“拉动”方式。在 BF 公司，要求 90%以上的员工参与到精益改善活动中。通过这样的方式，员工可以在实际中学习和成长，不仅技能得到提高，而且也扩大了工作范围并增加了对工作的兴趣；同时，通过项目改善方式，员工可以参与到各种综合功能的改善团队活动中，大家在改善中培养团队意识，不知不觉中增加了团队的凝聚力。

非生产过程的精益流程同样是消除浪费

在企业推行精益时，精益活动通常从生产部门开始，但是，要建立精益企业，形成精益文化，精益的改善活动必须扩展到其他非生产过程和部门，因为和生产部门一样，在那些冗长的报价流程、采购流程、招聘流程中存在着巨大的浪费。

举一个非常有意思的例子，在 BF 公司，办公用品由行政部门汇总收集各部门的需求后，统一下采购需求，再由采购部门购买。之后行政经理提出建议，这项工作不再由行政部统一管理，由各个部门按照需求，各自给采购部下采购申请，由采购部门分别购买，结果采购经理认为这样不但没有精益，反而大大增加了采购部门的工作量，最后两个部门争执不下，始终没有达成共识。

对于上面的案例，我们不评价谁对谁错，留给读者去思考。不过有一个基本原则需要说明，就是“浪费”需要消除，而不是“转嫁”，这才是真正的精益。

1. 识别非生产过程和办公室的浪费

在生产过程中存在着7大浪费，在非生产过程的办公室区域，同样存在着许多浪费。表8-7列出了几种常见的办公室浪费。

表8-7 常见的办公室浪费

常见的办公室浪费	扩展思考
多次传递	复杂的审批流程，文件、资料等在部门间反复传递需要多次审批 本来可以通过现场、电话、面对面一次性解决的问题，却使用邮件多次反复沟通
分散	办公室布局不合理，资料、信息难以共享
寻找	文件、资料等没有按照5S要求管理，寻找的时间较长、效率低下，如图纸、技术资料、设备说明书等的管理
不清晰的指令	组织结构复杂、职责不清晰、职能重叠等
不平衡的工作量	由于缺少对办公室工作量的计算，工作不平衡
批量	文件等处理缺少流动，造成积攒
陈旧的知识	落后的办公条件和方法
等待	等待批复、等待回复

尽管上表列出了几种常见的办公室浪费，但是不能概括在非生产部门所存在的所有浪费，同识别和消除生产过程的浪费一样，需要我们善于发现浪费，然后去消除和改进。在建立持续改善文化时，始终要将“消除浪费”这样的观念深深扎根于每个人的工作中，使之成为习惯。

2. 识别关键业务流程

对非生产部门的业务流程进行改善前，需要做的工作是识别关键业务流程，使用在前面情景中多次提到的“权重分析法”识别公司非生产部门的关键业务流程。

对各个部门的业务流程进行列表，然后基于业务流程对运营指标，如安全、质量、生产率等的影响程度进行打分，然后和各运营指标的权重相乘并加和后，得到各个业务流程的总分，按照分数从高到低降序排列，优先选择前几名作为关键业务流程，或者各个部门选择本部门的最高分数作为关键流程进行改善和关注，见表8-8。

3. 管理关键业务流程

对于非生产部门的业务流程管理可以用两种方法：一种是通过绘制价值流图的方式，查找浪费，识别改进机会；另外一种是通过目视化管理识别其正常和非正常

表 8-8　权重法识别关键业务流程

部门	过程	输出	频率	是否关键过程	权重								得分
					安全	质量	准时交货	生产效率	库存水平	盈利率	业务增长	士气提升	
					10	10	8	6	6	9	8	9	
技术部	报价	新项目报价	每天	是	1	1	9	9	1	9	9	1	314
供应链部	供应商管理流程	审核、价格	每季	是	1	9	9	1	9	3	3	3	310
价值流部	OEE 管理	OEE 报告	每月	是	3	9	3	9	3	3	3	3	294
价值流部	工具、刀具管理	订单需求	每周	是	3	9	9	3	1	3	3	3	294
财务部	成本管理	财务绩效报告	每周	是	1	1	3	9	1	9	9	3	284
质量部	质量数据收集分析	每周质量部报告	每周	是	1	9	9	3	1	1	3	3	256
质量部	纠正和预防措施	纠正和预防措施报告	根据需要	是	1	9	9	3	1	1	3	3	256
供应链部	原材料管理	订单需求	每周	是	1	9	9	3	3	1	1	1	234
人力资源部	培训	人均培训小时数跟踪	每月/每周	是	3	3	3	3	1	1	3	9	222
技术部	新产品开发	样品跟踪、PPAP 文件	每周	是	3	1	9	3	1	3	3	3	214
……													
财务部	供应商发票处理	供应商付款	每周	否	1	1	1	1	1	1	3	3	100
供应链部	目视化看板更新	A3	每月/每周	否	1	1	1	1	1	1	1	3	84
人力资源部	出勤管理	出勤率报告	每周	否	1	1	1	1	1	1	1	3	84
人力资源部	商业保险	商业保险报告	每月	否	1	1	1	1	1	1	1	3	84
人力资源部	人力资源绩效跟踪	绩效指标更新	每月	否	1	1	1	1	1	1	1	3	84
财务部	报销流程	员工报销付款	每两周	否	1	1	1	1	1	1	1	1	66

总分：7794

状态。

（1）利用非生产性流程价值流图进行改善 将价值流图引入非生产部门，本身就是建立精益改善文化的一个特征。如果一个推行精益已经很长时间的企业，非生产部门没有受到精益的冲击，那么，距离精益企业还有很大的差距。不经过精益思想的冲击，大家的行为就不可能改变，没有在非生产部门进行精益的持续改善活动，各个部门就不可能在同一个平台沟通。

与生产价值流图一样，通过绘制关键业务流程的价值流图发现浪费，找出改善点，并使用问题解决的方式针对“真因”制定措施，最终实现不断缩短交付周期时间，减少非增值时间。

绘制非生产性流程价值流的方法就是使用泳道图，按照从客户、内部部门、再到客户的信息流动过程描述业务流程。然后识别信息流动过程的不增值活动，任何阻碍和影响信息正常流动的不必要环节都是浪费。

（2）非生产性流程当前价值流图的绘制5要点

1）要点之一：从客户开始。客户当然不只是外部客户，还包括内部客户。准确地讲，“客户”就是业务流程所服务的最终对象，例如，人力资源部招聘流程中的客户就是内部需求的部门。

用节拍时间来反映客户的需求，计算公式为

节拍时间＝每天可利用时间/客户每天需求量

其中，可利用时间是指用于该流程的实际时间。

2）要点之二：识别过程步骤。在“泳道图”中列出相关部门的名称，然后找到关键业务流程的步骤。

3）要点之三：记录过程步骤。记录过程步骤的方法有现场观察法、团队头脑风暴法等。

4）要点之四：观察和记录过程中的库存、过程处理时间以及等待时间等。过程中的库存是指过程中间存在的文件、资料、表单等。

记录过程步骤的同时，可以同时描绘出信息在不同部门间的流动过程。

流动过程中信息的时间分为：交付周期时间和过程等待时间和过程增值时间。这三个时间加起来就等于总过程周期时间，其中只有过程增值时间是有价值的。

交付周期时间＝WIP/日需求量

过程等待时间＝信息在工序中的停留时间

过程增值时间＝信息处理的实际有效时间（类似于生产价值流中的CT）

过程实际处理时间＝过程等待时间+过程增值时间

5）要点之五：归纳目前的信息流状况。和生产价值流图一样，在非生产性流程的价值流图的右下方标识两个时间：总周期时间和过程处理时间。

总周期时间＝交付周期时间+过程实际时间

各个时间的关系如图 8-5 所示。

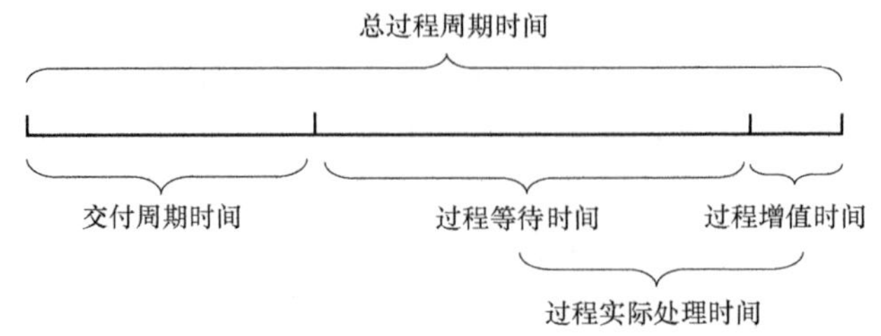

图 8-5　非生产价值流中的过程时间构成

基于绘制非生产性流程当前价值流图的要点，BF 公司的新项目报价当前价值流图如图 8-6 所示。

（3）绘制和应用非生产性流程将来价值流图的 9 要点

1）实现连续流，包括先进先出（FIFO）。非生产性价值流过程中流动的信息包括：电子或纸质的文件、系统输入项目、审批项目、邮件等。信息的流动要做到连续流，无障碍和避免来回反复。

2）建立联合办公单元。为做到信息流畅，需要沟通无障碍，一种好的办法就是建立联合办公单元，相关的职能部门通过这种方式，面对面沟通和解决问题。联合办公单元的要求：①固定地点、固定开始和结束时间；②按照连续流作业进行布局；③会议输出措施跟踪；④关键绩效指标回顾。

3）信息整合。在进行联合办公前，信息要提前准备，确保输入完整的信息。

4）标准化作业。对整个非生产性价值流活动制定标准化作业，达到流程标准化。

5）升级计划。对于流动过程中，出现阻碍流动、例外情况制定相应的升级计划。

6）单点计划。

7）目视化管理。

8）找出改善点。

9）制定改善措施，确定与措施相匹配的绩效指标，例如，降低总的周期处理时间，然后通过对绩效指标的跟踪，追踪和确定改善的效果。

BF 公司的新项目报价将来价值流图，如图 8-7 所示。

（4）监控关键业务指标的状态　不是所有的关键业务都需要通过绘制价值流图进行改进，也可以对指标建立跟踪机制，通过目视化的方式反映其“正常”和“非正常”状态，及时反映关键业务的变化和波动情况，并对异常状况及时处理和解决，使其始终处于“受控”状态。关于目视化的管理方式，情景 7 中已经介绍，这里不再重复。总之，通过对非生产部门精益的导入，整个企业建立精益持续改善文化。

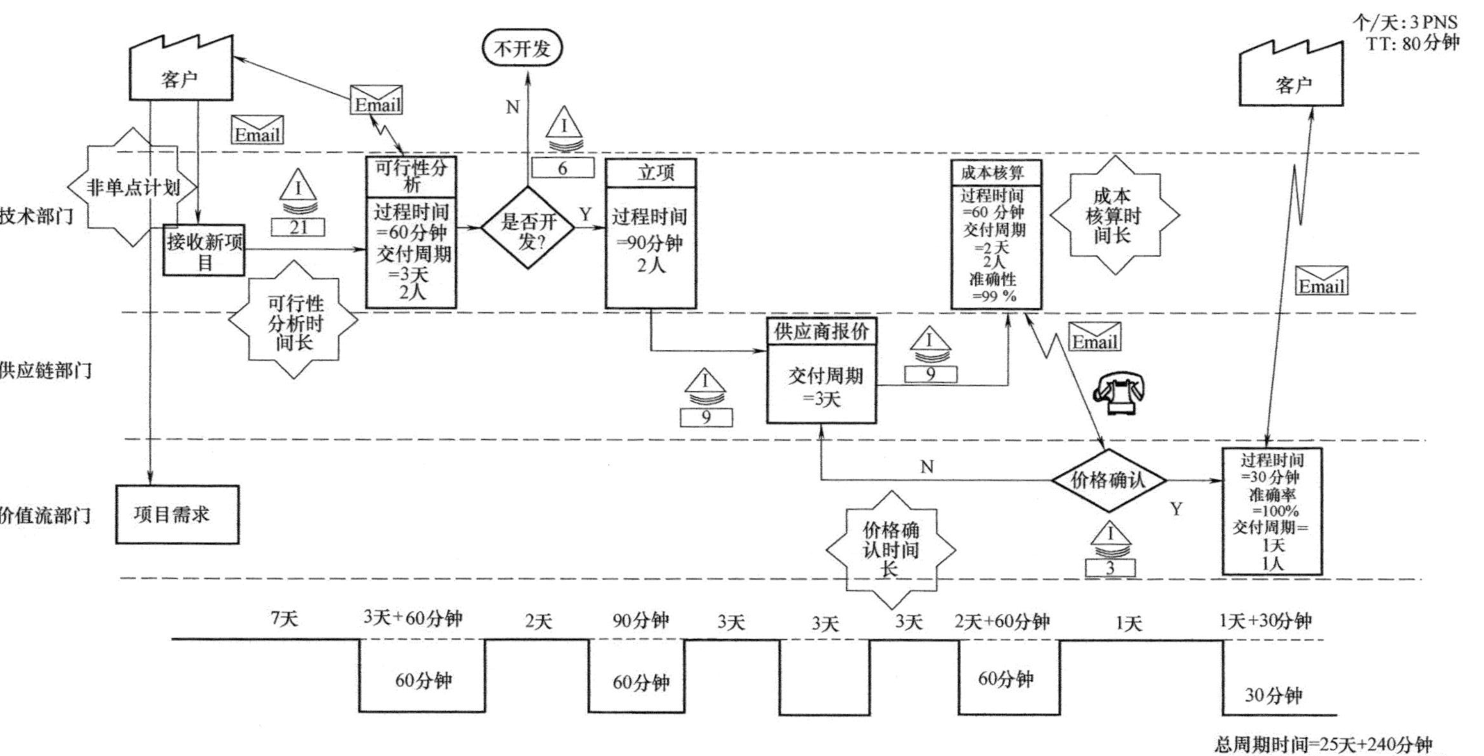

图 8-6 BF公司新项目报价当前价值流图

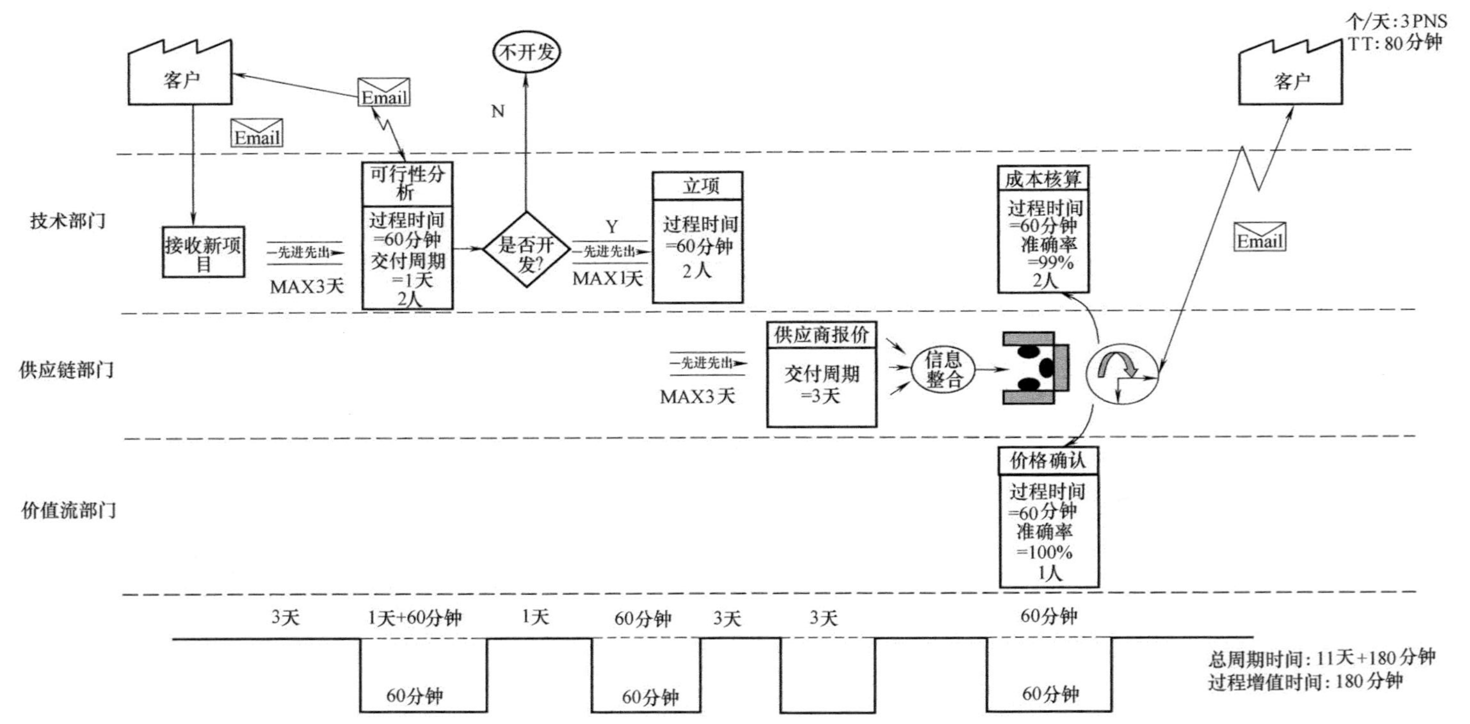

图 8-7 BF 公司新项目报价将来价值流图

将改善扩展到供应商

当企业建立持续改进文化时，一定会影响到供应商，因为很多改善活动需要供应商的大力支持和配合，这种支持和配合不是简单地要求供应商被动执行，而是将精益的思想灌输给他们。我们在前面谈到“浪费需要消除而不是转嫁”的观念，同样，在与供应商合作方面，成本压力不是转移而是通过改善获得成本的降低。例如，经常提到的“零库存”，许多企业只是将大量的库存放在供应商的仓库，并没有真正从整个价值流和价值链的角度观察浪费，消除其中不增值的活动。

将精益改善活动推广到供应商，需要扩展价值流的覆盖范围，价值流图的分析方法同样适于扩展价值流。在绘制扩展价值流时，需要对信息流进行分析，方法同非生产性价值流绘制一样，使用泳道图识别过程信息的传递过程。

然后，分别绘制企业自身和供应商的价值流图，通过二者之间的物料运输方式连接在一起，最后计算整个价值流的交付周期和价值增值时间。

注意，在绘制扩展价值流图时，必须基于“现场”和“团队”两个关键点，到供应商的现场按照过程走一遍，观察其中的浪费并对问题点进行记录，共同绘制价值流图，同样选择要优先解决的前三位最重要的关键事项。

过去三年里，BF 公司在和供应商进行持续的精益改善活动中，同样取得明显的成果，例如，BB-A 价值流所使用的毛坯原料件，改善前其交货周期是 45 天，改善后交货周期缩短到 7 天，84%的提高，整个供应商的准时交货率也从 90%提高到 95%。

通过精益评估发现改善机会

全面推行精益，建立持续改善的文化，最终建成精益企业，不能只是选择性地应用几个精益工具，局部地开展精益，而应在企业的各个方面推行精益。

建立一个精益评估体系，通过定期的评估，可以了解企业目前的精益水平以及未来发展方向。评估体系的标准基于丰田的精益管理体系，见表 8-9。

（1）远景与战略　BF 公司有自己公司的远景目标，但是，让吕新最为兴奋的是，公司领导层组织大家进行充分讨论，重新理解和认识公司的原景，并制定中期的战略目标和实施计划；之后，各部门又针对本部门的实际情况，制定部门的战略目标，再层层分解到班组、单元，通过这种方法，吕新感受到从未有过的“参与”和“被尊重”的氛围，整个团队也被激起从未有过的斗志。

愿景体现企业的长远计划、经营理念和核心价值观，不同的企业有各自不同的愿景和目标，但是，世上凡是类似丰田一样卓越运营的公司，大多将短期财务利润目标放在最后。所以，将愿景与战略的管理纳入精益评估体系中，就是提醒我们要从长远经营和发展的角度确定自己的愿景与目标并实施精益战略部署。

与愿景和战略相匹配的是对运营绩效的管理，所以，将绩效指标纳入评估体系中，为的是关注精益带来的真正价值，不是做表面文章。同时，尽量将优秀的绩效归功于团队，而非某个人的能力。

图 8-8 是精益目标分解体系示意图。

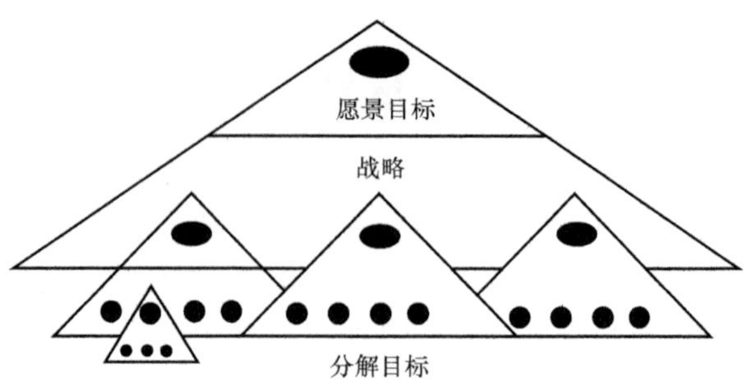

图 8-8　目标分解体系

（2）精益流程　重点关注精益工具在实际的生产型价值流和非生产型价值流中的应用。这些应用是全面和系统的，不可有所偏重，因为没有 TPM，就不能保证设计好的流动以及看板的流畅运行；没有过程的稳定性，就失去了精益最重要的基础。

（3）员工与合作伙伴的成长　让员工、合作伙伴和公司在同一目标下共同成长，让客户感受精益带来的价值，精益评估体系的标准就是这一原则的体现。

（4）问题解决能力　改善永无止境。培养解决问题的能力，才能创造稳定的流程和品质，才能从优秀到卓越。这些方法不只包括基本的系统问题解决方法、高级的六西格玛工具，更重要的是建立解决问题、科学决策的文化。

表 8-9　精益体系评估表

评价项目	得分					
	0	1	2	3	4	5
A. 愿景与战略						
1）有清晰的公司愿景和战略，并以 3~5 年计划以及年度计划等进行支持 2）创建了少数简单的绩效指标来衡量精益所获得的收益，如安全、质量、准时交货、库存、士气等 3）精益改革已经在非生产区域实施，建立了精益目标 4）组织结构、办公室区域及布局是以精益的原则进行设置的						
B. 精益流程						
B1. 5S+安全： 1）建立了 5S 标准和审核制度，现场干净、整洁、明亮、舒适 2）建立了安全风险评估体系，并有效推进改善活动 3）建立了岗位人机功效评估体系，并有效推进改善活动						
B2. 可视化管理： 1）生产区域建立了清晰的目视化管理，包括安灯系统、TPM 展示、绩效指标目视化跟踪系统、分层审核、早会等，现场非常容易识别正常和异常状态 2）现场建立了持续改进的活动展示板，并且及时更新 3）非生产区域的关键绩效指标通过目视化管理方式进行展示并非常容易识别正常和异常状态 4）对于异常状态有清晰的处理流程，包括升级流程等 5）建立了收、发货计划安排的目视化管理						

（续）

评价项目	得分					
	0	1	2	3	4	5
B3. 标准化作业： 1)生产现场不断进行动作改善，并建立标准化作业，员工按照标准化作业进行操作 2)识别办公室的关键业务，并建立相关的标准化作业 3)管理部门的日常主要工作，建立了计划和时间标准						
B4. TPM： 1)建立了 TPM 的体系，设备处在良好的状态 2)建立了 TPM“零损失”目标，包括故障停机率、平均故障恢复时间(MTTR)、平均故障间隔时间(MTBF)、设备综合效率(OEE)等 3)识别了办公室的关键设备，同样建立了维护和管理制度						
B5. 快速换型： 1)已制订了换型标准化作业程序，换型时间在生产单元内由团队成员跟踪记录 2)趋势表明换型时间已从原来的换型时间大幅缩短，团队对换型时间作分析并积极参与进一步减少换型时间的活动						
B6. 价值流管理： 1)对产品进行家族分类，并对 80%以上的产品家族按照价值流的方式进行生产管理 2)应用价值流图分析现状并按照 8 点原则进行将来价值流的开发和管理 3)每周对实现将来价值流所制定的改善措施进行团队回顾 4)生产周期(Lead Time)呈现不断降低的趋势 5)价值流被扩展到非生产部门的关键区域，建立了联合工作中心 6)使用价值流图来识别非生产区域的浪费，并进行改进						
B7. 生产运营管理 1)确定了节拍控制工序，并实现均衡化生产 2)建立了流动的生产模式，不能实现单件流的工序以尽可能的最小量执行先进先出(FIFO) 3)实施看板拉动系统，并建立了异常升级制度 4)上游工序的生产方式考虑了 EPEI 5)通过销售和运营会议来分析客户需求的变化以及内部生产能力的满足程度，并以此指导日常的生产运营活动 6)分析了三年的业务周期变化，并制定了相关的应对措施 7)通过应用 2P 进行布局变更和改进						
B8. 超市库存管理： 1)确定了成品策略并由此扩展到在制品和原材料的管理 2)利用 PFEP 确定了超市库存 3)按照“先进先出”原则管理超市，物料的地址系统和现场标识清楚，领用手续便捷 4)建立了临时库存管理制度，并依照实施 5)建立了日常审核制度						
B9. 缺陷预防： 1)通过精益产品和流程开发来进行产品设计(包括 3P 以及 APQP 工具的结合) 2)当有质量问题时及时停止加工并且迅速处理 3)防错的方式被广泛推广和应用 4)SPC 的手段被应用于关键工序和关键产品特性 5)FMEA 实效模式和效果分析被广泛推广和应用 6)建立了严格的变更流程标准，并依照执行						

（续）

评价项目	得分					
	0	1	2	3	4	5
C. 员工与合作伙伴的成长						
C1. 教育和培训： 1)有证据表明公司在团队合作、互相尊重和建立持续改善文化方面进行了相关的培训 2)建立了员工技能表，并制定了培训以及交叉培训计划 3)员工在技能差距分析的基础上接受培训，培训有效性已得到验证 4)员工接受了关于浪费、基本的问题解决技能培训						
C2. 共同目标： 1)组织目标直接连接到每个人的业绩指标 2)每年有管理层和员工进行面对面沟通，回顾个人绩效、技能和未来发展 3)建立了精益持续改善的制度，包括精益建议、精益改善活动等，形成了从下而上的自主改善文化 4)建立了以鼓励团队为主的奖励制度和信息分享渠道 5)有清晰的客户问题处理流程，包括信息接收方式、记录、问题处理时间及措施跟踪等 6)和客户有良好的互动，从而保证通过拉动系统及时交货给客户，交货率在98%以上						
C3. 精益资源开发： 1)精益资源和主要职能领导已熟练地应用精益于业务需要中 2)全力从事所有员工的精益发展并显示有效地传递精益知识和执行的能力						
C4. 扩展价值流： 将精益活动扩展到供应商和客户，并显示已经在供应商质量、交货期等方面获得了长期积极的效果						
D. 问题解决能力						
1)有系统性的解决问题方法并持续地被遵守 2)解决问题是基于现地现物，关注流程和系统的问题，而非对人的惩罚 3)建立了解决问题、科学决策的文化 4)六西格玛与精益的结合						

打分规则：
0：缺乏，没有开始
1：承诺，处在了解阶段
2：正在接受培训，并正在开始
3：开始并看到了一定的结果
4：达到很高的水平，并达到很好的效果
5：达到或接近世界水平

使用精益体系评估表的目的是帮助我们找出不足、进行改进，而非关注分数本身，更不建议将它当成考核标准。BF公司就是将精益体系评估表和情景1中介绍的精益组织成熟度方格相结合持续评估精益体系的建立情况，找出精益改进的机会；既重视精益工具的应用又关注精益组织的建设，最终取得令人满意的效果。

要点梳理

1. 保持精益有效运行，其中重要的秘诀就是持续改进，是PDCA和SDCA交替循环的过程，而在这样的过程中，需要建立和形成持续改进的系统，而这样的系统最终要依靠背后公司的文化来支撑。

2. 通过建立分层审核制度，保持已经建立的精益体系正常运行。

3. 通过精益改善提案制度和精益改善小组活动，创建全员参与、持续改善的精益文化。

4. 将精益活动推广到非生产性区域，了解非生产性区域存在的浪费，从识别关键业务开始进行改善：利用价值流图和监控业务指标的正常和非正常状态。

5. 利用扩展价值流将精益改善扩展到供应商。

6. 建立一个精益评估体系，通过定期的评估，可以了解企业目前的精益水平以及未来发展方向，评估体系的标准基于丰田的精益管理体系，包括远景战略、精益流程、员工与合作伙伴的成长以及问题解决能力等几个方面。

7. 使用精益体系评估表的目的是帮助我们找出不足、进行改进，而非关注分数本身，更不建议把它当成考核标准。

情景 9

关于工业4.0的一段对话——工业4.0下的精益

吕新：“时间过得真快，2016 年马上就要结束了，回想这一年，虽然有辛苦，但更多的是收获。这一年是 BF 公司全面深入推行精益的一年，是思想和观念持续更新的一年，是企业和个人共同成长的一年，值得回味，也值得纪念。”

肖老师：“是啊，大家确实付出了很多，也收获了很多。”

吕新：“我参加工作 20 年，2016 年是我所遇到制造业最艰难的一年。”

肖老师：“推行精益正当时，练好内功才能更好地抵御风险。国家在解决“去库存”问题，其实就是产能超过实际需求，造成库存太高，这就是精益所提到的最大浪费——库存的浪费。”

吕新：“对于制造业，除了“艰难”外，恐怕“工业 4.0”、“中国制造 2025”应该是今年最流行的词语，那么，精益在未来制造业的发展中扮演什么样的角色呢？我最近看了不少相关的讨论，有人说在未来的工业发展中，日本的管理模式全面失效，美国企业的创新模式才是中国企业的出路。“

肖老师：“创新是永远的主题，确实没错，但工业 4.0 不但没有抛开精益，而且将精益作为工业 4.0 的重要组成部分。当然，随着数字化、智能化的发展，实现精益管理的方法和形式有所不同，但是，精益思想却永远不会过时，例如，从价值流的角度识别不增值活动、消除浪费、不断追求完美、让客户体验价值，这样的思想是永恒的主题。”

什么是工业 4.0？

1. 工业 4.0 的概念

工业 4.0 是德国在 2013 年提出的关于制造业未来发展的新模式，是以互联网、物联网等高度信息化系统为基础，实现智能化制造的第四次工业革命。这种新的生产模式，是集数字化、信息化、网络化、智能化为一体的新型工业模式，是工业未来发展的长期战略。

随着德国提出的工业 4.0 战略，中国紧跟世界潮流，提出“中国制造 2025”的工业发展战略，其目标是提高中国的制造水平，实现智能化制造，使中国从制造大国向制造强国发展。

2. 工业的发展历程

既然有工业 4.0，那么就有工业 1.0、工业 2.0 和工业 3.0。这几个阶段在工业 4.0 之前并没有被明确提出，而是在 4.0 提出后，大家对工业发展进行的分类。通过这样的分类，让人们看到在大约 100 年的时间里工业发展所走过的历程（见表 9-1）。

表 9-1 工业发展历程

名称	基本描述	特　点	代表事件
工业 1.0	机械化	工业化初步开始，单件化生产模式，生产效率非常低，客户根据生产出的产品决定自己的需求	蒸汽机的发明开启了机械代替人力的工业时代
工业 2.0	电气化	机械化和电气化的结合，使生产线效率大大提升，实现以流水线作业的批量生产 客户的个性化需求不是主要的考虑因素	福特 T 型车生产流水线
工业 3.0	自动化	通过可编程序控制器开启了微处理器控制工业时代，生产效率进一步提高，客户的个性化要求提高，竞争越来越大	可编程序控制器和计算机发明和应用实现了程序化手段对电器的控制
工业 4.0	智能化	通过互联网、大数据、云计算、物联网等信息手段，将市场需求、客户信息、制造信息等进行数据化，实现智能化制造，满足不同客户的个性化定制要求，达到有效、快速、准确的产品供应	互联网、物联网、工业机器人

3. 工业 4.0 开启制造新时代

无论是工业 4.0，还是中国制造 2025，新的工业制造模式已经开启，而这种新模式必将冲击所有的制造业。工业 4.0 的关键目标是实现智能制造，而智慧工厂则是智能制造的前提。之所以称为“智慧工厂”，就代表着工厂可以接受周围信息，并对信息数据进行思考和自动处理。就像现在的智能手机一样，除了具备基本的电话功能外，用户还可以选择和安装各种软件以及通过网络实现各种不同的功能。智慧工厂和智能手机一样，通过互联网实现与客户的连接互动，并对客户的数据进行分析和处理后，将客户信息传递到制造环节。然后在生产环节，物料通过物联网自动识别身份，并经过自动导引运输系统被送到指定生产现场，由工业机器人完成生产制造，再通过自动导引运输系统和物流系统运送到客户手里。这就是未来智慧工厂的运作模式——客户大数据、个性化定制、智能制造、智慧物流等全新的生产制造模式。

（1）基于互联网　当今世界，互联网给人们所带来的影响之巨大毋庸置疑。我们时时刻刻都在感受着它给我们生活所带来的改变。这种改变不管我们是否愿意接受，它都实实在在已经发生，不经意间冲击和颠覆了我们过去的习惯、行为以及思维。

通过互联网，人们足不出户就可以很方便地去选择自己所喜欢的商品并轻松下单购买，几天甚至几小时后商品就会送到你的手中；不用去银行，通过网上银行或者第三方支付平台就可以实现付款、往来结算等业务；如果看病，通过网络可以预约挂号，对于疑难杂症还可以实现远程诊断等。

当人们正在感受互联网给服务行业带来的改变时，它给工业带来的影响和冲击同样在不断升级，成为实现工业 4.0 的重要条件。互联网的最大优势在于它拉近甚至消除了空间和时间的距离，将来的制造工厂不再让客户感到遥不可及，而是与用户轻松互动，帮助用户实现个性化定制，并提供远程控制和服务。同时，互联网也为大数据的存储、平台建立以及分析提供基础，使所有信息、生产、物流等资源得到充分利用。

互联网对服务行业的影响同样冲击和改变着未来的工业，这就是为什么很多人把互联网+智能制造叫作工业 4.0 的原因。在基于互联网的工业 4.0 时代，就单个的制造工厂这个小范围来说，可以使企业了解客户的个性化需求，客户也可以和企业随时互动并参与到产品的设计过程，实现客户个性化定制，同时也可以知道所有客户的真实需求量，避免过量生产。就工业生产这个大范围来说，可以实现整个社会资源的统筹和均衡，实现制造资源和市场需求的整体平衡，避免“去库存”的问题。当然理想的实现可能要经历很长的时间，有可能这就是后工业 4.0 时代，甚至是工业 5.0 时代的主题。

(2) 基于物联网　在服务行业，互联网使资源和需求互联；在工业生产中，需要实现同样的功能即客户需求和工厂之间的连接。但是这样的连接还远远不够，如果客户的需求转化为实际的生产制造需要人工进行多重处理和安排，那么还没有真正实现信息大数据和资源需求、内部生产计划排程的智慧结合，因为在生产制造环节出现信息断层，而物联网的出现则是解决这个信息无法连接问题的前提条件之一。

所谓的物联网，就是每个物体都有可识别的数字信息身份，通过这些信息，物体和物体之间实现互相连接和识别，形成物物相连的网络系统。物联网的基础是互联网，但是互联网属于虚拟空间，而物联网则是应用传感技术、无线电射频（RFID）技术等方法，实现实物向数字化信息的转化，然后通过软件与互联网的虚拟空间进行连接，实现人、物、机的融合，形成一个完整的信息物理系统。

可编程序控制器（PLC）和个人计算机（PC）的发明和应用实现了程序化手段对电器的控制，开启了以信息化为特点的工业 3.0 时代。物联网则使产品可以告诉机器进行什么样的操作，执行什么样的步骤，为实现客户的个性化定制提供保障，同时可以将信息进行同步反馈。

(3) 各种软件系统的大融合　互联网和物联网的结合，形成了工业大数据。这些数据信息被各种功能软件，如 ERP 系统、MES 系统、物流管理系统等进行充分利用，发挥更多优势。同时，大数据还可以帮助解决之前人工收集数据无法解决的问题。

例如，我们所熟悉的 ERP（Enterprise Resource Planning）以及 MES（Manufacturing Executation System），虽然功能强大，但是却要依靠人工操作来录入大量数据，如原材料收货及领用、过程产品投料、产品报废等。这无疑在及时性、准确性上都会存在一定的问题。有的企业使用了比较先进的条码识别系统，可以通过扫描的方式自动识别产品并将信息自动录入系统。应用条码来识别产品，这只是非常简单的产品信息转化和识别技术，有很大的局限性，通过物联网，则可以使物料、过程产品以及成品信息的输入更加准确和及时，为实现 ERP 和 MES 之间的真正自动连接提供可靠的基础，使其发挥更加强大的功能。

（4）工业机器人的普及　随着机械、电子、计算机、传感器等行业技术水平的提高，机器人将更加智能化、柔性化和紧密化，广泛应用于制造、质量检测、物流等各个生产环节。在工业 4.0 的工厂里，工业机器人将被大量使用，从而节省大量的劳动力。

精益在工业 4.0 中的角色

互联网、物联网正在不断改变着工业产业的运营模式，同时由于工业机器人等技术的飞速发展和在工业领域的普遍应用，制造业的传统管理运营模式必将发生巨大的改变，包括客户与企业和供应商之间的协作关系、企业组织架构设置、生产制造模式、人才管理等的各个方面。在这样深刻的变化中，“精益”不但不会过时，而且是实现工业 4.0 的必由之路和前提条件。当初德国在推出工业 4.0 概念时，精益就是作为重要内容被纳入标准之中。

1. 工业 4.0 构造模式与丰田精益屋

根据前面对工业 4.0 的介绍，我们概括得出一个简单的工业 4.0 构造模式屋，如图 9-1 所示。屋子的顶部是“客户和市场”；和屋顶紧紧相连的是“智能制造”；支撑智能制造有两根柱子，一根柱子是“互联网和物联网”，另外一根柱子是“工业机器人”；屋子的地基则是“精益思想”。之所以加了“思想”两个字，是因为强调的不只是对“精益”工具本身的应用，而是其核心思想的应用，也就是精益文化的根基作用。

看到工业 4.0 构造模式屋，立刻联想到丰田精益屋，其中，支撑丰田精益屋的两大支柱自働化（Jidoka）和准时化生产（Just in time）在 20 世纪二三十年代被提出，是精益生产最为重要的思想和所追求的目标。在事隔将近 100 年的工业 4.0 恰恰就是这两个支柱的完美体现。从当初丰田佐吉提出实现织布机自动化的目标开始，到智能工业机器人的大批量使用，就是在实现人机分离、自动停机、自动化生产的目标。由丰田喜一郎提出概念、大野耐一坚决奉行并发展出来的准时化生产，在未来的制造业仍然是不断追求的理想目标。随着互联网、物联网技术的发展，供应商和客户大数据为制造业提供更加准确的信息，然后通过智能制造、智能物流实现原物料、制造中间品以及最终产品的全面准时化生产。所以，丰田精益屋与工业4.0构造模式屋几乎完美契合、相得益彰。

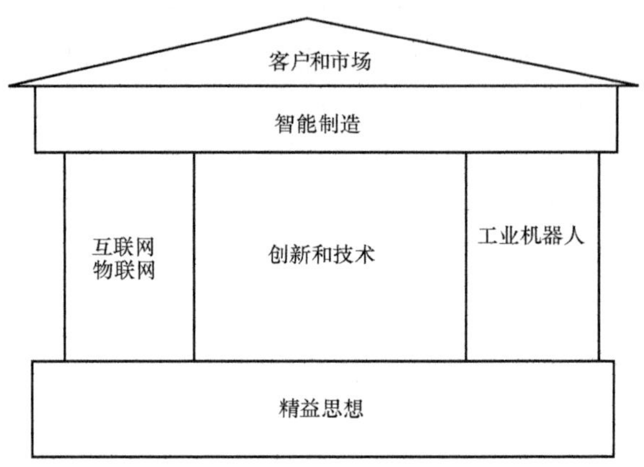

图 9-1　工业 4.0 构造模式屋

2. 从经典精益理论谈精益对工业 4.0 的指导作用

詹姆斯 P. 沃迈克和丹尼尔 T. 琼斯所著的《精益思想》一书，从理论的高度概括了精益生产的管理思维和原则，并说明精益生产的管理方式不只适用于生产制造部门，同样适用于整个组织的运营系统以及其他非制造的服务行业，不仅是一种生产组织的实践模式，而且已经变成一种先进的“管理思想”。

《精益思想》提出核心的五个精益原则，下面基于这几个原则说明为什么精益仍然是工业 4.0 智慧工厂的管理基石。

(1) 基于客户的价值　《精益思想》一书认为，价值由客户决定，生产制造者要从客户的角度考虑价值，这个原则无论现在还是将来都是适用的，只是从来没有像在互联网时代，客户能够如此接近生产制造者并能够将自己的需求传递给他们。

在新的工业制造时代，谁更加关注客户，谁能够更准确和快速地满足客户的个性化要求，谁能够更好地提供服务，谁就更具有竞争力。设计智慧工厂时，无论你用多少机器人、多少软件，客户都希望能够只对自己需要的那部分价值买单。特别是对于那些与人们生活密切相关的消费品制造行业，对客户价值感受的关注就更加重要。

大数据时代，制造者必须学会利用互联网所带来的大数据，充分分析和了解客户需求，从客户的角度去设计和定义价值。如果企业一厢情愿地将产品功能进行过度扩展和增加，只能造成浪费。

(2) 形成价值的价值流　价值是在价值流的活动中形成的，关于价值流的概念在情景 2 中进行过详细介绍，分析价值流的目的就是发现其中存在的浪费并不断改进。从小的方面讲，精益的价值流概念是指从原材料、生产制造到发货的整个过程；从大的方面讲，则包含从供应商、制造工厂、客户以及中间的物流连接等所有环节的整个价值链条。在设计智慧工厂时，绝不是对高级设备、软件等的简单堆砌，而是需要考虑整个价值链条的活动，减少和杜绝不增值活动。

1）生产制造过程的价值流。传统的价值流包含物料流和信息流。即使是智慧工厂的智能制造过程，同样关注物料的流动情况，仍然需要根据产品的家族分类，以单元化的生产模式安排生产布局和生产流程，并依据工序和客户需求节拍的匹配性决定自动化设备的配置，因为通常来讲设备的自动化程度越高，其对批量生产的依赖性越强，除非科技水平已经高到设备完全柔性和智能，但这样的水平还要历经相当长的时间。

对于价值流中的信息流，随着物联网的发展，虽然各种软件系统能够发挥更加高效的作用，但是以客户需求触发生产的精益原则不变，只是原有看板触发的实现形式会有所变化，看板所承载的功能可以由软件来替代实施，例如，MES 系统的设计和优化就要考虑看板应用原则。相信通过与现场连接的更加紧密性和及时性，将来 ERP、MES 以及 APS（高级计划与排程系统）的功能也会因为其能够根据现场的实际情况调整物料需求而对实施精益大有帮助，信息化和软件技术使精益技巧不再更多依赖于专业人员的经验，而是使精益原则可以自动实施和自然嵌入。

2）非生产部门的支持过程。传统部门的定义和界限将被打破，组织架构将更加精益，部门设置以更好服务产品形成的价值流过程为前提条件和设置原则。如供应链部门的工作更多关注供应商的精益改进、质量改进，因为供应商管理系统（VMS）、配送需求计划（DRP）和射频识别技术（RFID）已经帮助他们完成传统的工作。质量部门的工作则是不断对过程进行持续改进，将六西格玛的水平作为质量追求的目标，同时随着质量统计分析数据软件的升级优化，信息可以及时分析处理并反馈到制造环节使过程随时进行自动的调整，研发设计部门的职责是如何快速将客户需求转化为实际的产品，以及和制造环节无缝对接实现精益开发。销售部门则主要关注客户大数据，了解客户需求以及如何进行及时的远程技术服务。人力资源部门则需要将精力主要放在对技术工人的培养以及组织架构的优化。上面的介绍我们仍然使用传统部门的名称，为的是方便理解和描述其职能，事实上未来很多部门会逐渐消失，融合到以产品和服务为中心的整个从供应商到客户的价值流链条中。无论如何，将来组织机构设置的无层级化、扁平化、短链条化成为智慧工厂的特点，这恰恰是精益的目标所在。

3）供应商、客户的扩展价值流。互联网、物联网体现万物互联。从供应商到制造企业再到客户的整个价值流形成价值的大链条，同样体现互联的含义，互联网、物联网使这个链条更加紧密，如何消除这个链条上的不增值活动，仍然是工业 4.0 时代的主要目标。

(3) 价值的流动　创造无间断流程，不仅实现产品的单件流，更要实现包括管理流程的无障碍流动，这在工业4.0时代，随着客户定制的更加多样性而更具有挑战性。

1) 自动化设备——工业机器人的柔性化。目前常见的数控加工设备，性能更加优越，加工复杂零件的能力也越来越强，但是，在柔性方面却仍然不足。所以如果想实现小批量个性化定制，工业机器人的柔性化是前提条件，这不但需要配套的工装更加柔性，而且定位更加快速和精准。

2) 仿生技术在工厂设计的应用。设计智慧工厂时，可以通过仿生技术代替传统的3P模式，使工厂的单元化布局更加合理。总之，先进的科学技术是作为实现精益目标的手段，而非取代精益。

3) 非生产性部门价值的流动。无论使用何种技术，其中的管理、沟通、流程等终究离不开信息的流动，这同样是在工业4.0时代需要关注的。

(4) 依照客户实际需求进行拉动　客户个性化定制的需求模式已经在前面反复强调，这显然是工业4.0制造的一个鲜明特点，尤其对于消费型的产品，所以这本身就是一种基于客户需求进行顺序拉动的生产模式。同时由于云计算、大数据的支持可以将客户的个性化需求进行整合，然后设置一定的库存量更好地服务客户，显然由于数据信息来源更加广泛和准确，库存量将会更加合理。

不是所有的制造工序都可以实现单件流，所以，精益拉动原则是进行整个生产线设计的重要原则。如何应用拉动搭配低端和高端设备，以最小的设备投入解决换型、生产批量的问题，保证柔性制造，合理库存，仍然是工厂需要考虑的重要内容。

(5) 完美　完美是永远追求的目标。

在工业4.0时代，前面所提到的精益原则仍然是实现智能制造目标、智慧工厂设计的重要理论依据，尽管体现这些原则的手段有所不同，但也可能恰恰离精益大师们当时心中所设想的精益企业的“完美”越来越接近。

谈了很多关于工业4.0的概念，我们的重点不是介绍如何实施工业4.0，而是深刻体会精益在现在和将来对制造业的长期指导作用。不管怎样形容和理解工业4.0，我们只要把握一个原理，那就是尽管将来会有许多的信息技术，工业制造技术被应用，但是永远离不开产品设计、生产、制造、交付以及贯穿在中间的对质量、成本要求这条价值流主线；而在这条主线上永远会有不增值的活动，永远需要我们以“尽善尽美”的态度和浪费做斗争、持续改善，行走在追求“完美”的路上，所以这就是为什么说精益思想永不过时的原因。

工业4.0下BF公司的精益之路

(1) 夯实精益基础　在工业4.0的大趋势下，制造业必然经历巨大的冲击。对于BF公司这样的基础制造业，无论当前还是未来，成本、质量、效率和交货期等仍然是价值衡量的核心指标。企业需要做的，就是不断夯实精益基础，持续消除一切不增值活动，包括生产价值流和非生产性价值流等的各个方面，最大化价值的增值部分。当形成完整和扎实的精益基础后，再引入工业4.0所提到的，如工业机器人、自动化物流小车等硬件以及MES、供应商管理系统（VMS）等软件系统时，就是水到渠成的事情，这样会使整个系统在精益的基础上发挥最优的效能，而非只是先进技术的简单堆砌和杂乱组合。

（2）柔性制造能力　小批量、多品种是制造业的必然趋势，对于BF公司，同样面临这样的问题。随着工业机器人的推广和应用，柔性制造显得更加重要。目前，加工换型的时间少则0.5h，多则1h，这些辅助环节完全是不增值的活动。所以，提高柔性制造是BF公司目前最大的挑战，需要率先引入柔性工装、激光定位等先进手段，真正实现单分钟换型（SMCD），这样才可以在不增加库存和保证生产效率的前提下满足客户小批量、多品种的需求。

（3）保证产品质量　推行精益的过程，同样是不断改善质量的过程，例如，在BF公司，产品质量问题仍然常常会影响组装工序的效率。现在，BF公司完成内部产品价值流的设计，布局进行优化，建立基本的精益管理体系。现在需要做的工作就是持续提高过程的保证能力，例如，通过深入推行六西格玛的方法，实现过程质量自动检测等。

除了自身过程的保证能力外，另外一个重要工作就是帮助供应商保证产品质量，从而形成整个价值的顺畅流动。

（4）对人的培养和团队建设　实施精益一定离不开全员参与和优秀的团队，在工业4.0时代同样如此。

工业4.0时代绝不是简单的少人化，它对人的技能和团队要求更高。领导者要更加关注客户、战略、创新能力建设、核心价值观的建立、人才培养团队建设等方面；而中、基层员工则需要学习新技术和培养综合技能，如数据科学、软件处理技术以及智能机器的设计、安装保养等技能。在BF公司，已经成立主导智慧工厂研究和建立的部门，其中重要的工作就是致力于研究如何在精益的基础和原则下建立智慧工厂，以及更好地培养与之相适应的人才和团队。

（5）持续改进的文化建设　在丰田4P管理模式（Toyota Way）中提到的四个P是：理念（Philophy）、流程（Process）、员工与事业伙伴（Partner），以及问题解决能力（Problem solving）。这四个P体现了持续改进的思想。将这几个P用一句话概括，就是“企业与自己的员工以及事业伙伴一道，不断提高问题的解决能力，持续改进目前流程，而所有的这些活动都要建立在长期而非短期的财务目标基础之上”。对于BF公司，要想建立这样持续改进的文化，既需要很长的时间，又需要长期的坚持。

要点梳理

1. 自从德国在2013年提出“工业4.0”的概念以来，新的工业制造模式被定义并逐渐开启，而这种新模式必将冲击所有的制造业。

2. 在“工业4.0”的背景下，精益扮演“前提条件”和“必由之路”的角色。虽然实现精益的手段和方法有所不同，但精益思想的指导作用不会改变，“基于客户的价值”“形成价值的价值流”“流动”“拉动”以及追求“完美”这五个精益核心原则仍然是未来智慧工厂的基石。

参 考 文 献

[1] 詹姆斯 P 沃麦克，丹尼尔 T 琼斯. 精益思想［M］. 沈希瑾，等译. 北京：机械工业出版社，2011.

[2] 杰弗瑞·莱克. 丰田模式：精益制造的 14 项管理原则（珍藏版）［M］. 李芳龄，译. 北京：机械工业出版社，2016.

[3] 王东华，高天一. 工业工程［M］. 北京：清华大学出版社，2007.

[4] 吴美丽，张茜. 基于 ABC-XYZ 分析矩阵的企业物料管理研究［J］. 中国商贸，2010（25）.

[5] 约翰·德鲁，布莱尔·麦卡勒姆，斯蒂芬·罗根霍夫. 精益之道［M］. 吕奕欣，等译. 北京：机械工业出版社，2007.

[6] 迈克·罗瑟，约翰·舒克. 学习观察：通过价值流图创造价值、消除浪费［M］. 赵克强，等译. 北京：机械工业出版社，2013.

[7] 杰弗瑞·莱克，加里·康维斯. 丰田模式：领导力量篇［M］. 赵胜，译. 北京：机械工业出版社，2013.

[8] 杰弗瑞·莱克，大卫·梅尔. 丰田模式：实践手册篇［M］. 王世权，等译. 北京：机械工业出版社，2014.

[9] JIPM-S. 精益制造 011：TPM 推进法［M］. 刘波，译. 北京：东方出版社，2013.

[10] 孙亚彬. 精益生产实战手册：单元生产与拉动看板［M］. 深圳：海天出版社，2006.

[11] Paul Myerson. 精益供应链与物流管理［M］. 梁峥，等译. 北京：人民邮电出版社，2014.

[12] 凯特，劳克尔. 精益办公价值流：管理和办公过程价值流图分析［M］. 张晓光，等译. 北京：中国财政经济出版社，2009.

[13] 夏妍娜，赵胜. 工业 4. 0：正在发生的未来［M］. 北京：机械工业出版社，2015.